设计风眼

方晓风　著

中国建筑工业出版社

自　序

本书出版对我自己而言，可以看作是人生到了某个阶段后的一个总结。面对这些文章的时候，心里颇多感慨的。古人讲"三十而立，四十不惑，五十而知天命，六十而耳顺，七十而从心所欲，不逾矩"，50 岁是知天命的阶段，意味着开始理解一些规律了。从"不惑"到"知天命"，其间的差异或许在于"知天命"是对更为宏大的事物和广阔世界的理解。

反观自己的学术生涯，对此也有一些体会。本书汇集的这批文章代表了自己的成长过程，基本上可以用"笨人治学"来概括。回望来路，我们这代人有其"幸"，也有其"不幸"。"幸"在于我们这代人成长在中国的改革开放时期，可视为改革开放的同龄人、见证者，我们的求学、工作阶段是伴随着改革开放的进程展开的。这个时期一个显著的特征，在于开放所带来的信息冲击和文化冲击，我们在中学的时候就听到了诸如"信息爆炸"之类的词汇，开始触摸到信息社会的门槛。当然在那时，我们并不可能真切、深刻地理解什么是信息社会。在专业学习方面，另一个印象深刻的时代特征就是新思潮不断涌来：现代主义还没有充分理解的时候，后现代主义来了；"后现代"刚出现一番热闹景象的时候，解构主义又出现了。开放伊始，我们同时面对欧美国家 100 多年的实践和理论积累，加上彼时也是他们的一个经济高潮期，新知识产生的速度本就迅猛，真是让人有应接不暇的感觉。作为年轻学子，当时既有懵懂的状态，更有一种莫名的兴奋。总而言之，那时年轻的我们有幸处在一个国家高速成长发展的时期，见证了很多变化，经历了很多事情。

而"不幸"之处在于这一阶段对人的学习、认知、判断能力提出了很大挑战，因此作为一个笨人，在这一历史浪潮之中，必然得经历一个非常痛苦的过程。我们往往被这些不断涌现的新概念、新名词、新理念所形成的"景观"所震撼，既不清楚这些新思想的根基出处，也不好判断其指向的未来究竟是什么，经常是兴奋之下的模仿与追随。在设计领域，体现出一种盲目的创新情绪。记得 20 世纪 90 年代初期，《世界建筑导报》某期的封面是富南银行总部大楼，由于立面使用了西方古典柱式的符号，评论者就欢呼"这是中国第一座后现代主义建筑"。现在来看，这类事情就显得比较可笑了，但这也深刻地反映出当时某种普遍的情绪和状态。另一个印象非常深刻的事件是菲利普·约翰逊（Philip Johnson）策划的"解构主义七人展"，他在展览的前言中提道，一直以来，在文化领域的发展，建筑学似乎总是比其他学科要"晚一步"，总是搭"末班车"。但是随着解构主义在建筑界的兴起，建筑学走在了前面，坐上了"头班车"。这一判断是否正确，后面历史的发展已经间接给出了答案，它并不是一种真正有普遍意义的发展方向。解构主义思想如果在社会实践层面去体现，显然并不是这个展览所展出的作品所能全部涵盖的。我并不是想借此展开相关的理论讨论，而是想通过这些事情描述当时的一种状态、氛围，我们身处其中，自己的专业学习在相当长的阶段里是兴奋、迷茫、焦虑等情绪交织在一起。我们也在思考外来的理论学说在中国的现实语境中如何落地生根，中国自身的文化如何得以延续、显现。

对我个人，另一个阶段也很重要，即本科毕业设计阶段加入了历史组的古村落测绘项目，做的是中国最早的一批乡土建筑的测绘调研，当时测绘的是新叶村和诸葛镇。虽然我的祖籍也是在农村，但没有多少真正的乡村生活经历。在新叶村住了一个多月，当地的传统民居令我感到惊讶。这一个多月里我们做调研、跟村民打交道，甚至自己买菜做饭。这段看似很简单的生活经历却触发了很多我对建筑的新的认识和理解，在村里漫步的时候，一个简单的门头所焕发出的美感就能深深地打动我。原来我对中国传统建筑并没有很大的兴趣，当时普遍更喜欢学习西方建筑史，因为比较"热闹"，各种风格"你方唱罢我登场"，而中国建筑的风貌相对比较稳定，年代造成的差异性并没有那么剧烈。这段乡村生活和对传统建筑的测绘是另一种启蒙，使我重新开始用一种更现实的眼光来看待中国传统建筑体系，带我重新认识空间作为一种艺术形态的特殊性。当然那时只是一个萌芽，我对此并没有特别深入的认知，但这段经历为我开启了一个新的视角和兴趣。

本科毕业后我也有段实践工作的经历，是在一家设计院中。这段经历一方面教会了我工程实践的技术和经验，也让我接触到了社会上形形色色的人，了解到他们对建筑不同的理解和要求。在工作了 5 年之后，我重返母校，在清华大学建筑学院建筑历史研究所读研，一直到完成博士学位论文，在建院从本科到博士毕业一共 15 年的历程。这一漫长的历程并没有完全解决我对建筑和审美的很多疑惑，虽然在种种实践语境下使我开始关注一些问题，但我并没有得到比较清晰的理解和答案，仍然是一个较为痛苦的过程。

博士毕业后我来到清华美院工作，那时两校合并不久，美院还在光华路校区。一般来讲，毕业后理想状态是继续在建筑院系工作，比较平顺，但是接触了美术学院的环境之后，我感受到了一些新的可能性。美院为我打开了一扇非常重要的门，在之后的工作过程中我对此有了越来越深的体会。到美院工作之前，我并没有怎么接触过当代艺术，对北京的 798 艺术区也没有什么概念，对各种工艺美术门类更是没有接触。虽然作为业余爱好者看了不少绘画、雕塑作品，但之前也没有机会与艺术家进行深入的交流，在审美上如何去理解、阐释作品，有很多不明所以的东西。到美院工作之后，我接触到了很多不同门类的艺术家、设计师，这是难得的际遇。入职后不久有幸参加了一个三峡坝区的文化规划项目，是杜大恺、包林等几位老师负责主持。我第一次跟画家、雕塑家、工业设计师、平面设计师乃至新媒体艺术设计师等多个门类的艺术家、学者一起工作，在多学科交叉的平台上一起工作，使我对很多问题的理解和视野更为开阔了。当时另一件对我冲击比较大的事情是清华大学为拟建的美术学院教学楼和艺术博物馆举办的国际设计竞赛，邀请了国内外 6 家设计单位。方案出来后，在评审阶段通过比较可以发现，建筑师对美术学院的理解和美院师生对学院的期待，两者之间是存在一定落差的。建筑师通常希望做一些超常规的建筑形式以彰显项目的艺术气息，而美院师生反而要求的是很实在的工作环境和条件，在形式层面并没有过多的表述愿望。

2007 年我到《装饰》杂志编辑部工作是个奇特的机缘，典型的"无知者无畏"。当时并不确定自己的能力是否胜任《装饰》主编的工作，凭着热情和美好的愿望就欣然接受了这一工作上的调动安排。这个调动给我带来的最大变化就是使我接触到了更多的设计门类和更多的与设计相关的事物，也有机会与全国的同行接触交流。这是其他工作岗位所无法比拟的。编辑部的工作也使我们与很多来自一线的设计师们有比较深入的交流。这段延续至今的工作经历让我能够综合地去理解设计，从不同维度去看待、理解设计判断的标准和设计思维的特点。在这一阶段，我逐渐清晰地形成了"环境审美"的概念，也更多地以"超越形式的设计思维"为题做一些学术讲座。"环境审美"是中国传统文化的一个特征，近十几年我对中国传统园林持续的研究，包括对传统工艺美术的接触和了解也是一条重要的路径，使我对中国的审美传统和设计发展的过程有了一个更为朴素和坚实的认知基础。

2007 年，本人曾出过一部自选文集《建筑风语》，涵盖了自己对建筑问题的一些思考以及对建筑现象的批评和判断。以"风语"命名，一方面是与自己的名字找到一点关联，形成一种小趣味；另一方面，俗话中有"风言风语"之说，也意味着这些言论只是一己之见、一时之见，可以作为一种参考，并不见得有多么深刻的道理。当然这些内容并不是没有来由的信马由缰地胡说八道，也是经过思考后留下的印记。目前读者手里这本书的名字叫《设计风眼》，从书名上可以看到两者之间的连续性和相互关系，也恰好与两个成书阶段里我的学术经历相吻合。我的专业根基是在建筑学，由此向外拓展，更多地接触到了大设计门类的很多知识和现象，使得话题也有了拓展。以"风眼"命名这部新书，一方面还是与个人名字之间有所关联的小趣味；另一方面，这些文章有相当一部分是对正在发生、显现的设计现象和设计问题的思考，相关话题具有一定的代表性，这些内容有些也是我们目前这个时代关于设计思考的核心议题。

本书内容分为三个部分：

第一部分仍然是一批有关建筑历史方面的论文，是配合《装饰》的《特别策划》栏目所撰写的文章。我到《装饰》之后所做的最初也是最大的一个调整措施，便是设立了《特别策划》栏目，每期以 30—40 页的篇幅做专题性的讨论。这种讨论的目的是将不同设计门类甚至不同学科的学者汇集在一起，就某一问题从不同侧面进行阐述，以获得更为全面、立体的理论阐释，能够使得对问题的理解通过这样的方式达到新的深度。改版后的第一个专题是"中国动画"，我在第二个专题"新艺术运动"撰写了《新艺术运动之新》，此外还邀请了室内设计、服装设计、艺术史论乃至文学等不同门类、学科的学者撰文讨论新艺术运动，在当时引起了不错的反响。大家对新艺术运动这个名词都很熟悉，但是将不同学科领域的学者撰写的有关新艺术运动的文章放到一起，呈现出的面貌既有联系又有差异，也为读者提供了对这一概念理解的新视角。秉持这样的原则，《装饰》策划了一系列与设计史上某个历史阶段相关的选题，例如古希腊、古罗马、文艺复兴、巴洛克等，也讨论过历史主义这样的话题。在这样的背景下，我在一系列专题讨论中写作了一批建筑史方面的论文，这些论文的写作有一个比较特殊的出发点和研究上的切入点，即不同历史阶段的特殊性是如何显现的？它们之于设计史的价值到底在哪里？这些历史经验对于我们今人面临的问题之间的关联点到底在哪里？其中，比较有代表性的是我在"向罗马致敬"专题中撰写的《学习希腊，成为罗马——古罗马建筑的创新路径》一文，探讨的是古罗马在建筑方面对于古希腊的遗产如何继承，又如何应用他们自己所掌握的新的建造技术手段来拓展建筑形式语言的组织和表现力。罗马对希腊的学习并没有使其丧失罗马的特征，这一点是我们今人思考文化创新和审美标准时有价值的参考。

第二部分是对于一些设计现象和引人关注的设计议题的讨论，是更为贴近时代的话题。例如《明星拯救设计？——设计明星制透视》《民生设计刍议》《论主动设计》《设计的乔布斯定义》等。这些文章更多地融汇了对广义上的设计的思考和理解，结合了正在发生的设计现象与现实案例进行阐发，反映个人对设计的认知。

第三部分的文章是一些相对比较短的文章，很多是来自于我之前写过的博客。它们并不一定强调专业性，也不是以严格的论文形式来呈现的，而是在一个更为宽泛的、生活化的语境中来谈自己对设计的认识。

总体来讲，如果将自己对设计问题的理解进行一个回顾性总结的话，那么可以说我们对设计的理解都是先从形式审美、形式判断、形式训练开始的，但之后在不断地学习和实践的过程中，它越来越多地使我们去思考支撑形式成立的力量是什么，换言之，形式背后更深层的因素和动力是什么，个人认为这是设计思维更为重要的一个维度。包括审美本身也不是一个稳定的系统，它会随着时代的发展而产生剧烈变化，审美标准变化的背后是文化语境的变化和文化自身的变迁。而文化是一套支撑价值判断的系统、一种软性制度，里面有制度化的特征。我从博士论文《清代北京宫廷宗教建筑研究》开始，对建筑现象的关注和理解便超越了简单的形式和技术层面的考察，而更多地是把宫廷宗教建筑放入到宫廷宗教生活的语境甚至宫廷文化系统中去理解和阐释。在这样一个系统里，我们才能更好地理解建筑的成因以及每个建筑具体的设计逻辑，这个方法奠定了我之后对很多问题探讨的逻辑基础。

支撑设计思维的仍然是对生活、对人的理解，设计是对文化的显现，它很大的一个任务是让不可见的东西以一种可见的形式呈现出来：make invisible things visible，这也是我一直以来倡导"超越形式的设计思维"的原因所在。但形式问题仍然是一个重要的问题，当它最后以一种可见的方式呈现出来时，我们仍然要选择形式、创造形式，只不过我们对形式的选择、判断背后，一定需要有力的支撑。设计源于需求，源于具体的问题，在林林总总的问题之中，有一类关键性的问题是"竞争"，竞争是设计的一个重要属性；因为竞争，设计必须不断创新，在创新中取得竞争优势，形式创新也是创新，但要想取得更为坚实的领先优势，仅仅形式层面的创新是无法支撑的。

希望这样一种"笨人治学"的过程呈现，有助于大家一起来关注设计、思考设计问题，对中国设计的发展提出可行的方案。"笨人治学"，没有玄奥之说，只有朴素的思考和渐进的求解过程。"笨人"的好处在于，其所思更易于被聪明的人们所理解。笨人之功，惟在执着，锲而不舍，金石可镂。我对设计的热爱，或许也可在这些文字中有所感知。

目录

01

学习希腊，成为罗马

——古罗马建筑的创新路径

在罗马人的创新成就中，我们可以感受到一对对矛盾关系的微妙平衡：雄心与谦卑，继承与发展，创新与调和，自身文化立场的坚持与开放的心胸。这些或许是我们在欣赏其艺术和技术成就之外，又一值得关注的问题。尤其在今天，我们的经济实力不断增强，面对的环境日益开放，那么我们如何创造属于自己的建筑上的荣耀？罗马建筑的创新之路是可资参考的范例。

以后世的眼光来看，欧洲建筑传统的主流是希罗体系，即希腊—罗马体系，即使在现代主义兴起之后，表象层面的特征有了明显的变化，但古罗马建筑仍是许多建筑师创作的灵感源泉。法国著名建筑师克劳德·帕朗（Claude Parent）在其2010 年的个人回顾展上明确说明了自己建筑创作的两个源头，一是大海，一是罗马。[1] 大海的启示是自由精神，而罗马的伟大之处在于其独特的创新能力，古罗马人创造了远较古希腊人更为丰富的建筑类型，今天许多建筑形式的源头都可追溯到罗马。

古希腊建筑在希罗体系中可谓奠定了基本的形式语言基础和审美的标准，最为直观的是其整套柱式语言，希腊神庙成为经典的建筑形式，即使到今天仍被不时引用。古罗马建筑在形式层面对古希腊建筑的借鉴是显而易见的，但更重要的是罗马完成了对希腊建筑的超越，从而成就了自身鲜明的性格特征并进而完善了自己的形式语言系统。罗马的神庙、广场、斗兽场、剧场、竞技场、大浴场等等，不仅以壮观而精美的建筑形象引来无数赞叹，也由此展示了当时丰富的公共生活和生动的文化场景，罗马的魅力即来自于此。

古罗马的建筑是古罗马文化的集中体现，是其集大成者，体现了古罗马人征服一切的勃勃雄心，开放地吸收一切有益经验的胸怀。雄心和胸怀是古罗马建筑实现文化创新的重要基础，也可说是前提条件；在此基础上，文化本体性的坚持也是其创新的重要条件，没有自身文化立场的强烈自觉，罗马人将迷失在外来文化的拼凑之中而无法形成自己的体系。罗马建筑的创新建立在罗马人现实需求的坚实基础上，建筑是其政治、军事、文化、艺术和日常生活的映射，古罗马人对于混凝土拱技术的应用，使他们的雄心具备了可行性。

坚固、适用、美观：维特鲁威与《建筑十书》

实用精神是古罗马人的一个特质，这可能也是他们在吸收外来文化时能保持自主性的一个因素。维特鲁威在《建筑十书》的第一书第三部分"建筑学的部门"中提出了"建筑还应当能够保持坚固、适用、美观的原则"[2]。坚固和适用都属于实用的范畴，美观则与精神世界相关。在维特鲁威的书中，他显然也是按照这种理解来安排内容的，书中所述涉及了多门学科和大量技艺，对选址、气候、地基处理、材料和构造等等都有详尽描述，当然他也十分推崇希腊神庙的美，包括柱式语言的介绍。

1. 伊特鲁里亚神庙复原模型。

《建筑十书》是迄今为止发现的年代最早的、系统性的建筑学专门文献，书中所提到的三项原则高度概括而影响深远，这些原则可能并非维特鲁威的首创，但肯定是当时知识状况的反映，是作者对相关知识和观念的系统梳理和总结，也是今日我们了解古罗马，甚至古希腊建筑的宝贵资料。后世对维特鲁威的评价有不少分歧，由于其所处的年代是罗马共和晚期，其后罗马建筑的真正辉煌还未到来，同时此书又是献给奥古斯都——致力于建设大理石罗马的皇帝，维特鲁威对混凝土技术、穹顶技术未曾涉及，但其中仍然反映了当时的罗马人在希腊化的同时谋求自身创新的种种努力，是这个时期的重要见证。

维特鲁威心中理想的建筑师是通识型人才，上知天文、下知地理，通晓技术、艺术和哲学，这也可视为他对理想建筑的一种理解。第七书的序言中，讲到图书馆时作者讲述了这么一个故事：博学者阿里斯托法涅斯担任一次诗歌朗诵比赛的评委，提出不曾受到市民喜爱的那位诗人才应获胜，因为只有他朗诵的是原创作品，并验证了剽窃行为。故事未必真实，但生动地说明了博学的重要以及崇尚原创的价值观。[3]"维特鲁威的书，就像许多罗马共和晚期文化一样，流露出一种自信的、综合性的折衷主义，它尊重所继承的传统，有选择地欣赏外国的成就，深信个人有能力创造性地将这些外来影响熔于一炉。"[4]

空间的核心地位

罗马对希腊文化的仰慕是有目共睹的，《建筑十书》中的第三和第四书都是关于希腊神庙的总结，后世对维特鲁威的批评也大多集中于此，认为他表现了保守的倾向。这一评价未必准确，维特鲁威身处希腊化时期，希腊的经验如此优秀，无视这些经验难道就能创新？继承何尝不是创新的一个基础条件。

罗马继承了希腊的文化，包括宗教，罗马神庙在形式上与希腊神庙十分相似，但其空间关系却是保留了自身的传统，与希腊的神庙有着显著的差异。希腊神庙是环廊式，内部空间不发达，宗教活动往往在外部围绕着神庙进行。因此，希腊神庙往往位于场地的中心，并且四周都有台阶，在雅典卫城的帕提农神庙是个典型，没有明显的正立面。罗马神庙在平面关系上延续了伊特鲁里亚的传统，是前廊式，往往有两到三个柱开间的前廊，而后半部则是神庙内室，台阶也只出现在前廊正面，形成明显的正立面，并强调了空间的轴线。为了在形式上达成希腊神庙的美感，罗马神庙在后半部的内室外壁做了壁柱，仿如环廊式的希腊神庙。罗马神庙也不再是位于场地中央，而是处在一端。[5] 尼姆四方庙（Maison Carree, Nimes）

2. 尼姆四方庙（公元前 16 年）是典型的伪环廊式形象，后部庙堂采用壁柱，求得形式上的完整和统一，其空间实质是伊特鲁里亚神庙的继承。

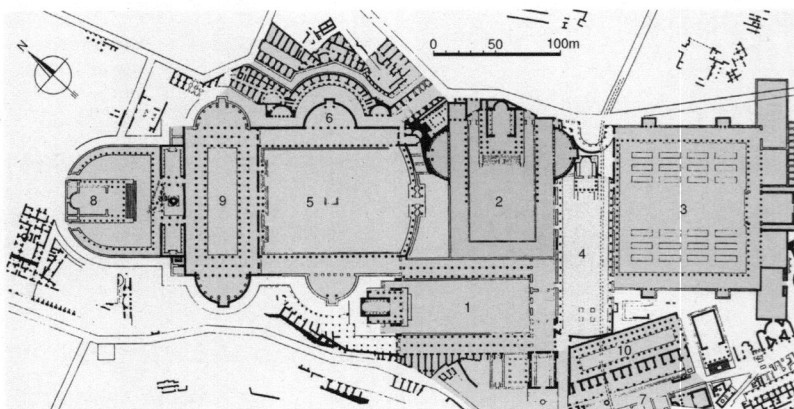

3. 罗马帝国时期广场群平面图。从恺撒广场到图拉真广场，罗马式广场的形制逐渐成熟，空间系统趋于丰富和完善。1. 恺撒广场；2. 奥古斯都广场；3. 和平圣区；4. 涅尔瓦广场；5. 图拉真广场；6. 图拉真市场；7. 罗曼努姆广场东北角；8. 图拉真神庙；9. 乌尔庇亚会堂；10. 艾米利亚会堂。

4. 罗曼努姆广场复原透视。

是奥古斯都时期的建筑，是保存完好的罗马神庙，由于空间区位的变化，罗马神庙也刻意抬高了基座的高度，使纵向的序列得以加强。罗马神庙的这种改造方式显然也是出于实用的考虑，伪环廊式在形式上向希腊神庙看齐，但就宗教仪式和活动而言，这种布局争得了更大的室内空间，适于在室内活动。更晚的，也更为著名的罗马万神庙（Pantheon，Rome）是一座圆形神庙，但保留了一段希腊式神庙的前廊，尽管外观上不甚协调，但在空间上仍是罗马神庙传统的延续。这种略显粗率的拼接或许也是罗马实用精神的一个写照。

希腊和罗马都重视公共空间的建设，希腊的雅典卫城是光辉的代表，但罗马对于公共空间和公共建筑的重视显示了其作为一个大帝国的不凡气度，因为这些建设可以展现伟大的权力。罗马的城市建设有自己鲜明的特点，可能出自要塞的需要，一般都是有东西、南北两条主路构成十字形构架，在交叉点附近布置柱廊式广场。这是一种十分高效的布局方式，同时秩序明确，成群的重要公共建筑物围绕广

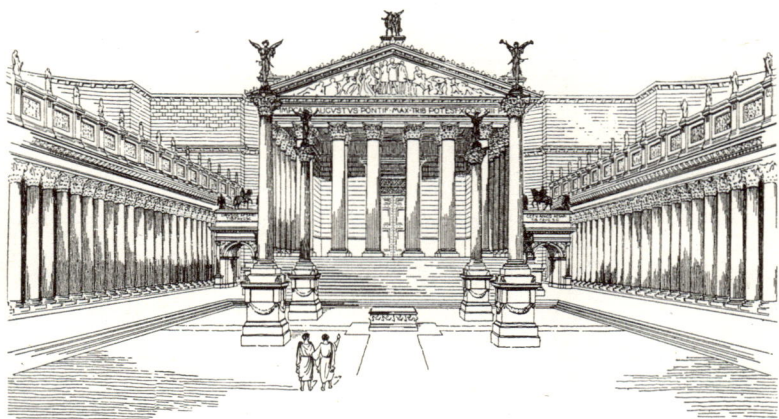

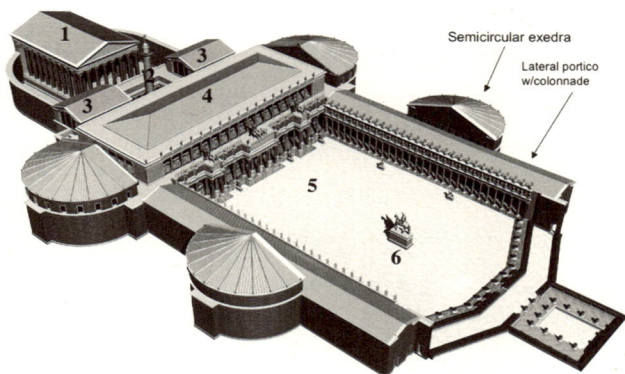

Semicircular exedra

Lateral portico w/colonnade

5. 奥古斯都广场复原图。主体建筑为战神庙，内按伊特鲁里亚神庙的传统供奉三个神像，分别为战神、恺撒和奥古斯都。

6. 图拉真广场复原鸟瞰图。1. 图拉真神庙；2. 图拉真纪功柱；3. 图书馆；4. 乌尔庇亚会堂（大巴西利卡）；5. 主广场；6. 纪念雕塑。

场。"罗马广场取代了希腊和希腊化时期大会场的地位，成为城市生活和设计的主要中心。"[6] 如果比较希腊与罗马的广场，希腊的广场在空间结构上要松散得多，更像一个利于市民生活的公共活动中心，而罗马的广场则体现出了政治上的象征意义，因而是整饬和强有力的。

在城市的规整程度上，作为首都的罗马因历史的缘故反倒不具备古罗马城市的一般特征，相对凌乱，但罗马的广场仍是壮观的城市景象。罗马的旧广场，位于卡彼托山脚下，本是市场所在地，公元前 2 世纪时逐渐添置了一些巴西利卡作为法庭、交易所和市场；而到了帝国时期，它被历任皇帝扩建得富丽堂皇，除了展示各自的成就之外，皇帝们也希望通过新的建设赋予古罗马城更强的秩序感。从共和时期的罗曼努姆广场到帝国时期的恺撒广场、奥古斯都广场和图拉真广场，罗马广场从开放的公共活动场所变为封闭的纪念性场所，纪念性广场的形制逐步得以完善，最终形成既有强烈秩序，又有丰富层次的空间体系。

罗曼努姆广场是开放而略显散乱的，城市道路穿过广场，它只是一批重要的公共建筑之间的不规则场地，虽然有大致明确的空间指向。恺撒广场确立了封闭的纪念性广场的先例，柱廊围合的空间，一端是入口，一端是神庙，但各个建筑物都丧失了独立性，被统一在一个构图形式之中。奥古斯都广场则在恺撒广场的基础上，在神庙一端的两侧对称地引入两个半圆形庭院，为此打开了两侧的柱廊，由此增加了一条横向的轴线，使得空间的感受更为丰富。在奥古斯都广场的一边是所有广场中最为奢华的图拉真广场，其规模等于其他广场的总和。广场由来自大马士革的阿波罗·多罗斯设计，入口是一座三跨的凯旋门，两侧是柱廊，院子中间是一座纪念雕塑，与先例不同的是在入口另一端是一座横向布置的罗马最大的巴西利卡，形成了更为强烈的横轴，巴西利卡的两端对着半圆形的庭院。在巴西利卡的西边建有两座图书馆，一为希腊式，一为罗马式，两者之间是一个不大的封闭庭院，内有图拉真纪功柱。纪功柱高 38m，由白色的克拉拉大理石构成，缠绕着连绵不断的雕刻带，雕刻带由下往上逐渐变窄，强化了人们仰视它的透视感，更显高邈，整个构思体现了想象力和极高的创造性。尽端的图拉真神庙由哈德良皇帝建于公元 119 年，完成了整个广场的布局，罗马广场不断演进的空间艺术至此走向高潮，可谓千古绝唱，空间的丰富性令人赞叹，纪念性无以复加。广场、巴西利卡和神庙构成了罗马式的公共空间组合，加上斗兽场、剧场等大型公共建筑，罗马所实现的城市壮丽景观无疑是没有先例的，对希腊的超越不言而喻，即使后世也鲜有城市能有如此恢宏的景象。

古罗马建筑创新的核心技术

罗马的雄心可以说是大半建立在混凝土和拱的技术上。"条条大路通罗马"这句话生动地说明了罗马的道路建设，完善的道路体系保证了高效的交通，既利于贸易往来，也利于军队的快速调动，是维系罗马中央统治的重要基础设施。另一项令世人称奇的基础设施便是罗马的输水道，两者共同构成了罗马的血脉系统，至今仍有许多输水道的遗迹跨越河谷醒目地矗立在广袤的原野中。没有混凝土拱技术的应用，如此规模的建设是无法想象的，有赖于此罗马的城市建设也争得了更大的自由，可以摆脱对水源地的过分依赖，许多古罗马城市能够建在高地上而无缺水之虞即托庇于庞大的输水道工程。输水道直观地显示了罗马人不仅有征服敌人的勇气，也有征服自然的雄心。

或许令人难以置信，直到今天仍有一些输水道如两千年前一样为罗马城输送洁净的泉水。许愿泉是罗马城中著名的景点，在美国电影《罗马假日》中，奥黛丽·赫本清丽的形象与明净的泉水、华美的雕塑一起给世人留下了难以磨灭的美好印象。许愿泉的水不是来自现代的城市供水系统，而是通过输水道直接将罗马城外18km处的沙龙泉水送到池中，是真正的泉水。罗马城的人口当时即过百万之数，为此罗马建设了11条输水道和11条隧道，总长超过480km，每天供应60万至80万立方米的净水。其中最震撼的阿奎亚·克劳狄娅（Aqua Claudia）输水道，总长约80km，其中五分之四位于地下，出了山区之后地面上的结构高达20m，将亚平宁山脚下的甘甜山泉水引入城中。[7]

混凝土或许也是古罗马建筑存留下来的一个因素，石造建筑自然也能长久保存，但在没有文物保护观念的时代，它们也很容易沦为后人起造新建筑时的"采石场"，斗兽场外墙的壁柱就是这样纷纷流失的。这当然不是混凝土的主要优点，与石造建筑相比，混凝土技术对工人的技艺要求低（加工石料本身就是一门技艺），同时施工难度也大大降低，起重、运输都相对简单，这就使得大规模的建造活动成为可能。罗马混凝土是不加筋的混凝土，其配方与两千年之后的混凝土没有太大差异。火山灰是罗马人得天独厚的材料，富含氧化铝和二氧化硅，其成分与今天

7. 罗马的阿奎亚·克劳狄娅输水道。

8. 现位于法国的戛合输水道。墙身上的突起物为施工时支木模架的遗迹，为了节约木料，当时的工人从拱的四分之一高度开始支模，显示了对起拱技术的熟练掌握。

的水泥十分接近，维苏威火山相当于一座巨大的水泥工厂。使用了火山灰的混凝土可以在水中凝结、硬化，也能够经受海水的侵蚀，具有很好的性能指标。混凝土技术并非罗马人最先掌握，但大规模地应用始于罗马人。

混凝土技术与拱的技术相结合，发挥出了更大的威力，是罗马建筑完成创新的核心技术。在房屋建造的各项技术中，解决跨度问题是难点，简支梁原理的梁柱系统是一种简明的方法，但在古代囿于材料，无法实现大跨度。拱的好处是可以使用较小尺度的构件完成大的跨度，是建造技术的一个飞跃，而与混凝土技术的结合则使得施工难度大大降低，可以用低技能的劳力从事复杂的建造工程。

在拱的技术方面，罗马人也实现了几次重大的突破。早期的拱是相对简单的简拱（vault），能解决跨度问题，但两侧为墙体（只有两端可以采光），对于空间的利用十分不利，虽可局部打开洞口，但在平面布局方面受到很大限制。简拱结构的另一困难是两侧墙体需要承受顶部结构带来的侧推力，否则就会垮塌，起初是用加厚墙体的方法来应对；后来尝试用较小尺度，但与墙体相垂直的一组简拱来抵抗侧推力，不仅减轻了结构的重量，也使得侧墙可以打开，空间的流通性大大加强。在此基础上的更大突破则是十字拱技术，两个相互垂直的等跨度的拱相交，就形成了十字拱，原理不复杂，但在施工上需要高超的技巧；十字拱的最大优越处就是整个结构只需四个落地的支撑点，结构显得更为轻巧，同时空间的平面布局也十分自由，但就平面而言，十字拱建筑的平面与现代的柱网平面没有太大区别，只是落地的柱墩尺度较大。

壮观建筑、复杂空间体系

这一系列技术上的突破，使得罗马人几乎什么样的空间都有能力去实现，输水道、马采留斯剧场、斗兽场、图拉真市场等等，这些壮观的建筑无一不建立在拱技术的基础之上，正是由于技术上的优势，罗马人也没有必要再去重复希腊的建筑形式，他们正在创造前所未有的建筑。希腊的露天剧场都是利用自然地形，依山就势，呈现出一个负形，并且在选址上受限于此不能出现在城市的核心部位。罗马的剧场就完全摆脱了这种限制，观众席位的起坡依赖拱的技术不是难事，甚至可以人为控制坡度，同时剧场也可建在市中心，成为便利的公共娱乐设施。

当然技术上最大的荣耀来自穹顶。穹顶这一空间形式具有很强的感染力，最初的原型可能是受天然洞穴的启发，而罗马人对有天光的圆形空间的偏爱在许多建筑上都有体现，庞贝古城的浴室里就有圆形的热水浴室。古希腊就开始建设小尺度的圆形神庙，但拱的技术没有成熟，顶部采用的是叠涩拱。理论上，将一段拱旋转 180 度就形成了穹顶，但在实践层面并非易事。

罗马万神庙（公元 118~128 年）是哈德良皇帝的工程，总体形式比较简单，在传统的前廊后面是一个圆形神庙，外观并不精美。其内部空间很单纯，如同缩小的宇宙模型，基本上是个球形空间，下半部扩大成为圆柱形，建筑的地面以上高度刚好等于穹顶直径43.2m（很长时间内这都是世界之最）。下半部分的墙身有 8 个龛洞，使墙体不那么沉闷，穹顶顶部是直径近 9m 的采光口，穹顶内侧采用了藻井的形式，既有装饰作用也减轻了结构的重量。万神庙在总体简单的形式下实际隐藏着更为复杂的结构机制：整个墙体包括鼓座部分有

9. 罗马万神庙墙体内部构造示意图，看上去厚重敦实的墙体内部布置了许多暗拱以形成空腔，既减轻自重，也有利于混凝土浇筑时硬化。

10. 表现罗马万神庙室内的油画，显示了 18 世纪 50 年代内部改造前的情况，Giovanni Paolo Pannini 绘制，约绘于 1734 年，现藏于华盛顿国立美术馆。

许多空腔，不仅仅是 8 个可见的龛洞，墙内有许多分散荷载的暗拱，空腔的存在有利于促进混凝土的硬化，整个结构在水平方向上由陶质砌体进行拉结，竖向间距 1.2m；同时，为了减轻荷载，穹顶的混凝土骨料也是精心选择，与墙体材料不同，穹顶选用轻质骨料，并且越往中央越轻，从基部的石灰华到采光口附近的多孔浮石，穹顶的结构厚度也是不断减小。[8] 万神庙不仅是技术的奇迹，也是空间艺术的奇迹，简单明了的空间体量，优雅的室内装饰，来自上方天空的自然光线，孕育了一个无比感人的空间，在这里既可感受到来自自然、超人的力量，也自然而然地为人所实现的壮举折服，罗马建筑迎来了新的高潮。

在难以一一枚举的罗马建筑成就中，大浴场仍是值得探讨的话题，因为它是罗马世俗生活文化的典型代表，同时体现了罗马人处理复杂空间系统的能力。卡拉卡拉大浴场（Thermae of Caracalla，公元 212 年 ~216 年）是其中的主要代表，因皇帝的别名而得名。罗马人有建浴场的传统，从公元 354 年的地方志中可知，罗马城中的浴场有近千座，皇帝们希望人们耽于享乐而不问政治。卡拉卡拉浴场位于罗马城郊，总面积 11hm²，长 375m，宽 363m，主要建筑群建在 6m 高的台基上。台基内是锅炉房、热空气管道、仓库、过道及服务设施。卡拉卡拉浴场的规模相当于一个小镇，严格地按中轴线对称布局，人们不仅在这里洗浴，还有多种娱乐休闲活动可参与，轻而易举地消磨一天的时间。这里可以同时容纳 1600 人洗浴，两层高的外围建筑围合出巨大的庭院，建筑底层为商铺，弧形围墙内是图书馆和演讲厅，后排正中为有看台的体育场，其后为贮水池。

主体建筑宽 228.6m，进深 115.8m，包含门厅、前室、蒸汽浴、热水浴、温水浴、冷水浴室以及休息空间，由纵横两条轴线控制，长 55m 的温水浴厅以及尽端圆形的热水浴厅成为控制性的元素，整体布局严整、紧凑、合理，堪称典范。此时的建造技术完全成熟，大量使用砖肋和轻质骨料混凝土的十字拱和穹顶，大大提高了空间跨度和高度；高低错落的屋顶使位于内部的厅堂可以用高窗采光。同时，整个建筑内的供水供热系统也让人赞叹，有专门的输水道为浴场每天提供 3.3 万立方米的水，通过炉子加热后用铅管送往各浴室。地板下和墙体的空腔则成为输送热空气的管道，构造了舒适的室内环境。由于采用了轴线布局，主要厅堂空间连续贯通，空间显得深远，两个方向的空间渗透又提高了空间层次的丰富性。室内不仅使用了漂亮的饰面材料，而且满布艺术品和喷泉雕塑，显得富丽堂皇而生气勃勃。[9] 卡拉卡拉浴场是对人的物质生活欲望的极致渲染，罗马帝国的最终覆亡从中可见端倪。当蛮族入侵，公元 537 年输水道被破坏之后，浴场也被废弃。

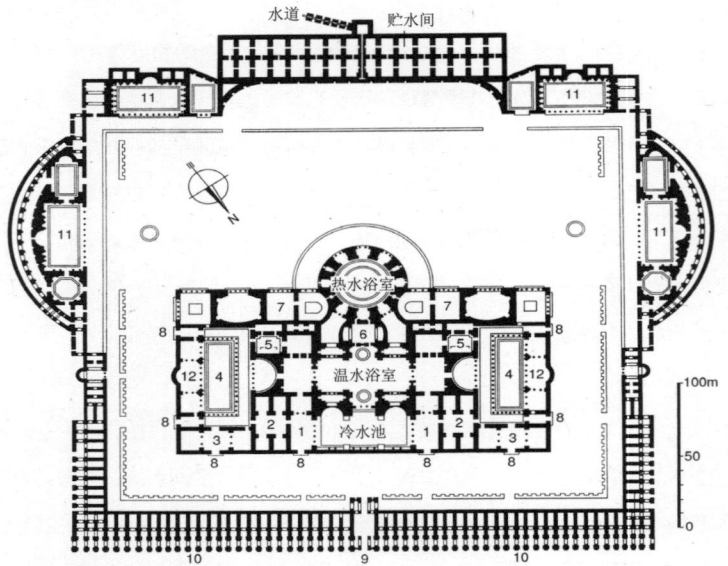

11. 卡拉卡拉大浴场平面图。1. 前室；2. 更衣室及楼梯间；3. 入口厅；4. 露天廊院；5. 蒸汽浴室；6. 温水浴室；7. 浴室；8. 入口；9. 主入口；10. 小浴室及店铺；11. 演讲厅及图书室；12. 健身房

12. 卡拉卡拉大浴场主体建筑剖视图。中部可依次看到游泳池、中央大厅、温水浴室和现已无存的有着35m直径穹顶的热水浴室。

13. 罗马斗兽场外观复原图。多层建筑的柱式应用并无希腊先例可援，罗马人在券柱式的基础上，也发展了一套多层建筑柱式应用的规则，底层是多立克柱式，二层为爱奥尼柱式，三层为科林斯柱式，四层为壁柱。

14. 罗马斗兽场内景，残存的混凝土结构遗迹。

15. 罗马斗兽场施工场景想象图，显示了脚手架、各种柱式的应用部位，观众席和廊道的关系，带踏车的起重机，地下通道和运石车等等。

结语

罗马建筑在技术上的一系列创新也带来了相应的形式处理的问题，万神庙和卡拉卡拉浴场尽管在室内创造了惊人而优美的空间效果，但这两座建筑的外观都不能称善，这就是所谓的历史局限性吧。拱的应用使拱成为造型的主要元素，罗马人为了让其与希腊的形式融合，创造了券柱式，柱子不再承担结构作用，而只是装饰构件，以此划分立面节奏，塑造相应的气氛。这个手法局部地解决了形式问题，更进一步的是罗马人调整了希腊的柱式语言系统，使之更符合现实的要求。混凝土的优越性在上文已有介绍，但在审美方面也有其缺陷，混凝土的墙体需要饰面层，不仅为了美观，也为了保护墙体。罗马人尝试过多种手法来修饰墙面，砌砖、石料马赛克以及整砌的石块等等，由于对希腊建筑的敬慕，使用石材成为最优的选择，但这大大增加了建造的成本，那些大体量建筑的外观不甚理想的原因可能与无力用这种方式来修饰有关，而不单是形式语言掌握程度的问题。

无论怎么说，古罗马的建筑演进过程可以使我们清晰地看到其创新的路径：从吸收希腊的经验开始，将之理论化，但从没有忽视自己现实的需求和征服世界的雄心，不放弃自身传统的空间模式，不断地使用和改进新材料和新技术，最终实现了对学习对象的超越。在罗马人的创新成就中，我们可以感受到一对对矛盾关系的微妙平衡，雄心与谦卑，继承与发展，创新与调和，自身文化立场的坚持与开放的心胸。这些或许是我们在欣赏其艺术和技术成就之外，又一值得关注的问题。尤其在今天，我们的经济实力不断增强，面对的环境日益开放，那么我们如何创造属于自己的建筑上的荣耀？罗马建筑的创新之路是可资参考的范例。

本文原载《装饰》2013 年 08 期，总第 244 期

注释：

[1] 克劳德·帕朗，出生于 1923 年 2 月 26 日，法国建筑专业学院 ESA 教授，培养了让·努维尔等著名法国建筑师，1979 年获法国国家建筑大奖，同时当选为法国建筑科学院主席，2005 年当选为法国美术科学院院士。文中阐释为帕朗先为笔者介绍展览时口述。

[2]（古罗马）维特鲁威：《建筑十书》，高履泰译，北京：知识产权出版社，2001，第 16 页。

[3] 同 [2]，第 186 页。

[4] 同 [2]，译者序。

[5]（英）丹·克鲁克香克主编：《弗莱彻建筑史》第 20 版，郑时龄等译，北京：知识产权出版社，中国水利水电出版社，2001，参见第 230-237 页。

[6]（英）大卫·沃特金：《西方建筑史》，傅景川等译，长春：吉林人民出版社，2004，第 48 页。

[7] Benjamin Herring, The Secrets of Roman Concrete, CONSTRUCTOR, 2002.9, p13。

[8] 王瑞珠：《世界建筑史·古罗马卷》（上册），北京：中国建筑工业出版社，2004，参见第 480-509 页。

[9] 同 [8]，参见第 603-619 页。

哥特建筑的力量

——平民性与整体性

哥特建筑的强大生命力告诉了我们什么呢？落后的蛮族如何造就了这样的辉煌呢？或许正是蛮族，才能专注于问题本身，孜孜求解，独立地探索新的解决方案；正是蛮族才没有强烈的精英意识，使建筑成为一项全民参与的活动，也为全民所理解。哥特建筑是平民文化的一曲赞歌，也是实现整体性的完美案例。平民性和整体性是造就哥特建筑强大生命力的主要源泉。

哥特建筑是欧洲建筑史中的一个异数。欧洲的古代建筑基本上可以用希腊—罗马体系来归纳，形式上的柱式语言脱胎于古希腊建筑，结构上完善的拱券技术起源于古罗马建筑，自古罗马以降，如何在拱造型的基础上结合柱式语言，成为一个长久的课题。哥特建筑的不同凡响之处在于创造了自己的形式语言：改造了源自罗马的拱券技术，发展出标志性的尖券技术，在造型上逐步放弃了套用柱式的企图，从结构自身的逻辑出发，以柱束的方式来处理拱券落地的问题，强化了垂直方向的动力，从而取得了独特的表现力。

哥特是同中世纪紧密联系在一起的名词。在很长一段时间内，哥特建筑得到的并不是正面评价，中世纪是黑暗年代（Dark Age），哥特建筑也就成了黑暗的象征。历史会有许多有趣的相似之处，追古看来也不是中国文化特有的爱好，哥特时期所处的位置，前后都是以复兴为名的时期。欧洲建筑史通过一次次的复兴，把建筑发展的轨道拉回到希—罗体系中来，又一次次地从这个体系偏离出去，循环往复，构成了一条螺旋上升的曲线。哥特之前是罗曼时期（Romanesque），有一段称为加洛林复兴，后面则是大名鼎鼎的文艺复兴。

哥特之得名并非在其诞生之时，而是在其后的文艺复兴时期，出自充满嘲讽的意大利人之口。乔奇奥·瓦萨里（Giorgio Vasari）在 1530 年谈论哥特文化时最早使用了这个名称。[1] 对于要恢复希腊、罗马时代建筑荣耀的意大利人来说，哥特是一种无厘头的技术游戏，不知所云，因此以"蛮族的"这样词汇来称呼它是恰如其分的。某种程度上讲，这样的责难也不是毫无道理。哥特建筑作为一种逐渐成熟的技术体系，缺乏理论的支撑。哥特建筑的成就主要集中在建造技术和装饰手法上，尖拱券、飞扶壁和玫瑰花窗等是其主要特征。在其形成的过程中，没有人为其著述，即使到今天人们除了描述一座座奇妙而伟大的哥特建筑之外，也难以提出更深层的思想层面的见解。哥特建筑的确不像文艺复兴时期的建筑，是为了表现一种理想的秩序；也同之前的罗曼时期建筑不同，只是为了追慕前人的成就。

哥特建筑的粗鄙之处不必讳言，然而吊诡的是哥特建筑的生命力无比旺盛。自从有了这种形式，哥特式几乎成了建造教堂时的不二选择。当然，不会全部教堂都是哥特式的，但之后的宗教建筑广泛采用了哥特式是不争的事实，以至于对一个普通的游客来说，进入一座教堂看到的不是哥特式空间，是令人惊讶的。有建筑史学者评论哥特式建筑时说，这一形式似乎是专为教堂而存在的。事实上，哥特

1. 德国科隆主教堂内景。教堂始
建于 1208 年，至 1880 年才全部
完成，历时 600 多年。这个画面
显示了束柱与肋拱的高度统一，柱
头弱化，像一圈装饰的花边，整体
突出向上的动感。

式的应用不仅限于教堂建筑，也包括了同教会联系紧密的最早的神学院，之后的
大学，以及世俗的城堡、市政厅、行会大厅和少量的住宅。

熟悉建筑史的人也一定知道欧洲建筑在现代主义诞生之前的一段时期内，各种复
兴大行其道，其中就有影响广泛的哥特复兴，英国的国会大厦即为这一复兴的代
表性作品。同时，哥特作为一种风格特征，其应用或影响所及的范围也不仅限于
建筑这单一的门类，文学、戏剧、家具甚至字体设计中都有以哥特命名的众多经
典。从这些事实出发，我们又不能简单地认为，哥特式的成就仅限于技术和装饰
手法，哥特时期在艺术上取得的成就并不比任何其他历史时期逊色，中世纪不见
得是一个理想的时代，但哥特式形成了一种符合这个时代特征的艺术形式，并进

而创造出了一种整体的环境氛围，其成就之高并屡屡为后人提及，也是情理之中的。如果用文学性的语言来说，哥特式的辉煌是一次蛮族的胜利，它非常直接地表现了力量和情感，从而形成自己独特的感染力，对于试图回到欧洲正统的希罗体系的文艺复兴时期的意大利人来说，它的确是个异端，但嘲讽之发出，也反证了哥特建筑的力量。

谈到哥特建筑，很自然地就会想到普金（Augustus Welby Northmore Pugin）、罗斯金（John Ruskin）这些倡导哥特复兴的人物。他们在建筑史上的贡献绝不是因为哥特复兴，如同历史上出现过的其他"复兴"一样，每次复兴都是对历史的重新解读，这些解读不仅是为了重现历史的价值，纠正现世的谬误，更多的还是试图为未来提供借鉴和参考。英国人普金和罗斯金生于相近的年份，但罗斯金活得更长，两位在哥特复兴方面的影响都很强烈而广泛。普金是位出色的建筑师，其父是绘图员，因此他自幼便得到制图方面的严格训练，使得他在建筑方面的才

2. 法国塞纳河畔的巴黎圣母院，始建于 1163 年，被认为是哥特建筑中的代表作，是典型的法国式哥特教堂，西立面有两座高大的塔楼，十字交叉部位的采光塔被弱化，袖厅不发达，后部（东部）为环廊。

思可以无碍地表达出来，他认为在没有更好的建筑形式诞生之前，采用哥特式是最好的选择。他的这一想法显然同他的宗教信仰有很大关系，他相信如果能够重建哥特建筑的原则，精神价值的复苏也将随之而来。"他并非想要建造美丽的事物，而是想要使中世纪的道德价值得到重生。"[2] 普金所处的时代，工业革命在取得一系列巨大成就的同时，也使人们的价值观发生了改变，其中不无令人担忧之处，经济利益的计算代替了传统的人文价值评估，其影响在今天仍然依稀可见。从这一背景出发，我们可能能更好地理解普金的主张在当时的意义，一个向后看的动作并不必然意味着往回走。

罗斯金是一位作家和艺术评论家，他在建筑方面的认识显然受到了普金的影响，然而他又有自己独特的思考和判断。他对哥特建筑的关注并不是因为对哥特建筑的偏爱，而是同当时大量毁坏中世纪建筑的现实状况有关。罗斯金在文物保护方

3. 德国科隆大教堂后部的飞扶壁。科隆大教堂的范本是法国的亚眠主教堂，从这个角度看，飞扶壁形成的景象十分壮观，但也可认为缺乏秩序感。

4. 法国巴黎圣母院上的装饰细部。这些装饰题材的应用，生动地说明了建筑的平民文化特点。

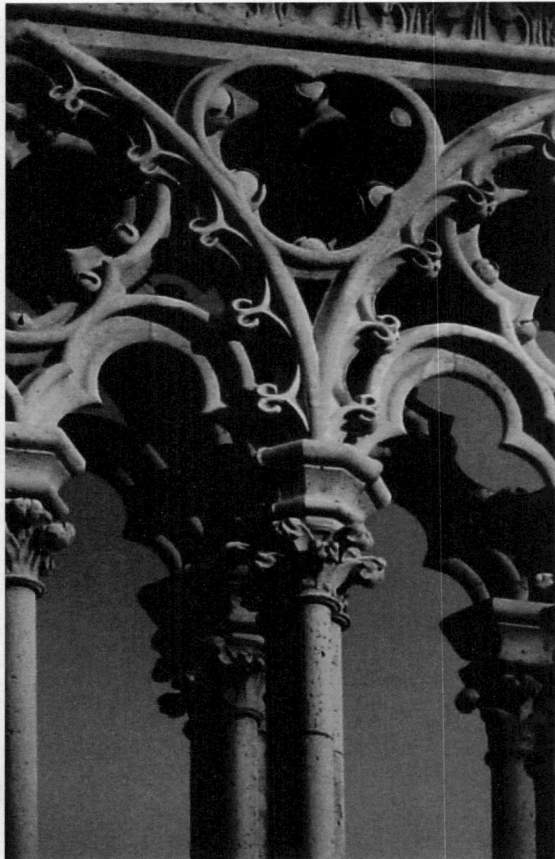

面是一位伟大的先驱人物,他的观念奠定了今天确立文物保护一系列准则的基础。他倡导"保护"而不是"复原"古迹,因为所谓"复原"是古建筑真正不可承受的破坏,如同死者不可复生一样,复原任何古建筑都是不可能的;同时,他也指出"事实上,一座建筑的最大荣光不在于它的石材或黄金之中,它的荣耀在它所处的时代,同时深深地感动于其述说、坚定的观察和神秘的交感,不仅如此,甚至是赞同或非难。这些我们都能在被人性的波涛长久冲刷过的墙体中感受到。"[3]他对哥特建筑的理解和欣赏,也同这样的准则有关。他在其重要著作《建筑七灯》(The seven lamps of architecture)第二版的序言中谈到了建筑审美的四重境界——感情欣赏、自豪欣赏、匠人欣赏以及艺术和理性欣赏。自豪欣赏是建筑的所有者或崇拜者由于建筑的重要性而产生的快乐。"我发现高尚的建筑师不但不追求这种赞美,相反,却对它嗤之以鼻。任何建筑如果得不到穷人的欣赏,就不是真正值得欣赏。所以,从本质上来说,文艺复兴时代的建筑(如现代意大利和希腊风格)是卑鄙的,而哥特式建筑是高尚的,因为前者自命不凡,后者则非常谦卑。我发现对宏大的热爱,尤其是对对称的热爱,总是和庸俗狭隘联系在一起的。因此,那些深悉文艺复兴时代建筑主要推动力的帝王思想的人在描绘宗教原则时,说道'当他听说基督说的也是穷人的语言时,大吃一惊',而在描述建筑品味时,却说他'除了辉煌、壮观和对称外,其他概不考虑'。"[4]从这段话中不难看出,哥特的粗鄙之处恰是其生命力所在,罗斯金的审美价值观是强调平民性的。

与孕育于意大利贵族客厅的文艺复兴不同,哥特建筑的平民性与生俱来,且表现在各个方面:

一、从起源看,这一风格没有明确的创始人和文字著述,在漫长的发展历程中,那些创造了伟大建筑的大师们也鲜有留下名字的;

二、哥特式教堂是同城市教堂这一概念联系在一起的,体现了市民在教堂建造过程中的主导力量,同时,每座大教堂都是所在城市的骄傲;

三、哥特式建筑界定起来既明确又模糊,因为它没有教条,人们很难说出哪座建筑是标准的哥特式建筑,往往只能从局部特征来指认;

四、也正因为哥特式建筑没有权威,在这一风格流传并落地生根的时候,形成了形形色色、地方特征明显的不同流派,这是一个十分开放的技术与形式语言体系;

五、哥特建筑的审美趣味是直接而有力的,同时在装饰方面不加节制;

六、哥特建筑的装饰强调可读性,其彩色玻璃窗的图案直接取材圣经故事,被称为傻瓜的圣经,意即文盲也能从中领会教义;如此等等,不一而足。平民性是造

5. 第一座哥特建筑，法国的圣丹
尼斯教堂，保留了许多早期特征。
肋拱落在粗壮的圆柱上，柱头沿袭
传统的做法，整体性不够好。

就哥特建筑的核心品质，也是我们理解哥特建筑的要点。

一般而言，法国的圣丹尼斯教堂被认为是第一座哥特式建筑，其代表性的尖拱技
术究竟是如何形成的，现在已很难追究。一种说法认为这一技术是受伊斯兰文化
的影响，中东的建造技术在十字军东征的过程中流传到了西欧。[5] 更普遍的看法
认为这是法国本土的匠师们在解决技术问题时自然产生的变革。

哥特教堂的降生离不开修道院院长苏格（ Abbot Sugar),他是法国国王路易六世、

路易七世的好友。圣丹尼斯教堂不大，在巴黎附近，附属于也是皇家住所的修道院。大约在 1135 年，精力充沛的苏格院长开始重建教堂的中厅，然后是西立面，改造了原初的罗曼风格立面和入口，其上的玫瑰花窗也是所知最早的样本。苏格院长接着重建了东部尽端。他的设计意图是让自然光能够照到唱诗班的位置，为了实现这一目标，一系列的改进措施开始实施，尖拱和肋拱适应放射状的礼拜堂布局，柱束用来支撑向上散开的拱肋，飞扶壁的采用则保证了这一空间上部能有直接采光。教堂的重建完工于 1144 年，圣丹尼斯教堂从此成为法国北部皇室建筑的范式，100 年之后，它的中厅也得到了哥特式的改建。[6]

从上述过程中，我们可以看到两个关键的方面：首先，哥特式教堂是脱胎于罗曼式的教堂，其平面原型是继承前人的。其次，哥特式技术对罗曼式建筑的改造是个系统工程，绝非简单地以尖拱代替半圆拱那么简单。从这一点看，有理由相信这一技术体系是本土匠师的自发创造。作为天主教会的教堂，拉丁十字平面在漫

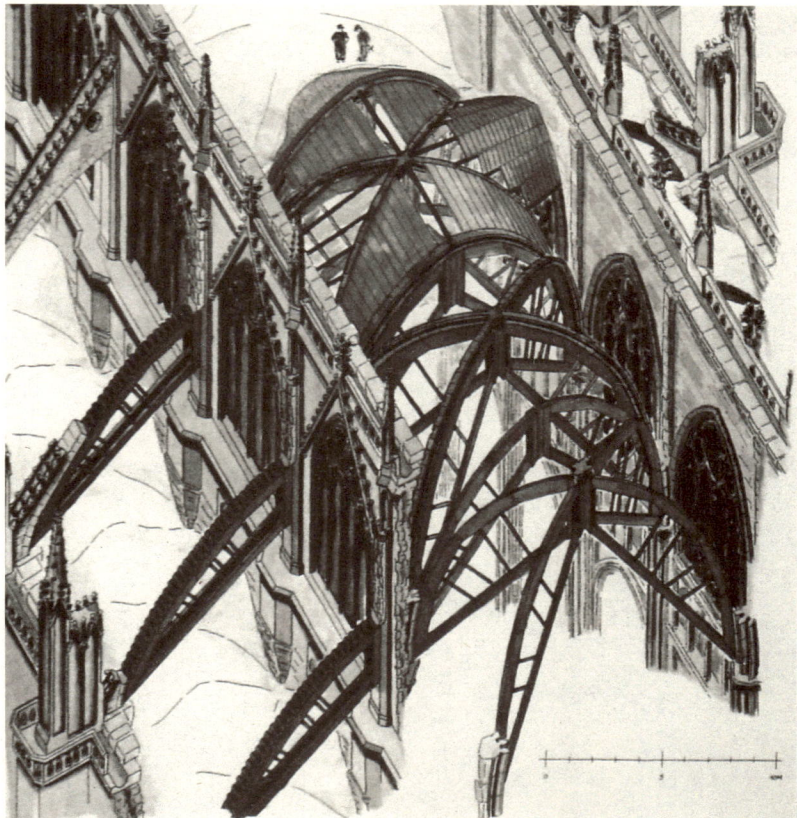

6. 修复哥特教堂时所作的木模支撑图，从中可以看出建筑的结构逻辑。

7. 法国苏瓦松主教堂内景，向上的视点显示了哥特教堂自身结构的美感。

8. 德国科隆的圣格雷昂教堂内景，显示哥特式结构在处理异形平面方面的优势。

9. 法国夏特尔主教堂的主立面，不同年代建造的塔楼截然不同，但仍然保留法国式哥特教堂的主要特征,玫瑰花窗占据了显要的位置。

长的演进过程中已日趋成熟，罗曼式教堂主要采用十字拱技术来构造其结构体系，也近乎完善。若说缺陷，主要集中在两个方面：一是十字拱体系的建筑，平面开间受到约束，必须是正方形的，不然两个方向的拱就不能交到一个顶点上；同时，以边长为直径发券，两个方向的拱相交形成的弧线是扁平的，没有表现力，而以对角线为直径发券，则边长处拱的顶点与十字拱的顶点不在一个高度上，无法形成整体的室内空间。更为重要的是，圆拱体系的建筑始终面临由拱产生的侧推力的威胁，为了抵抗庞大的中厅结构所产生的侧推力，必须在起拱点的侧面再建造半个拱，罗曼式教堂的中厅因此无法获得直接采光。

哥特建筑对罗曼式建筑的改造是全方位的。首先是尖拱取代了圆拱，这一变动争取到了多项自由——开间的平面形状不再受限制，长方形没问题，不规则的四边形没问题，任意多边形都没有问题，并且各个部位的拱的顶点都可以统一在一个高度上，室内空间的整体性大大提高。当然，仅仅是应用尖拱技术不能带来这些成果，还必须和肋拱技术结合。从肋拱技术出发，拱的结构体系发生了分化，一部分是起承重作用和结构作用的肋拱，一部分是只承担维护功能的拱面。尖拱技术并非哥特工匠首创（在古罗马时期的中东地区就出现了大尺度的尖拱结构的桥梁，如土耳其境内的卡拉马格拉桥，the Karamagara Bridge），肋拱技术也非他们首创（古罗马的万神庙的穹顶已有区分肋拱和拱面的尝试），但把两者结合却无疑是他们的首创，从这个成果看，我们完全可以想象他们都是一批卓绝的结构大师。更重要的是飞扶壁技术的应用，其结构逻辑是一致的，即把承重部分的结构和仅起维护作用的构造分开，侧推力依然存在，但没有必要以一个完整的体量去抵抗它，飞扶壁把侧推力传递到地面，侧廊的高度就可以下降，从而使中厅有直接的采光。哥特建筑的结构逻辑充分体现了古代匠师们解决问题的智慧，

10. 英国彼得伯勒教堂，建成于13世纪初期，反映了英国式哥特教堂的特点，西立面的高塔被弱化，在强调垂直方向的同时，水平分割也很突出，入口弱化，取消了玫瑰花窗，最有特点的是其中厅的跨度较小，整体显示了比较方正的感觉。

每一个技术环节的变化都有明确的指向，十分理性，而号称理性主义的建筑在结构逻辑上却很难做到同样程度的精准，形式上的理性感觉与真正的技术上的理性处理，往往不是那么容易辨析。

11. 法国夏特尔主教堂上的人物雕塑，分别是古希腊的毕达哥拉斯和古罗马的普利西安，使用来自异教的内容，也反映了建筑的平民性。

哥特建筑实现了建造技术的巨大飞跃，其成就已经超越了古罗马的建造技术，意大利人对蛮族的嘲讽，显露了酸溜溜的味道，在真正解决问题的时候，他们还是要借鉴这些技术成就，如佛罗伦萨大教堂的穹顶就使用了尖拱和肋拱结合的技术。有些建筑史家甚至把哥特建筑看作是中世纪的一次"现代主义"建筑运动，的确两者也有相似之处，起码哥特建筑是欧洲建筑实现了框架结构的体系，承重结构就是柱子和肋拱，其余部分的处理就十分自由了，巨大的彩色玻璃窗就是今天所谓的玻璃幕墙，建筑形象一下轻巧了起来。但是，所有的类比都是不确切的，哥特建筑的平民性或许同"后现代"更接近。对于我们理解哥特建筑而言，最重要的是它提供了一套系统的解决问题的方法，而不是一个僵硬的范本。判定哥特建筑的标准主要是看其结构体系而非形式特征，当然在表现结构的时候，结构特征与形式特征是统一的。哥特建筑的精髓在结构，这也是其生命力的所在。

12. 法国圣丹尼斯教堂室内北部袖厅，轻巧的结构、良好的采光，充分显示了哥特教堂建筑艺术的整体性。

13. 法国夏特尔主教堂入口的装饰性雕塑，雕塑形体完全遵从结构逻辑，体现了很强的"纪律性"。

从哥特建筑的流布情况，我们可以加深对这一点的理解。法国是哥特建筑的发源地，有自己明显的特征，平面上袖厅不发达，强调中厅的纵深感，西立面的两座钟楼是造型的重点。英国的哥特教堂则从一开始就没有完全模仿法国的样板，平面上有明显的袖厅，更强调十字交叉部位的高塔，而弱化西立面的钟楼和入口，几乎从来不设置玫瑰窗，有时在中厅两侧布置双重侧廊；形式上更是强调垂直线条，同时也强调水平的分割，甚至超过竖向的力度，从而形成鲜明的英国特色。[7]德国的哥特教堂同法国的接近，但德国及中欧地区少石材，多用砖来建造。意大利的哥特教堂则取消了西立面的双塔，也不强调十字交叉部位的高塔，整个形象在轮廓上还是典型的巴西利卡。至于其他类型而采用哥特式的建筑，在形式上则有更多的变化。这些现象反过来说明了哥特式结构体系的适应性非常好，也为后来的哥特复兴埋下了伏笔。相较于哥特复兴，古典复兴时期的其他复兴在形式上要僵硬得多。

14. 建于 15 世纪中期的剑桥大学国王学院礼拜堂室内，扁平的扇形是其主要特点，结合了英国本土木结构的建筑传统，强调肋拱的编织感。

哥特建筑的感染力来自其形式逻辑与结构逻辑的统一，结构本身就具有不同凡响的美感，肋拱和柱束连系得很顺畅，向上喷涌，在天顶交会，编织出精美、丰富的几何体量。以前对哥特这一名称的中文译名采用过"高直式"，窃以为是很好的译法，不仅音相近，而且意思也表达得很直接。初期的哥特教堂还是使用巨大的柱墩来承托汇集的肋拱，柱子自然还要套用古典的柱头，但这么做显然割裂了柱子与肋拱之间的关系，整体性差，虽然从结构逻辑看也没有错。随着实践经验的丰富，哥特建筑的工匠们逐渐总结出了新的解决方案，粗壮的立柱被处理成集束在一起的一组纤细立柱，同肋拱一一对应，柱头还有但大大弱化，如此则形成了肋拱拔地而起直至天顶相交的连贯动势，整体性大大提高，结构的美感得以充分体现。我们完全可以想象，在没有结构力学的年代，结构技术的每一次进步或改变都需要付出代价，一方面匠师们有探索的雄心和勇气，另一方面工程的主持者也有追求完美的决心，更重要的是各方面都有接受失败的心理准备。事实上，在教堂建筑的历史上也有许多结构垮塌的案例，结构力学之所以成为一门学科也是基于许多结构存在问题这一现实基础上的。[8]

说起追求完美的决心，必然涉及哥特建筑的装饰。哥特教堂除了结构本身的表现力之外，其对于装饰倾注的热情，也让人惊叹。在哥特教堂出现之前，宗教建筑尤其是教堂在装饰上的投入是谨慎的，甚至关于教堂建筑是否应该有装饰也有激烈的争论。一方面，从宗教教义出发，空间的简朴更能说明宗教的精神追求；另一方面，从平民信徒奉献的角度出发，装饰表达了他们的宗教热情，而宗教空间的华美效果似乎更有利于吸引信徒。罗斯金从牺牲的角度阐明其看待建筑的态

15. 伦敦西敏寺主教堂的礼拜堂，建于 1502 年 ~1509 年，夸张的顶部装饰，反映了都铎式建筑的特点。

16. 英国温彻斯特主教堂室内，精致的细部装饰显示了匠心和奉献的精神。

度，"廉价的牺牲品被拒绝，不是因为它不能代表基督，也不是因为它不能实现牺牲的目的，而是因为它表现出一种吝啬，不愿把上帝赐予之物中最好的物品献给上帝，而且是因为它表示在众目睽睽之下，胆敢对上帝不敬。"[9]

罗曼时期的教堂建筑是朴素的，在装饰方面非常节制，这一时期的教堂建筑往往兼具堡垒的功能，同时也同朝圣路线有关。哥特教堂多为教区教堂，更多地反映了教区内信徒们的意愿。随着城市经济的繁荣，教堂的建设成了一座座城市相互竞争的标志物，成为城市最大的纪念碑，是全体市民的骄傲。平民性在装饰方面得到充分的表现，一方面，哥特建筑的装饰强调叙事性，换个角度理解就是可读性，阅读和理解的门槛低；另一方面，装饰的表现严格地受到形式逻辑的约束，限制在特定的框架内，强调与建筑一致的"高"与"直"的效果，这可理解为装饰所表现的纪律性。最有特点的方面是，装饰题材的全面性，城市生活中各个行业的题材都可进入教堂的装饰，只要其中的人为教堂的建设贡献了力量，这反映了广泛的参与性，同时也更能凝聚教众的感情。

如果比较巴洛克和洛可可建筑的装饰与哥特建筑装饰的话，我们能感受到它们在姿态方面的差异，巴洛克和洛可可的装饰充满了炫耀的意味，同时成为空间的主角，甚至强调装饰对结构逻辑的突破；而哥特建筑的装饰的确更能表现奉献的精神，它们显现为一个个精致、严谨的细节，不放过任何一个角落和局部，徜徉其间，不由得要感叹工匠们的精神，先不论其结构的宏伟，仅这些无微不至的装饰就不是短时间内能完成的。哥特建筑充分体现了全民性，人人参与，人人可读，这种反精英的文化可能只有来自"蛮族"才合乎逻辑吧。

17. 法国博韦主教堂，工匠们在建造时试图探索墙体结构穿透性的极限能力，结果在 1284 年局部垮塌，1324 年开始的修建工程，增添了束柱，并把跨度减半，如此形成了如同早期哥特式建筑的六分拱做法。

装饰的逻辑发展有其自身的轨道，哥特建筑的尖券在法国发展成了火焰券，华美程度提高，但力量感显然弱了。英国的哥特建筑从引进之初就有自己的想法，到后期更强调同本土建筑传统的融合，发展出了扁平券，以及模仿"都铎式"木结构的带垂花的拱券，肋拱演化成编织感很强的装饰性图案。同时，哥特建筑的应用也渗透到多种建筑类型中去，其中，学院建筑、行会大楼是应用较多的类型。哥特建筑的平民性在流传的过程中也逐渐丧失，相反，宫廷化的趋势日渐明显。尤其在哥特复兴阶段，英国王室把哥特建筑作为一种抵抗欧洲其他文化的文化标志来看待，以此保证文化的民族传统，被认为是文化民族主义的一种表现。这一时期修复的英国国会大厦威斯特敏斯特宫是在维多利亚女王的直接干预下确定选用哥特式。而普金、罗斯金等对哥特建筑的推崇也都同他们秉持的伦理观念密切相关，从这些现象看，哥特建筑的草根特性不复存在了，代之而起的是不可逆转的精英化与宫廷化。因此，当哥特复兴进行得火热之时，罗斯金并不认同这样的结果。威斯特敏斯特宫完成后，普金也不高兴，他对主持设计的巴利爵士说，"先生，完全是希腊式的，在古典主义的躯干上包装了都铎式的细节。"巴利爵士是一位古典主义的崇尚者，整座大厦的布局完全是古典主义的。哥特复兴注定成为一场流于形式的运动，毕竟那样的时代背景是不可能复制的。

然而，哥特的故事并未就此结束。普金、罗斯金的言论影响到威廉·莫里斯及其开创的工艺美术运动，进而形成新艺术运动的浪潮，汇入现代主义的滚滚洪流。从这个线索看，哥特建筑与现代主义的联系绝非是一个简单的类比可以涵盖。在新材料、新技术蓬勃发展的背景下，哥特建筑是已经逝去的辉煌，但它所揭示的结构表现力，结构与空间、装饰的高度融合的创作技巧，开放的构造体系，以及对精神性诉求的表达，都深刻地启发了后来者。西班牙的安东尼·高迪，意大利的奈尔维，美国的菲利普·约翰逊、山崎实，以及当代的西班牙建筑师卡拉特拉瓦，都毫不讳言从哥特建筑中汲取灵感。尤其在高层建筑大量兴建的阶段，哥特建筑对于向上的动力的表达成为许多建筑争相模仿的对象，在毁于恐怖袭击、曾经是第一高楼的纽约世贸中心的立面处理上，我们可以看到山崎实对哥特式细部精致而节制的模仿。从这样的实践看，哥特建筑是一曲不会中止的乐章，不仅是人类宝贵历史遗产的一部分，而且也是我们继续前行所不可忽视或遗忘的设计智慧。

于后来者而言，历史只是一连串的事实吗？哥特建筑的强大生命力告诉了我们什么呢？落后的蛮族如何造就了这样的辉煌呢？或许正是蛮族，才能专注于问题本身，孜孜求解，独立地探索新的解决方案；正是蛮族才没有强烈的精英意识，使建筑成为一项全民参与的活动，也为全民所理解。哥特建筑是平民文化的一曲赞歌，也是实现整体性的完美案例。平民性和整体性是造就哥特建筑强大生命力的主要源泉。

本文原载《装饰》2009 年 11 期，总第 199 期

注释：

[1] 乔奇奥·瓦萨里（Giorgio Vasari）是意大利文艺复兴时期的画家和建筑师，建筑的成就更突出一些，最重要的建筑是佛罗伦萨的乌菲奇宫，开辟了连接维奇奥桥和皮蒂宫的城市视廊。关于他最早提出哥特这个术语，参见 Günther Binding,High Gothic:The Ageof the Great Cathedrals, Taschen, 1999, p29。

[2] He believed that if he could re-create the principles of Gothicarchitecture and design, the reinvigoration of spiritual values wouldfollow."He didn't set out to build beautiful things, but to reincarnatemedieval moral values,"says Andrews.See Steve Meacham, AGenius in His Gothic Splendour Sydney Morning Herald, 2003-2-4.

[3] "For, indeed, the greatest glory of a building is not in its stones, not in its gold. Its glory is in its Age, and in that deep sense ofvoicefulness, of sternwatching, of mysterious sympathy, nay,even of approval or condemnation, which we feel in walls that havelong been washed by the passing waves of humanity."See JohnRuskin.The Seven Lamps of Architecture .NewYork : Dover Publications. 1989.p186.

[4]（英）约翰·罗斯金：《建筑七灯》，张璘译，济南：山东画报出版社，2006，第二版序，第 6-7 页。

[5] John Warren, "'Creswell's Use of the Theory of Dating bythe Acutenessof the Pointed Arches in Early Muslim Architecture", Muqarnas 8:1991, p59-65.

[6]（英）丹·克鲁克香克主编：《弗莱彻建筑史》第 20 版，郑时龄等译，北京：知识产权出版社，中国水利水电出版社，2001，第 426 页。

[7] 同 [6]，第 452-461 页。

[8] 吴焕加：《20 世纪西方建筑史》，郑州：河南科技出版社，1998，第 23-26 页，"力学的进展"和"房屋结构计算的尝试"。

[9]（英）约翰·罗斯金：《建筑七灯》，张璘译，济南：山东画报出版社，2006，第一章"牺牲明灯"第 6 页，在随后的文字中，他又强调了这一认识不应导致所有建筑的奢华，"我并不希望每一个村子都有一座大理石教堂；……"。参见第一章，第 11 页。

完美的穹顶

——意大利文艺复兴建筑的创新路径

从单纯的穹顶构造革新，到与穹顶相适应的形式语言组织，再到完全围绕穹顶为核心展开的空间整体设计，不仅体现了人们对穹顶这一形式的迷恋和完善，也说明了人们对设计理解的不断深入。借由穹顶这一形式，文艺复兴时期发展出了一整套与之相适应的设计手段，建筑的整体性达到了前所未有的高度。正因为如此，所谓"古典"一词不是对应于遥远的古希腊和古罗马，而是对应于这样的一种精神。

纵观西方建筑发展不同时期的特点，古埃及人通过陵墓和神庙表达了永恒与不朽的愿望；古希腊人以柱式语言展现了精巧雕塑的能力，环廊式神庙是其典型，同时期的露天剧场、运动场则反映了他们对待自然环境的态度，卫城是其集大成者；古罗马拥有更多的建筑类型，万神庙、圆形剧场、市场、大浴室、运动场以及输水道，罗马城是其巅峰的记忆，古罗马的建筑充分显示了人的力量，以及一个帝国的征服欲；哥特时期的人们主要通过大教堂（城市教堂）来表达他们对崇高的向往，无论是空间比例还是形式语言都服从向上飞升的意志；那么文艺复兴时期的建筑究竟有什么使其名垂青史呢？从风格史的角度看，文艺复兴时期除了对柱式和券柱式的精致化处理外，似乎没有明显的细部特征，从技术史的角度看，以拱为核心的石造建筑体系在此之前的哥特时期已经趋于完善，如此说来，文艺复兴可谓盛名之下，其实难副了。

或许我们要检讨这种简单化的历史观，上述判断有个隐含的前提——创新，对于一个以"复兴"为名的历史时期，创新的标准在此显得有些尴尬。何谓创新？复兴之中有无创新？如何创新？这些问题的回答可能有助于我们认识文艺复兴时期的建筑。创新也是中国社会走到当下这个阶段的一个关键词，对于文艺复兴时期创新实践的考察和回顾，是否能让我们对当下的创新有更为清醒的认识呢？

文艺复兴作为一个历史分期，是个模糊的概念，狭义的理解可以约束在 15 世纪早期的伯鲁涅列斯基（Filippo Brunelleshci）至 17 世纪早期的手法主义，而广义的理解则前后都可扩展，显然巴洛克可以看作文艺复兴所确立的逻辑的自然延续和发展，把巴洛克归入其中并无不妥，而其后的新古典主义（罗马复兴和希腊复兴）可看作是历史发展的一个循环，对巴洛克的矫正，对盛期文艺复兴精神的回归。本文为便于叙述还是集中于狭义的分期，以盛期文艺复兴时期的意大利建筑为例，对这个时期的建筑成就进行考察和思辨。

自古罗马帝国分裂为东、西罗马帝国之后，西罗马帝国由于北方民族的入侵而分崩离析，由此带来建筑方面的后果是，古罗马的辉煌历史被迫中断，技术失传，后继无人。欧洲进入了漫长的黑暗年代（Dark Age），这是文艺复兴之所以称为复兴的重要前提。当然，即使在黑暗年代，人们也并不是毫无作为。由于基督教兴起，宗教力量替代了世俗权力，教会成为欧洲可以跨越国界的势力，教堂建筑仍然是重要的实践对象。加洛林王朝时期的罗马复兴，造就了一段罗曼建筑（Romanesque）的时期。加洛林复兴部分地接续上了古罗马的建筑成就，筒拱、十字拱已能构造出复杂组合的空间体系，只是在形式上仍未能形成整体而有序的面貌。哥特建筑以尖矢券代替半圆拱，极大地改善了建筑结构的适应性，并且随着时间的推移，发展出了一整套符合这一结构逻辑的形式语言，改变了教堂建筑的面貌。但是，哥特建筑起于法国，流行于英、德、比利时诸国，唯独意大利人对哥特式并不欣赏。因为，在他们的土地上，古罗马的遗迹更能激发建筑的灵感。由于得到教会的支持和认可，哥特式几乎成为教堂建筑的钦定形式，其技术也传播到了意大利，但作为一种文化认同却始终未能实现。

意大利人显然更愿意通过建筑追随古典的感觉，值得注意的是在建筑史的叙述中，人们对"古典"（Classical）一词的界定并非特指一个时间段，人们用古迹（antique）来描述古希腊或古罗马的建筑遗产，而古典则模糊地代表了一种价值观，根植于古希腊，并在文艺复兴时期得到发扬光大。[1] 甚至，在通常情况下，当人们谈论古典的时候，脑中呈现的正是文艺复兴时期的建筑形象，这是我们在评估文艺复兴建筑成就时可以参考的一个现象。

伯鲁涅列斯基是早期文艺复兴的代表人物，而他的代表作佛罗伦萨大教堂（圣母百花教堂）的穹顶被认为是文艺复兴的第一声春雷。当其时也，佛罗伦萨大教堂的穹顶已经虚位以待了一百多年，甚至在 1360 年人们并不知道如何建造的时候，就已经对这个穹顶的规格进行了详细的规定 [2]（可视为初步设计）。这座教堂的结构采用的是哥特式技术，但无论其形式还是布局，可以看出佛罗伦萨人并不想要一座哥特式的教堂。教堂平面是拉丁十字，但后部以穹顶为核心的空间，完全是按照希腊十字的模式来构造的，似乎预示了后来罗马圣彼得大教堂的布局。穹顶的平面是八边形的，受到了与之比邻的八边形洗礼堂的影响，而这座洗礼堂后来被确认原来是罗马神庙 [3]，这或许是复兴的第一步吧。

1410 年至 1413 年，穹顶的鼓座已经升起，人们已经迫不及待了。1420 年伯鲁涅列斯基通过竞赛赢得了穹顶的设计，在此之前他与雕塑家多纳泰罗一起赴罗马考察古代雕塑和建筑遗迹，"发现建筑的古代风格的对称似乎能够在类似于器官和骨骼的排列组合中，发现某种规则和秩序"[4]。伯鲁涅列斯基对于古罗马的尊重和追随，显然不是简单的模仿，他调动了当时最先进的建造技术赢得了建造大穹顶的成功。

这个穹顶的尺度惊人，跨度达到 42m，从鼓座底部到采光亭小穹顶的高度近 60m，总的建筑高度近 100m，与哥特式的尖塔不同，这的确如同一座人造山丘。伯鲁涅列斯基为了实现这一宏伟景象，首先构造了一个两层中空的屋顶结构，一方面减轻重量，一方面中空部分可以通行，便于维护；其次，为了呼应鼓座向上的动感和减少侧推力，采用哥特式的尖券而非圆拱；第三，以肋拱形成框架，进一步减轻屋顶的结构重量；第四，通过石环和铁链形成水平的连接，增强了结构的强度。同样令人惊奇的是顶部采光亭的设计，罗马万神庙的这个位置是一个开敞的圆洞，采光亭像无根的建筑，令人担心，但从力学上看，恰是它的重量增强了整个结构的整体性。从造型上看，收梢处的小小重复，使整个形象更为完整而有层次（图1、图2）。整座建筑完成之后，的确显示了令人自豪的品质，完全可以媲美于古罗马的万神庙与东罗马帝国的圣索菲亚大教堂。整体上比万神庙更为丰富而宏伟，比圣索菲亚教堂更简明有序，穹顶第一次获得了视觉上的完全展现。

佛罗伦萨大教堂的形象捍卫了意大利人的审美观，创造了迥异于哥特式教堂的形式，尽管此时在形式语言上还未臻于成熟，但已经显露出了穹顶在造型方面巨大的潜力。佛罗伦萨主教堂的穹顶应用了哥特建筑的技术，形成的结果非但不是哥特的，反而是古典的，这很耐人寻味。这说明技术并不决定形式的结果，设计中在技术之上一定还有能够统领全局的规则，文艺复兴的伟大之处正是在于对这种规则的领悟和运用。

在文艺复兴的发源地，建筑是个神圣的词语，建筑师也是一个崇高的职业，甚至"建筑师"成为一个具有

1. 佛罗伦萨大穹顶的施工场景
2. 佛罗伦萨大教堂

象征意义的词汇，不是局限于某种职业，而可以泛指以某种方式具有人文精神的人。在当时的一份建筑合同的前言中如此写道："我们认为应当得到荣誉和尊重的人，是那些既有才能又有道德的人。特别是具有为古人和现代人所崇尚的道德，例如重视以算术和几何为基础的建筑学，因为它是最重要的七艺之一，是为我们赞赏与珍视的最确定和伟大的科学知识。"[5]其中所说的"道德"的标准是相当有趣的，数学是其源泉。比例、和谐、典雅都是建立在数的适当关系之上。建筑是人类模仿上帝进行创造，是一个人工的小环境，又是一个体积明确的实体，建筑反映人类对于宇宙的认识，对世界的看法，因为美就是一条宇宙间通行的法则，数学就是这样的法则，这条法则是上帝确立的，为人们所逐渐认识并应用于实践。穹顶这种完满的形式显然比哥特式的尖拱更符合人们对于世界的理解。

伯鲁涅列斯基的建筑成就并非仅限于这个大穹顶，在高齐礼拜堂这样的建筑中他发展出了一整套独具特色的设计手法，从平面到空间都通过模数进行控制，空间上适用一套宏观的比例，细部适用另一套更精细的比例，构造出优雅而统一的空间感受。作为一点透视法的发明人，他还十分重视线的应用，喜欢用单色的灰石勾勒空间的轮廓，因此他的建筑被认为是线性的。佛罗伦萨大教堂的穹顶造就了他的名声，但在他的有生之年再无机会进行这么宏大的创作。

穹顶建筑的另一个巅峰之作是罗马的圣彼得大教堂。围绕着这座基督教世界里最大的教堂究竟是采用希腊十字还是拉丁十字式的平面，曾经有过激烈的争论和几次反复，但对于这座教堂应该建造宏伟的穹顶这一点则是毫无异议的。圣彼得大教堂从 1506 年动工，到 1626 年完成，花费了 120 年的时间，融入了几代建筑师的生命，而影响其走向的是伯拉孟特。

作为耶稣的使徒之一，彼得创立了教会并成为教会领袖，其宗教地位不言而喻。老的圣彼得教堂由皈依基督教的君士坦丁大帝在公元 319 年至 333 年建成，其地点正是彼得的葬身之所。到了 15 世纪末期，老教堂已是年久失修，几任教皇都有修缮改建的计划。教皇尤里乌斯二世原计划委托米开朗琪罗修建自己的陵墓，照例在大教堂之中，可能为了与他的巨大陵墓相称，1505 年教皇决定重建圣彼得大教堂。为此，进行了专门的竞赛，这些方案至今仍保存在佛罗伦萨的乌菲齐宫中。伯拉孟特赢得了竞赛。

在此之前的 1502 年，伯拉孟特完成了一座建筑史上影响深远的小建筑——坦比哀多（图 3）。坦比哀多建于罗马的一座修道院的庭院中，是来自西班牙国王斐迪南及王后伊萨贝尔的委托。这个地点据传说是圣徒彼得的殉难地，因此这座建筑不言而喻地应当有纪念性。坦比哀多犹如一件精美的雕塑，体量不大并且内部空间也不发达，通过地板正中的小洞可以看见地下室，但其整体呈现的美感是前所未有的。坦比哀多的平面是完整的圆形；立面分为三段，在浅浅

3. 坦比哀多

的台基上是一圈多立克柱式的柱廊，追慕的是环廊式神庙的传统；柱廊上沿是一圈低矮的石栏杆；柱廊内收一圈，从底层升起的圆形鼓座承托了顶部半圆形的穹顶；鼓座部分以壁柱划分开间，并在柱间开拱窗；穹顶表面有鼓起的肋条，使穹顶显得饱满而结实，穹顶中央顶饰，最上立小十字架。整个建筑形象既简练又有丰富的层次，处处呼应穹顶向上的动态，柱廊赋予建筑轻巧的感觉，与上部的体积形成虚实对比。这座建筑几乎为穹顶式建筑确立了形式规范，穹顶、鼓座和柱廊的组合堪称完美。后世的英国伦敦圣保罗大教堂的穹顶几乎照搬了坦比哀多的立面形式，只是尺度和结构不尽相同。

这个例子的耐人寻味之处在于，伯拉孟特没有独立的发明，他使用古罗马的柱式，传统的饰面做法、传统的建造技术，却创造了全然不同的建筑形象。如果说伯鲁涅列斯基的佛罗伦萨大教堂的穹顶，是完成了建筑技术的整合，那么伯拉孟特的坦比哀多则是完成了形式语言的整合。应该承认他们的确掌握了造型的法则，某种程度上讲，只有到这个时候才真正有了建筑师——建筑的设计者——深谙设计之道的设计者，能完整地思考建筑的整个过程，并对结果有预见性和控制力。

在圣彼得大教堂的方案竞赛中，伯拉孟特提出了一个希腊十字的方案（图4），围绕着平面布局的希腊十字还是拉丁十字之争成为建筑史上有名的一段公案。老教堂的平面是拉丁十字的，而希腊十字的布局如果实现的话，将不能完全覆盖老教堂的基址，也不利于教会会众的集会与游行，不利于展开宗教活动，最终实现的仍是一个拉丁十字的方案。[6] 但前后几任建筑师对于希腊十字平面的坚持，反映了当时的设计思想。莱昂纳多·达·芬奇是伯拉孟特的好朋友，他在1490年至1519年间绘制了大量建筑与城市规划方案，在理想建筑、理想城市名目下的这些方案都是中心对称的向心式布局。中心意味着原则，对称意味着秩序，这种形式可谓直观地反映了当时人们的理想和价值观：向心而有序的世界是美好的。除了象征意义之外，希腊十字的平面也有利于塑造明确而强有力的建筑形象，尤其在建造穹顶的建筑类型中。在建成后的圣彼得大教堂的正面，由于前厅的存在，在很远的距离之外才能看见穹顶，穹顶的表现力大打折扣，而从教堂的后部，仍能看出建筑师的原始设计，这不能不说是一个遗憾。

伯拉孟特的穹顶方案可谓雄心勃勃，其跨度略小于罗马万神庙与佛罗伦萨大教堂的穹顶，但高度远胜于它们，同时在内部空间的层次和关系上也更为丰富。伯拉孟特借鉴了伯鲁涅列斯基的大穹顶，但又向前跨进了一大步。首先，大穹顶不是像万神庙那样落在一整圈墙上，而是落在四个巨大的柱束上；其次，主穹顶的四角上还有四座次一级的穹顶簇拥这中间的主穹顶，不仅在造型上更有表现力，同时也在教堂室内形成了更丰富的空间层次，比之佛罗伦萨

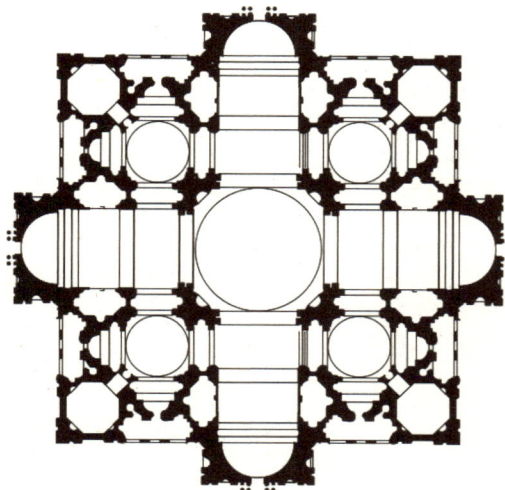

4. 伯拉孟特为圣彼得大教堂设计的方案平面　　5. 伯拉孟特为圣彼得大教堂穹顶设计的方案

大教堂的空间更胜一筹。其室内空间既有几个不同的区间，又宛转流通，统领在中心的主穹顶之下，整体性非常之好，其设计更富有想象力。这是一个完全以穹顶为核心进行构思的整体方案，尽管未能贯彻到底，但为日后的建设奠定了基调。

米开朗琪罗是圣彼得大教堂建设过程中另一位重要人物。伯拉孟特去世之后，拉斐尔接替了他的职位，但提出了一个平庸的拉丁十字的方案，修改了平面。在拉斐尔去世之后，这项工程又历经了桑伽罗等人的主持，都在坚持拉丁十字的方案，直到米开朗琪罗负责，重新回归伯拉孟特的方案。米开朗琪罗接手此事时已年逾古稀，并不十分情愿，因为来自教皇的压力太大，同时已有的建设和反复都限制了他自己的发挥，但他没有抹杀前人的努力，他简化了伯拉孟特的平面，同时也对穹顶的造型和结构形式作出了调整，在他手上基本确立了圣彼得大教堂的整体面貌。虽然米开朗琪罗没有看到大教堂建成之后的样子，但他的继任者忠实地执行了他生前的设计。

在穹顶的造型上，令人不解的是伯拉孟特没有继续坚持他在坦比哀多上的设计，而是更多地去模仿万神庙的穹顶，他提出的是一个单层结构的方案，使用混凝土，外表做出几级阶梯状的起伏，中间设采光亭，鼓座部分设计了一圈浅浅的柱廊（图5）。或许巨大的尺度本身就是挑战，他没有勇气套用坦比哀多的构成方式，或者是他的价值观发生了变化。倒是桑伽罗提出的穹顶造型方案承袭了坦比哀多的思路，但失之琐屑平庸。米开朗琪罗的穹顶方案可谓是对坦比哀多与佛罗伦萨大教堂穹顶两者的融合，在结构上他采用了双层结构，内层是半圆，外层是椭圆，角度更陡，向上的动力更强，也更饱满，但侧推力相对小，在鼓座部分就不必考虑飞扶壁这样的设计。穹顶表面有 16 条鼓起的石肋拱，鼓座部分的外立面则相

6. 圣彼得大教堂正
面形象，须在高处
才可看清全貌。

应设置 16 对双柱，承担起类似飞扶壁的功能，同时形成类似柱廊的立面效果。人们评价拉
斐尔的建筑与米开朗琪罗的建筑之间的差异时往往会说，拉斐尔是线性的、轻柔的，而米开
朗琪罗则是强调体积感，强壮有力的，在大教堂穹顶的设计中我们可以充分感受米开朗琪罗
的力量（图 6、图 7）。

从 1420 年伯鲁涅列斯基开始建造佛罗伦萨大教堂的穹顶，至 1626 年圣彼得大教堂完工，
穹顶的故事基本贯穿了文艺复兴的整个过程。围绕穹顶的设计所发生的变化，可以从一个
侧面反映文艺复兴时期建筑思想的逐步演进。从单纯的穹顶构造革新，到与穹顶相适应的
形式语言组织，再到完全围绕穹顶为核心展开的空间整体设计，不仅体现了人们对穹顶这
一形式的迷恋和完善，也说明了人们对设计理解的不断深入。

回到本文开头的问题，如果非要找一个文艺复兴时期的代表性形象的话，穹顶可以是一个答
案，尽管穹顶这一形式并非诞生于这一时期，但可以这么说，穹顶这一形式获得完全的生命
则是这一时期。圣彼得大教堂落成之后，这种以穹顶为统领的建筑模式，迅速地产生了广泛
的影响。借由穹顶这一形式，文艺复兴时期发展出了一整套与之相适应的设计手段，建筑的
整体性达到了前所未有的高度。正因为如此，所谓"古典"一词不是对应于遥远的古希腊和
古罗马，而是对应于这样的一种精神。

7. 由台伯河看圣彼
得大教堂背面，集
中式造型于此可充
分感受其效果。

文艺复兴的成就也提示了我们对于创新的认识。创新是美好的愿望，但从来没有创新能脱离已有的经验。复兴意味着一种谦卑的姿态，但这绝不意味着那时的人们没有雄心。复兴不是复古，而是通过对古代精神的研究和理解，恢复一种价值观，并用这一价值观创造可以比肩古人的建筑，最终实现超越。

本文原载《装饰》2011 年 09 期，总第 221 期

注释：

[1]（英）丹·克鲁克香克主编：《弗莱彻建筑史》（第 20 版），郑时龄等译，北京：知识产权出版社，中国水利水电出版社，2001，第 805 页。

[2] 同 [1]，第 547 页。

[3]（英）大卫·沃特金：《西方建筑史》，傅景川等译，长春：吉林人民出版社，2004，第 178 页。

[4] 同 [3]，第 179 页。

[5]（意）欧金尼奥·加林主编：《文艺复兴时期的人》，李玉成译，北京：三联书店，2003，第 250 页。是 1468 年一位君主签署给建筑师的一份合同的前言。

[6] 同 [1]，第 869 页。

新艺术运动之新

所谓"新"不是一个简单的时间概念,而是在对过去充分了解的基础上的一个判断。创新意味着逻辑上的连贯和一致,从结构逻辑到形式逻辑,同时也意味着勇气和智慧。中国需要一场属于自己的新艺术运动,告别无谓的堆砌和铺张。中国的艺术家和设计师需要拿出自己的道德勇气和智慧,当我们有能力以自己的经济基础去进行选择的时候,或许我们还是要再自问一句:我们到底想要什么?

一、重提新艺术运动的意义

新艺术运动是一座桥梁，借由这座桥梁，欧洲从古典走向了现代。这场运动的实践涉及了艺术与设计的多个领域，在当时的影响就遍及欧洲各国。它的社会基础是工业革命，工业革命带来了生产力的巨大提升，同时也改变了欧洲的社会结构。更为重要的是，由于工业革命所带来的生产力飞跃，使整个欧洲沉浸在一种乐观的情绪之中 [1]，尽管我们今天可以看到当时留下的各种关于工业革命的负面言论，但是这些言论的背后都是对于人类所掌握的能力的巨大自信，人们对现状不满，但对于改变现状的能力毫不怀疑。新艺术运动之名甫一出现，即传播开来，这一现象本身也能说明问题。"新艺术"只是一个商人开设的一家小店的名字，却在艺术史上留下如此浓重的一笔，同"印象派"得自戏谑的评论有异曲同工之处。这个名称把众多的人物及其实践都笼罩其中，他们之间是如此的不同，各有自己明显的风格特征，但我们仍然认可这样的标签，这是值得我们思索的问题。答案可能就在新艺术的"新"字上，这个新字是他们共同的特征。

最近，欧洲各国都在进行"新艺术运动百年"的纪念活动，再次把人们的眼光集中到 19 世纪末至 20 世纪初的这个时间段上。在中国，人们对于新艺术运动也不陌生，此时旧话重提的意义并不在于纪念，而是这场运动对于当代中国的现实意义。某种程度上看，今天的中国在艺术与设计方面面临百年前欧洲各国同样的问题和挑战，尽管今天我们可以看到西方最新的艺术与设计，我们可以模仿它们，复制它们，甚至可以用同样的思维模式创造出类似的作品，但是我们永远摆脱不掉一个问题是：我们何以言新？新中国的成立，使我们拥有了独立的国家主权；近二十多年的平稳环境和经济建设，使我们的生产力得到巨大提升，中国的艺术与设计正是伴随着经济起飞而繁荣的。繁荣对应的往往是数量的概念，不可否认的是，许多艺术家与设计师对我们的现状并不满意，甚至焦虑。放眼我们所生存的这个日常环境，我们建起了玻璃高楼，硕大的立交桥成为影视镜头的常用题材，我们也可以很酷地只用几何形体来说话，但更多的是我们混乱的意识形态所造成的物质碎片，我们正在复制这个世界上所有出现过的好东西，但唯独没有属于我们、属于这个时代的真正创造物 [2]。繁荣反映了我们的能力和速度，却无法赋予我们真正的荣耀——我们企图占有，却不思创造。这样的困境在百年前的欧洲同样存在，他们成功地建起了一座桥，从而走出困境，走向新的未来。或许我们可以回顾这段建桥的历史，找到我们的出路，我想这就是我们今天在中国谈论新艺术运动的意义之所在。

二、何以为新

新是与旧相对应的概念，我们在谈论新的时候，必须有一个参照系，一个"旧"的参照系。由于参照系的不同，我们可以生出许多"新"的概念，笼统地说，新意味着变化、不同或创造，不能忽略的是，新是在同旧的比照中产生的。因此中国有句老话"不知旧，焉知新"。在貌似激进的年代，有些人把新旧概念简化为时间概念，再按照简单进化论的思维进行判断，得出时间上较晚出现的总是比较早出现的更好这样的结论，从而直接导致了"破四旧"这样的行为发生。实际上所谓"新"不是一个简单的时间概念，而是在对过去充分了解的基础上的一个判断。

在几十年的历程之后，回过头来看，有些事情之所以显得可笑，正是因为对过去的无知。问题就在于，越无知的人，越敢于下判断，这也比较好理解，因为他的数据库比较小，检索比对的过程相对简单，运算速度自然也快，并且井底之蛙对于自己知识的确信程度也高，他只能看见这片天。如果所有的讨论不是在一种理性的状态下进行的话，可以肯定，数据库大的机器将不敌数据库小的机器。因为后者不仅速度快，而且在情绪上也容易处在饱满的状态，十分自信，"无知者无畏"，诚哉斯言。

在讨论新旧问题的时候，另一个隐含的前提是价值判断，新与旧不仅是事物属性的一个比较概念，其中包含了优与劣的价值判断。往往有人认为"新"比"旧"好，不然创新一词就不会如此吃香了。这里，容易忽略的一个判断依据是，新是否完成了对旧的超越。因为，新不是一个时间概念，不然创新就太容易了。新首先意味着不同，这一点前文已经说明；其次，是这种不同的层次，因为世界上没有两个完全相同的事物，所以人们经常要讨论，是形式不同，还是本质不同，具体而言可以在量和质方面分出若干等级；其三，最为关键的是这种不同是否带来了利益，因为这一点才是形成价值判断的基础，才是人们讨论新旧问题真正关心的地方。如果没有这一点，恐怕新旧问题也就容易解决了。在这个层次的判断比较里，需要考察的方面太多，事实上有些判断也只有在新事物经历一段过程之后才能有所认识。比如工业化所带来的环境问题，就是一个很好的例证，这里人们只能是事后诸葛亮，而难有先见之明。因此，这是最困难的部分，不过正视这个困难的话，我们就可发现，新的东西有其价值，旧的东西也有其价值，并不相互排斥，完全可以共存，并可形成一种竞争的关系，旧物的存在对新物就提出了更高的要求。这是一种非常理想的状态。当然，现实的问题会复杂一些，还有经济因素和文化因素在其中。比如在一个特定的时期，容不得比较，即已宣布了优劣，这何尝不是一种法西斯呢。新艺术运动得到普遍的认可，直到今天我们仍然要谈起它的一个重要原因在于，新艺术运动完成了对传统的超越，并且这种超越的价值和利益能够为我们所感知，我们受惠于这样的超越。

三、新艺术运动与工艺美术运动

提起新艺术运动，总让人想起工艺美术运动，两者之间有着非常密切的关联，但在这里仍然想要把两者区别开来，不仅是因为两者发生的时间、地点和人物等方面的不同，更重要的是，两者在创新方面的成就不同，对于今天的这个话题，这一点是根本性的。

由英国的威廉·莫里斯发起的工艺美术运动（Arts and Crafts Movement）开启了当时欧洲各国的求新之路，但他本人选择的是一条回望传统的道路。工艺美术运动同当时的哥特复兴纠缠在一起，没有能更好地解决社会需求同艺术家或手工艺者的劳动之间的矛盾，从最表面的层次上讲，工艺美术运动也没有形成一套自己的结构性的形式语言。

威廉·莫里斯深受普金（A.W.N.Pugin）和罗斯金（John Ruskin）影响，普金强调审美中的道德标准，大力提倡并促成了哥特复兴，他认为哥特式表现了公正和基督教的精神，是朴实、率真而崇高的，而19世纪的工业社会则是病态的社会。罗斯金显然受到了普金的启发，他的《建筑七灯》和《威尼斯的石头》两本书影响深远，同时他也经常在报纸上发表文章，宣扬道德品质应当同环境氛围相匹配。罗斯金明确反对把一种材料做得像另一种材料，并且认为在无法超越哥特式的时候不要试图去创造新的风格。对于那种为了表现主人的财富和地位而把房间尽可能塞满的风尚，他在《建筑七灯》中写道："我不会在不被注意的装饰和礼仪上有无用的花费，顶棚的线脚、门上的漆画木纹、窗帘的流苏以及诸如此类的东西。这些东西已经变得不真实并可悲地成为习惯性的了——整个行业依赖于它们的普遍适用，它们从来没有带来一丝真正的快乐，它们或者成为最冷漠的或最卑劣的用途——用掉生活一半的开销，同时毁掉生活超过一半的舒适、男子气概、人格高尚、新鲜和便利。"[3]

莫里斯早期在从事哥特复兴的建筑师事务所工作，在那里结交了一些志趣相投的朋友。当他已经离开事务所准备结婚的时候，便委托原来的同事韦伯设计了青史留名的"红屋"（Red House），一班朋友一起努力装点新居，使其成为体现他们主张的典范作品[4]。他们的口号是："让艺术家成为手工艺匠人，同时让手艺人成为艺术家"。莫里斯同罗斯金一样抱有强烈的道德意识，信奉社会主义思想。莫里斯比罗斯金走得更远的地方在于，他的道德意识在设计实践中找到了落脚点，走出了哥特复兴的窠臼。莫里斯开始提倡一种健康的生活方式，重视阳光和新鲜空气。红屋的室内在今天看来仍然有浓重的古典意味，但与维多利亚风格相比较，则非常简明而谦逊。自莫里斯开始，室内空间变得疏朗而明快了。这种情绪很适合富有朝气的中产阶级，没有沉重的历史包袱，新的社会形象开始逐渐摆脱陈腐的装饰，找到了新的表现手段。

莫里斯和工艺美术运动没有能走得更远，莫里斯在 1875 年后热衷于社会变革和历史建筑的保护工作，逐渐脱离了原来一起工作的艺术家伙伴 [5]。工艺美术运动的影响日渐扩大，并在欧洲其他国家导致了新艺术运动的兴起。纵观莫里斯的设计实践和人生实践，道德意识是其中的主轴，他的革新立足于道德，他的道德观同样局限了他看待工业化生产的眼界。他始终反对机器生产，提倡手工劳动，认为手工劳动可以使更多的手艺人生活得更好；他提倡一种整体设计的工作方法，团结了一批志同道合的艺术家朋友，正是这种方式使工艺美术运动的思想迅速传播；他走出了单纯的道德批判，将思想化为行动，并以作品而不是文字使大众直观地了解到新思想的价值和魅力。但中世纪情结也阻碍了他进行更为深远的探索，他批判现实，以一种回望而不是前瞻的方式来进行批判，这是他同他的后来者们的重大分野。他的批判思想为后来者们所继承，不过他们要选择自己的方式。

四、新艺术运动的求新之道

罗斯金和莫里斯等人涤荡了欧洲人的心智，但不同国家的人显然面对着不同的问题，时间的推移使人们越来越迫切地意识到新时代需要有新的审美意识和形态与之匹配。首先是方法论的探索。法国建筑师尤金·维奥莱－勒－杜克在《建筑史论文集》中写道："在建筑中，有两种做到忠实的必要途径。一是必须忠实于建设纲领；二是必须忠实于建造方法。忠于纲领，指的是必须精确和简单地满足由需要提出的条件。忠于建造方法，指的是必须按照材料的质量和性能去应用它们。对称性和外观形式等纯艺术问题在这些主要原则面前只是次要的。"[6] 这段话所确立的两个原则是非常关键的，勒－杜克自己画出了一些从未实现的提案，这些提案激发了许多后来人的灵感。对于这两条原则的运用，显然又是仁者见仁，智者见智。

建设纲领并不是一个明确的概念，带有极大的主观色彩，尽管上述原则被认为是结构理性主义的经典论述，但建筑中的理性永远是相对的。这个时期的人们对于建设纲领的理解往往包含着文化民族主义的内容，这种情绪直接引发了不同国家建筑师的创新行动。有意思的是，很多人至今都认为新艺术运动是一场国际式运动，从意识形态方面看，确实如此，但从设计成果看，应该说同后来的现代主义所带来的国际式有很大不同。造成这种不同的一个主要因素就在于文化民族主义情绪。应当看到，在工艺美术运动之前的欧洲，在建筑史上充斥了各种复兴的字眼，复兴同时意味着沦丧和贫乏，复兴也是国际化的，在这样的背景下，文化民族主义的出现也就有了相当大的合理性。

历史上，哥特式也被视为一场国际式的运动，但不同地区或国家的哥特建筑显然都顽强地保留和发展了一种符合本民族审美心理的建筑形式。由于工艺美术运动同哥特复兴的关联，哥特建筑对新艺术运动的影响也十分显著。哥特建筑曾被认为是一种粗俗的艺术，是属于不开化的人的艺术，但哥特建筑给后人的启示是，它发展出了一整套符合自己结构逻辑的形式语言，完全摆脱了希腊—罗马体系的古典柱式语言及其规则，从而赢得了形式表现方面的自由。哥特式的审美情趣也渗透到建筑之外的许多其他领域，如哥特式的家具、字体、绘画、雕塑和服饰等。哥特式的成功，对于当时回望的人来说无疑是有积极意义的。

新的探索并不是一帆风顺的，西班牙建筑师高迪的实践采用了加泰罗尼亚地区的穹隆形式，混杂了地中海地区的其他元素，色彩上是希腊人和摩尔人的，结构上是哥特式的，逻辑上是西班牙的。早期作品中的维森斯宅邸并非他的杰作，而是一场拼凑的游戏。据

1. 高迪设计的维森斯宅邸
2. 高迪建筑外立面

说有一位心理学教授在上课的时候让学生到黑板上描绘一种从未有人见过的怪兽，当学生画完时，教授分析道，这些怪兽从整体看确实很怪，但每个局部都有出处。结论是，人类只有拼凑的能力而没有创造的能力。这种分析具有一定的说服力，至少大量的设计实践似乎一直在验证这种理论。同样可资参考的是美国建筑师弗兰克·赖特在新艺术运动时期的设计，他和他的老师沙利文一直在寻求表达年轻的、平等的新世界文化的方法，但又在纪念性和非对称性这对矛盾之间徘徊，结果他转向了非欧洲文化——伊斯兰、印度、玛雅和日本的装饰及空间布局方式，用异域文化的距离感来塑造一种新世界的形象。事实上，这还只是一种拼凑。

新艺术运动的大本营是法国，通常长长的类似植物枝条或茎干的曲线被认为是新艺术运动的典型特征，这个印象主要来自法国建筑师吉马尔德、比利时建筑师维克多·霍塔等人的作品。吉马尔德的巴黎地铁站入口到现在还留下了几个，铁艺和玻璃的配合的确给人以强烈的"新"的视觉冲击。吉马尔德的设计很好地实践了勒·杜克的原则，建设纲领明确，新时代需要新形象，新形象从哪里来，决不能从故纸堆里寻找。他向自然学习，植物的结构清晰，姿态舒展，洛可可时期就大量使用植物形象进行

3. 吉马尔德设计的巴黎地铁站入口

装饰，但都是局限在二维的平面里，新艺术运动不仅把这些形象从二维的平面中解放出来，而且使它们恣意伸展，不再拘泥于对称的形态。更重要的是，新艺术运动的大师们找到了合适的材料——铸铁，这是一种塑性很好的材料，强度也很高，因此构件的截面可以很小，材料的特性完全符合建设纲领的要求。纤细而自由的曲线，加上透明的玻璃作为围护，使建筑似乎失去了重量，完全改变了建筑在人们印象中的固有形象，一次革新就这样宣告成功。说来这些材料并非此时才开始在建筑上使用，铸铁和玻璃早就大量应用于花房、市场这样的建筑类型，1851 年建成的水晶宫更是一次彻底而规模巨大的尝试，但新的材料没有找到属于自己的形式，只能模仿传统建筑材料的形式，失去了鲜活的生命力。创新意味着逻辑上的连贯和一致，从结构逻辑到形式逻辑，同时也意味着勇气和智慧。"为了做到真实，一种建筑风格必须是它所存在之处的土壤的产物，必须是它所处的时代的产物。中世纪和 19 世纪的原理，加上我自己的教义，应当能为我们提供一个法兰西复兴和新风格的基础。让比利时人、德国人和英国人去为自己产生其民族风格吧，可以肯定，他们这样做会完成一种真正的、完善的和有用的工作。"这段话可以理解为吉马尔德的建设纲领，他写于 1903 年。

可以与此相互观照的是比利时人在 1872 年的杂志《竞争》中的一段话："我们的使命是创造自己的东西，创造出我们能给予新的名字的东西。我们的使命是发明一种风格"。这种情绪在整个欧洲弥漫，他们拥有一样的精神，但谋求的并非一致的结果，恰恰相反，他们都在寻找自己的形式语言，寻找本民族的视觉生命力。比利时人迫切地希望出现自己的艺术家，摆脱外来影响。这个愿望的实现还要等待一位天才人物的出现，他就是霍塔。比利时建筑师维克多·霍塔把这个时期的创新成就推向更高的境地，在塔塞尔公寓中，他发展出了一套自己的语法。他大量使用铁工，把铁处理成有机的线条，蜿蜒地伸展在整个结构中，消除了石建筑的沉重感。同时，他找到了新材料的空间语言，运用了开放式的平面设计，抬高半层的前厅地面通向花园，上部是铸铁结构和玻璃覆盖的天棚，阳光和恣意的曲线配合，完全是自然界勃发的生命力的人工化再现。结构构件、栏杆、地面马赛克、墙面装饰以及彩色玻璃都使用线性的形式处理，营造了整体的氛围。[7]

同时期，苏格兰的麦金托什代表的格拉斯哥学派、奥地利的瓦格纳和霍夫曼等人代表的分离派，以及西班牙的高迪和美国的赖特都使各自的风格趋向成熟。本文的重点不在于描述这些不同风格的形式语言，而是探讨创新的动因的过程。新艺术运动时期并不是欧洲经济最为繁荣的时期，他们缺乏大规模实践的机会，许多设计都局

4. 霍塔设计的塔塞尔公寓

限在建筑的室内或局部，第一次世界大战的到来，便宣告了这场运动的结束。但它的影响至深，成为艺术史上不可跨越的一个重要篇章，它的价值就在于对"新"的探索和努力。

结语

创意产业作为中国发展的战略已经被提出并开始实施，于是经常看到创意同时尚并称、时尚同奢侈关联的现象。不久前，北京一家餐饮集团耗资三亿人民币装修的会员制俱乐部落成了，据称该集团花费了一千万人民币设计费请到了菲利普·斯塔克作为主设计师。这可能会成为一个标志性的事件，国内多家媒体已经开始跟进报道这个项目。斯塔克以极端铺陈的方式为我们（事实上并非我们，而是某些小众）准备了一场视觉盛宴，这种方式，这个场景，对于有历史经验的人们来说是如此熟悉。一个新时代如此轻易地就降临了吗？行文至此，不禁想要呼吁一声，中国需要一场属于自己的新艺术运动，告别无谓的堆砌和铺张。中央台一个春节可以毫不费力地推出十台春节晚会，一个优秀节目的评选却举步维艰。

中国的艺术家和设计师需要拿出自己的道德勇气和智慧，当我们有能力以自己的经济基础去进行选择的时候，或许我们还是要再自问一句：我们到底想要什么？我们需要的不是一个能表明地域差异的标志，紫禁城已经做到了；不是所谓接轨的视觉形象，那只是复制；我们需要的是一种表明我们自身精神追求的语言和形式，是足以证明一个伟大民族正在复兴的真正创造之物。简单地说，我们需要一颗伟大的心，去呼应这个民族的脉动。这种愿望并不能轻易实现，需要时间和实践，但我们不能等待，只有行动才能造就艺术家和设计师。

本文原载《装饰》2007 年 05 期，总第 169 期

注释：

[1] 参见 Nikolaus Pevsner：Pioneers of Modern Design: From William Morris to Walter Gropius. Yale University Press, New Haven and London, 2005，第 37 页。

[2] 罗兰·巴特在评述法国的玩具所具有的符号学意义时说，玩具完全模仿成人的世界，培养了孩子作为使用者而非创造者的习惯。同理，我们的疯狂复制反映了我们只求占有而无视创造的现实。参见 Roland Barthes,Toys. Sonia Maasik and Jack Soloman, Signs of Life in the U.S.A.Bedford/St. Martin's, Boston & New York, 1997，第 96-98 页。

[3] 参见 Anne Massey: Interior Design of the 20th Century. Thames & Hudson, 2001。"but I would not have that useless expense on unnoticedfineriesorformalities; cornicingofceilingsan dgrainingofdoo rs, and fringing of curtains, and thousands such; things which have become falsely and pathetically habitual - things on whose common applicance hang whole trades, to which there never yet belonged the blessing of giving one ray of real pleasure, or becoming of the remotest or most contemptible use - things which cause half the expense of life, and destroy more than half its comfort, manliness, respectability, freshness, and facility."

[4][美] 约翰·派尔：《世界室内设计史》，刘先觉等译，中国建筑工业出版社，北京，2003，参见第 210 页，威廉·莫里斯和菲利普·韦伯曾一起在斯特里特的事务所工作，斯特里特是伦敦的哥特复兴建筑师，韦伯后来开设了自己的事务所。

[5][美] 肯尼思·弗兰姆普敦：《现代建筑——一部批判的历史》，张钦楠等译，北京：三联书店，2005，参见第 40 页。

[6] 同 [5]，第 61 页。

[7] 同 [5]，上述两段的引文参见第 65-67 页。

巴洛克建筑的动感之路

剥开巴洛克建筑华丽的表层装饰，我们应能看到一大批建筑师在探寻建筑如何表现动感方面所做的研究，这些研究的价值不应被淹没；同时，巴洛克建筑表现出的癫狂，也是人性的一个反映，当我们冷静面对这些文化遗产的时候，我们也能更好地理解自身。

当 1984 年，在纽约曼哈顿麦迪逊大道上的美国电报电话公司总部大楼
（图 1）亮相的时候，"巴洛克"一词再次受到关注。这座出自菲利普·翰
逊之手的建筑，被认为是后现代主义的一个早期代表作。如果不看建筑
的顶部，或许称之为新古典主义或新哥特式更合适，约翰逊同期完成
的另一座建筑匹兹堡平板玻璃公司 PPG 大厦是新哥特式的典型作品。
AT&T 大楼的底部是尺度巨大的拱廊，形成基座，主体部分是规规矩矩
的矩形体量，强调竖向划分。没有顶部巨大而夸张的断山花造型，这只
不过是纽约众多摩天楼中平庸的一员，而凭借顶部的造型，此楼成为纽
约的重要地标，与帝国大厦、克莱斯勒大厦一样，具有鲜明的识别性，
也成为人们一时热议的焦点。

建筑师菲利普·约翰逊以这个作品改变了自己现代主义追随者的形象，
不过这一转变并不那么让人意外，以其对大众流行文化的热衷，这一转
变是早晚的事。断山花这一造型最早出现于巴洛克风格的建筑上，被认
为是一种典型的矫饰。正常的山花是一个完整的三角形，意味着坡屋顶
的结构；山花与柱廊结合成为希腊神庙的标准形象。所谓断山花则是在
山花的中部形成断裂，意味着，这只是一种表皮的形式游戏，同结构无关，
也不反映内部真实的构造。关于这一做法的评价，走向两个极端：一种
看法认为立面形式不能反映内部状况是一种"虚伪"的装饰手段；而另
一种看法认为，这恰是设计技巧的表现，外立面作为一种表皮可以脱离
内部构造的约束，寻求自身的表现逻辑，断裂处恰是新的形式意味产生
之处。这两种意见的争执几乎贯穿了文艺复兴之后的建筑史，直到今天
这仍然是建筑师思考外部立面造型时所坚持的两个方向，简单地以对错
来判断这两种主张显然没有意义，这既涉及审美判断背后的价值观问题，
也与具体实践过程中的度有关，设计中并不存在绝对的或者纯粹的真实
性，真实性问题值得专门写文来探讨。

手法主义：探求立面造型自身的逻辑

巴洛克建筑兴起于文艺复兴后期的意大利，最早应用于耶稣会教堂，后
来广泛应用于多种类型的建筑——宫殿、政府机关、剧院和宅邸等等，
早期的中心是罗马。巴洛克的意思是"畸形的珍珠"，顾名思义，一则
可知其灿烂，一则难免被人诟病之处，到后期巴洛克逐渐成为"奢靡"

1. 美国纽约电报电话公司总部（AT&T
Building, 1984），现为 SONY 大厦（SONY
Building）。断口似乎更能表达向上的意愿，
顶部的造型使其成为纽约的重要地标。

的代名词。早期的巴洛克建筑并不奢华，一般认定的第一座巴洛克建筑是位于罗马的耶稣会教堂，源于维尼奥拉（Giacomo Barozzi da Vignola）的设计，最终由加科莫·德拉·泡达（Giacomo della Porta）完成。维尼奥拉是手法主义（Mannerism）的代表人物，曾经负责圣彼得大教堂的工程，熟悉米开朗琪罗的手法和思路。米开朗琪罗开启了文艺复兴后期"手法主义"的先河，设计过许多"怪异的"建筑。在米开朗琪罗的设计中，特别重视表现建筑雕塑般的体量感，因此他的手法是在立面形成浓重的阴影，他把壁柱的平面形式由二分之一圆改为四分之三圆，壁柱的体积感大大增强；同时，他喜欢使用巨柱式，形成贯通整个立面的横向或竖向划分，一如其雕塑作品给人的感受，充满力量感，也提升了立面的整体性。

手法主义的另一代表人物是帕拉第奥，他的立面设计手法可以概括为三段式，除了古典建筑一般应用的上、中、下竖向的三段式，还注重左、中、右的横向三段式，重点突出"中"这个区段。在横向三段式中，左右是对称的，由于轴线的存在，以及中段在尺度、细节等方面更为着力的处理，使得建筑形象产生一种"向心力"——即向中间靠拢的趋势（图2）。

从米开朗琪罗到帕拉第奥的设计，建筑师越来越摆脱外部形式与内部空间的对应

2. 帕拉第奥为考那罗庄园别墅所画的设计图（Villa Cornaro, 1553），出自其著名的《建筑四书》（Quattro Libri dell Architettura）。横向三段式的设计手法在多个层面得到运用，初具向心的趋势。

3. 帕拉第奥发明的帕拉第奥母题（Palladian Motif），应用于维琴察的巴西利卡。他通过添加围廊加固老建筑，两层的围廊都使用了这一母题。

关系，而着重考虑外部形象自身的造型逻辑，为建筑师在造型方面争取到了更大的自由。帕拉第奥除了三段式的纯熟运用，其发明的"帕拉第奥母题"（图3）更为典型地反映了对造型逻辑的掌握。帕拉第奥母题是对古罗马时期券柱式的改进。古罗马人使用拱券技术来建造，柱子沦为装饰物而不承重，但为了在文化上追摹希腊人，建筑仍希望塑造希腊式的形象，继续使用希腊柱式的壁柱来划分立面开间，与承担结构作用的拱一起成为构成立面形象的主要单元。这一做法沿用了几百年，到了帕拉第奥手里对此进行了细分。在大的壁柱分隔形成的开间中，他增加了两组小柱子，小柱在开间内顶起一个半圆形的拱，在拱外的实墙上开了两个圆洞口分别位于拱的两侧。如此一来，大大丰富了立面形象的构成关系，形成了两个尺度层次，并强化了圆这一造型元素。

早期巴洛克：节奏变化带来的动感

在第一座耶稣会教堂上（图4），立面造型的逻辑又往前推进了一大步。壁柱仍然是立面划分的主要手段，但柱式出现的节奏发生了变化。壁柱将立面基本分为五个开间，二层缩为三间；与以往不同的是，壁柱都以双柱的形式出现，大部分为比较扁平的方形壁柱，但中央的两根壁柱更向前突出，采用圆柱的形式。整个立面的造型元素都有向中央集中的趋势，洞口都出现在中间三间，中央开间的造型节奏更趋向紧张，一层檐口在中央出现了两个嵌套的山花，弧形山花内套用三角形山花，门洞上还再做弧形山花的门套；二层稍稍简化，但仍然套用了小的山花窗套；更为精微的变化是，整个中央开间的外墙比两侧更向外凸起一些，这一变化甚至在顶部的大山花中都显现了出来。显而易见，立面的设计并未太多考虑与内部空间的对应，而是遵循自身逻辑突出向中间集中的节奏变化，注重细微的层次起伏，不避繁复。这座建筑注定成为影响巨大的作品，耶稣会是罗马天主教会中反对宗教改革的派别，维护教廷的权威，富有而庄严的教堂形式符合他们的理想，随着耶稣会在殖民地的传教，这种教堂形式几乎在全球范围内得到复制或模仿。罗马的圣苏珊娜教堂（图5）延续了耶稣会教堂的立面处理原则，但增加了更多细微的层次：底层五开间和二层三开间的柱式都不再是一个层次，两端的柱式是扁平的方截面壁柱，其余的则是有浓重阴影的鼓出的圆柱，中间开间用了双柱；整个立面的造型元素不仅向中央集中，并且越往中央越向前突出；顶层的山花顶上还增加了一层石围栏。相较于维尼奥拉的耶稣会教堂立面，这个立面更突出了上下两层贯通的感觉，凸起的柱式形成的阴影以及横向的檐口的阴影，都加强了立面造型的整体感。衔接一二层的曲线涡卷退化了，使得纵横

两个方向的动感更加明确。稍后的米兰圣吉赛佩教堂（图 6）则是在中央开间的装饰上增加更为繁复的层次，断裂的山花形式开始出现，除了套叠的手法，更为强调的是对边界的突破，一个元素突破另一元素的边界，断山花反复出现，断裂源于造型元素间的穿插关系，张力和动感由此得到表现。

伯尼尼：从动感雕塑到动感建筑

建筑被称为凝固的音乐，多少反映了建筑相较于其他艺术所受到的束缚，一般认为建筑是静态的艺术，强调体积感、轮廓线以及空间组合方式，长期以来对建筑设计的探索往往集中在柱式语言、比例和结构、构造等方面。建筑由静态的艺术转而表现动感无疑是巨大的挑战，也是巴洛克建筑的魅力之所在。在早期的巴洛克建筑中，主要通过立面的节奏变化和层次的叠加来间接地体现动感，吉恩伦佐·伯尼尼则是直接通过直观形式来表现动感的代表人物，由他进入了

巴洛克建筑的盛期。

6. 米兰的圣吉塞佩教堂
（S. Giuseppe，1607—1630）。

吉恩伦佐·伯尼尼（Gianlorenzo Bernini）可谓出身世家，较早就显露了在造型方面的天才。由于其突出的才能，他得到了先后几任教皇的赏识和资助。在当时，他被视为米开朗琪罗的继承者，的确像前辈那样具有多方面的才能，涉足了许多不同门类的创作，从绘画、雕塑到建筑、室内设计以及城市空间改造。相继由他完成的几个不同类型的作品都成为了巴洛克时期的经典。伯尼尼首先在雕塑上展露了才华，与米开朗琪罗一样，也创作了《大卫》（图7），但他的处理手法完全不同，从他的雕塑作品中已可看出巴洛克艺术的特点。他的雕塑重视戏剧性，表现的是大卫将向巨人歌利亚投出石块的瞬间，米开朗琪罗的大卫像是在优雅娴静的状态中表现大卫的英雄气概，伯尼尼的则是通过有张力的动感暗示来表现，叙事的特性更明显，而非传统的、相对静态的纪念性表达。观看其作品也没有特定的视点，如果围绕作品慢慢观看，则雕塑似乎是活动的。差不多同期创作

7. 伯尼尼的雕塑作品《大卫》

8. 伯尼尼的雕塑作品《阿波罗与达芙妮》。

的《阿波罗与达芙妮》（图 8）具有类似的特性，表现的是阿波罗追上了达芙妮，而达芙妮表情惊恐且下部已经开始变成月桂树的瞬间。这种对决定性瞬间的把握，既充满了戏剧性的情节张力，也充满了视觉上的张力，由于人物躯体的姿态，雕塑的空间有多个方向的延展，配合观者视点的移动转换，动态自然呈现。

可能得益于伯尼尼在雕塑方面的心得，在建筑方面他也注重对力量和动感的表现，并且在手法上有巨大的突破。圣彼得大教堂内的神龛（图 9）是他的第一个建筑类项目，这是一座室内的亭式建筑，本身并不复杂，但伯尼尼将之处理得华美而别致。人们首先会关注到的一定是其特别的立柱，由下至上逐渐变细，向外鼓出的螺旋纹盘旋上升，四根立柱承托了顶上铜质的华盖，顶上是四条交会的曲线屋脊，整个造型具有明确的向上的动感而不乏凝重。这个作品模糊了建筑与雕塑之间的界线，借由雕塑的手法，建筑获得了异乎寻常的表现力，而其所具有的空间意义，使得它的存在更为妥帖合理。

伯尼尼在建筑上更大的成就来自圣彼得大教堂前的柱廊和广场（图 10、图 11）。广场设计来自教皇亚历山大七世的委托，为的是无论教皇在教堂立面的中间祈祷还是在梵蒂冈中教皇的宫殿祈祷，人们都可以看到教皇。整个广场分为两段，靠近教堂的一段是个梯形广场，呈现收缩的态势（周围环境的限制，也有强化透视的作用），而远离教堂的一段则是横向的椭圆形广场。广场上原来就有方尖碑和两座喷泉，伯尼尼的设计可谓匠心独运，这段空间的椭圆形，将已有的视觉焦点都纳入了新建环境的系统，方尖碑位于纵横两根轴线的交点，而喷泉正好是椭圆形两端短弧线的圆心。四排柱进深的柱廊形成的围合空间，为教堂增添了富有感染力的前奏空间序列，完善了整体的环境配置，是巴洛克广场的典范之作。伯尼尼曾说"柱廊以母性的姿态坚定教徒的信仰，团结异教徒，向不信教者展示真正的信念所在。虽然这些扭曲的立柱是我们所理解的巴洛克风格的必不可

9. 伯尼尼设计的圣彼得大教堂内的神龛。

10. 未建围廊时的圣彼得大教堂前广场，周围环境造成一定程度的干扰，空间凝聚力不足。

11. 鸟瞰圣彼得大教堂前广场，轴线在城市空间中得到延续。两边的围廊犹如环抱的臂膀，空间的整体性大大提升。

少的组成部分，但这种对独立的柱子的强调使人们更多地回忆起希腊神庙，而非强调墙面的古罗马或文艺复兴时期的建筑"[1]巴洛克建筑的历史观不是简单模仿。

伯尼尼的另一建筑代表作是罗马奎琳岗的圣安德烈堂（图12）。这是一座小型圣堂，平面形式十分简单，主体是椭圆形的筒状体积，上覆椭圆穹顶；外立面两侧是一道低矮的与主体相反的椭圆护墙，与建筑脱开，似一道屏风，正对着奎琳岗，中间是贯穿整个高度的山花立面，只是一个开间，角部使用转折的方形科林斯壁柱。中央向外伸出半圆形的门廊，由两根爱奥尼柱子承托檐口，檐口上方是教皇家族的盾形族徽。这座建筑虽小，但其设计手法已有重大突破，相较于早期

12. 圣安德烈堂（Church of Sain Andre w ' satthe Quirinal，1658~1670）。

13. 伯尼尼的雕塑作品《圣特蕾莎的迷乱》。

的巴洛克教堂，其立面关系反而大大简化，但通过体型的穿插关系，一方面动感更强，一方面也更有力量。椭圆形开始成为巴洛克建筑钟爱的形式，相较于圆形，椭圆形有更好的方向性，也利于表现动感，圆形则是静态的。

《圣特蕾莎的迷乱》（图 13）是伯尼尼技艺成熟后的代表作，除了对戏剧性瞬间的设定之外，增添了对衣褶的表现，通过衣褶不仅强调了动感，改变了质感，更由衣褶的复杂变化和阴影，丰富了整个作品的层次。这座雕塑放置于罗马的胜利圣母堂（Santa Maria della Vittoria）中的考那罗家族礼拜堂，不仅雕塑的技艺高超，整个空间的设计也是一件完整的作品（图 14）。雕塑立于彩色大理石的神龛中，雕像背后是围屏，形如向下倾泻的光束，而它正好挡住了窗口，掩饰了光源；神龛的形式向外鼓胀，上部是弧形平面的断山花，使得这一戏剧性的场景具有强烈的视觉感染力。

14. 雕塑《圣特蕾莎的迷乱》所处的整体环境。色彩浓重的天顶画突破墙与顶的边界奔腾而下，神龛造型向外膨胀，雕像后的光束向下倾泻，构成一幅充满内在张力的画面。

波罗米尼：动感之外注入了不确定

弗朗西斯科·波罗米尼（Francesco Borromini，1599-1667）是与伯尼尼同时代的代表人物，两人曾经有过合作但并未建立起友谊。受制于自身忧郁而易狂躁的性格，波罗米尼的作品不多，且最后自杀身亡。但就在不多的作品中，他显露的才华依然让人惊叹。圣卡罗四喷泉教堂（San Carlo alle Quattro Fontane，始建于 1638，图 15~ 图 17）规模甚小，位于两条路交会的转角，波罗米尼在此发展出了一套非古典主义的建筑手法。平面布局顺应了道路的情况，主体部分仍是具有对称性的空间序列，椭圆形的中殿周边根据场地情况布置了一些附属空间，面向十字路口，转角做了抹角处理，墙面上有个小的喷泉。这座教堂的几个立面处理手法都不相同，既有对环境的关照，也服从在整体中的位置，与以往的设计相比，这座建筑具有很强的不确定性。主立面无疑让人印象深刻，两层高的立面在平面上是波浪形的，分为三个开间，中间外凸，两侧内凹。这座教堂的立面层次并不那么繁复，对动感的表现却十分充分，起伏不定的立面是一个创举，室内空间的层次也丰富了空间不确定性和动感。对这座建筑做精确的描述是困难的，它体现出的更多是自由。这也是意大利后现代主义建筑师保罗·波多盖西对巴洛克建筑的评价，"巴洛克建筑是自由、美丽的，非常的美丽。它不像古典主义建筑那样有那么多的法则，那样拘谨。它得自于米开朗琪罗，经过波洛米尼等人的丰富与发展，形成了一种活跃与美丽的建筑。"[2] 至此，巴洛克建筑的基本手法与语汇已经奠定，后续传播至很多国家和地区，与各地本土文化的传统结合，产生了许多具有不同地域特点的巴洛克风格的支流，本文不再展开。

余绪：巴洛克建筑的室内和楼梯

巴洛克建筑的设计手法在室内设计和城市公共空间的建设中得到延伸，显示出良好的延展性。巴洛克建筑的室内由于绘画的介入、材质的丰富性以及精雕细刻的装饰，比之建筑的外观更为华丽与夺目。椭圆形在空间上的方向性，不仅赋予空间动感，也带来更多变化，长轴和短轴的不同特性带来了表现层面的多义性。天顶的绘画突破檐口的限制，雕饰的纹样突破边框的限制，不同方向的空间形体直接交错，包括多种形式曲线的应用，这些手法的叠加使得巴洛克建筑的室内显得热闹无比，甚而有点迷乱，最终走向炫技、奢靡和夸饰（图 18、图 19）。

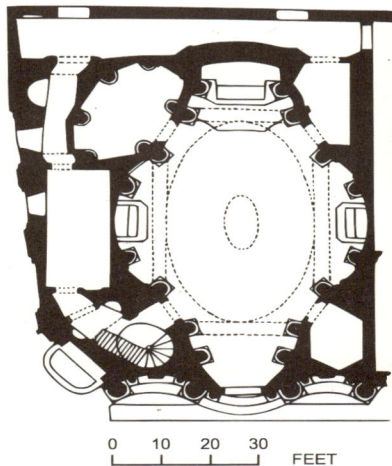

15. 波罗米尼的代表作圣卡罗四喷泉教堂外观。整个建筑造型反映了建筑师对周边不同环境所做出的回应，微妙、灵动而生气勃勃，波浪形的主立面动感十足，材质的差异更使其脱出建筑主体而独具生命。

16. 圣卡罗四喷泉教堂的平面。

17. 圣卡罗四喷泉教堂内的椭圆形穹顶。

楼梯在建筑上的表现力是由米开朗琪罗发掘的，在洛伦佐图书馆的设计中，他将室外楼梯的做法引入室内，使楼梯成为重要的视觉元素，后世受其影响，也注重体现楼梯在空间中的呈现。楼梯或台阶不仅具有实在的形式感，也是连通不同标高空间的交通元素，具有很强的指向性和动感，因此在大型的巴洛克室内空间，尤其是公共部分，往往引入壮观的楼梯设计，并且梯级较平缓，增强空间的连续性（图20）。位于罗马的西班牙大台阶（Spanish Steps，1723-1725，图21）是欧洲最宽的台阶，共138级，分几个平台连接了两个不同标高的城市广场，覆盖了两者之间较陡的山坡，顶端是山上的三一教堂。大台阶本身也可视为一个成功的巴洛克城市空间设计，是一个变异的广场，不仅形式美观，而且在城市中发挥了积极的作用，塑造了有活力的城市空间，是巴洛克的又一杰作。

18. 德国巴伐利亚州的十四圣徒教堂室内，装饰繁复而细碎。
19. 后期巴洛克教堂由于复杂的叠加关系而形成的室内景象。

20. 楼梯在巴洛克建筑的室内成为重要造型元素，并增强了空间的连续性。

www.earthinpictures.com

21. 罗马的西班牙大台阶。

结语

作为一种形式风格，较易与巴洛克（Baroque）混淆的是洛可可（Rococo），年代相近，都注重繁复的装饰以及曲线的运用。如果深入到形式背后的动机，巴洛克与洛可可有明显的区别。有人这么形容巴洛克与洛可可的区别：巴洛克是男性——粗壮而有力，洛可可是女性——精细而柔弱。更重要的，巴洛克是动态的，洛可可是静态的，这是最本质的区别。

巴洛克对动感的追求在后世仍有持续的影响，虽然古典复兴兴起之后，紧接着现代主义开始发展，在很长的一个时期内，对巴洛克都持贬斥的态度，但在现代主义兴起了一段时间之后，人们的态度趋向平和，对历史文化遗产的评价也更为公允。意大利的学者兼建筑师保罗·波多盖西明确提出对巴洛克建筑的正面评价，并将巴洛克建筑的手法与现代建筑结合，完成了不少作品并受到好评。被称为解构主义建筑师的弗兰克·盖里（Frank Gehry）也并不回避巴洛克建筑的影响，

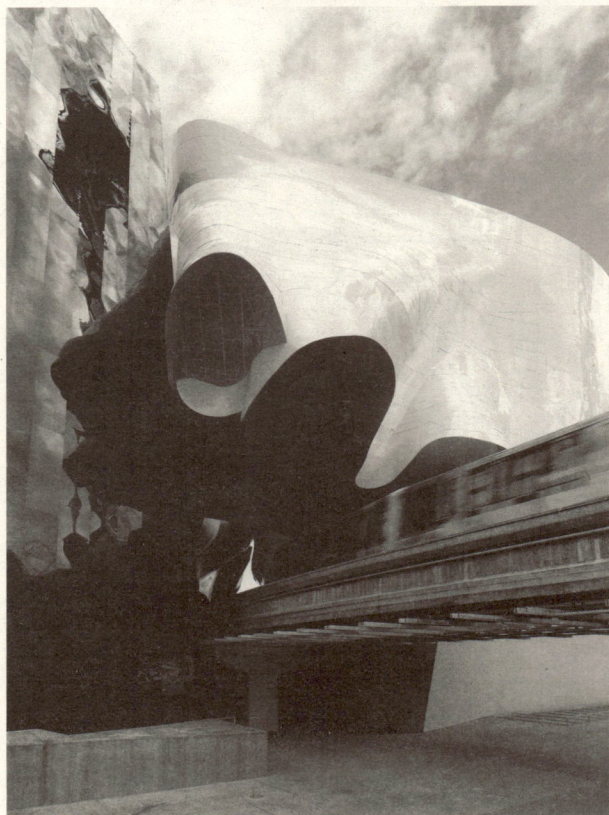

也有人称其为后巴洛克建筑师，标签如何并不重要，但从其作品中的确可以看到巴洛克建筑对动感的追求，以及某些设计手法的共通之处（图22~图24）。剥开巴洛克建筑华丽的表层装饰，我们应能看到一大批建筑师在探寻建筑如何表现动感方面所做的研究，这些研究的价值并不应被淹没；同时，巴洛克建筑表现出的癫狂，也是人性的一个反映，当我们冷静面对这些文化遗产的时候，我们也能更好地理解自身。

22. 意大利建筑师保罗·波多盖西设计的现代清真寺室内。

23. 美国建筑师弗兰克·盖里设计的西雅图音乐体验中心外观局部。

24. 西雅图音乐体验中心室内，巴洛克建筑的基因显而易见。

本文原载《装饰》2012年05期，总第229期

注释：

[1]（英）大卫·沃特金：《西方建筑史》，傅景川等译，长春：吉林人民出版社，2004，第241页。

[2]吕舟："访问保罗·波多盖西"，《世界建筑》2000.12，第28页。

建筑还是机器？

——现代建筑中的机器美学

对机器的赞美也是对人类自身能力的赞美，是人类的自恋在物质世界的映射。机器本身并非邪恶，只是达成目的的工具，但人如果异化成机器，以机器的价值观取代人性的价值观，则有走向邪恶的危险。

机器美学，直观的理解是反映了人们对机器的赞美，并试图在其他非机械领域的创作中模拟机器的形态，以机器作为审美价值判断的依据。这一审美趋势，无疑是在工业革命之后日渐走向高潮，其影响也越来越广，在建筑领域的表现尤为明显。曾经，勒·柯布西耶的一句"住宅是居住的机器"成为惊世名言，极大地推进了现代主义建筑运动的进程。

如果更进一步地看机器美学，这种对机器的赞美也是对人类自身能力的赞美，是人类的自恋在物质世界的映射。这种情结由来已久，并非工业革命的产物，只是借助了工业革命的巨大成就而走向极致。在关于一代智者诸葛亮的传奇故事中，木牛流马的情节是神来之笔，鲁迅先生评诸葛亮近于妖，是为一例。这可能是中国传统文化中有关机器美学的一个例子，机器的创造蕴含了人类的巧思，给予赞美也是自然而然的事情，但要在主流意识形态中占据一定的位置，尚需时日。

源自欧洲的工业革命借助机器的力量，催生了一个大工业化生产的时代，创造了众多不是神话胜似神话的现实。各类机械装置中有不少是在工业革命前就被发明了出来，如织机、推车、风车、水车等，但蒸汽动力放大了机械的效能，其结果不可同日而语。再往后，一方面是动力技术的演进，一方面是电子技术的发展，使得机器不仅有力量，而且更能灵活控制，完成较为复杂的任务。及至智能技术的兴起，机器走向了自动化，在许多领域已经可以取代人的劳动，甚至比人的劳动更为精确和严密。因此，在技术乐观主义者的眼里，技术可以解决一切问题，包括社会问题，那么机器作为技术的具体成果也就成了人们膜拜的对象。问题是，一切真的这么简单吗？最近引起极大反响的美国电影《阿凡达》或许道出了人们的疑虑，其情节虽有老套之讥，但所谓老套也意味着问题的普遍性。

《阿凡达》的寓言

电影《阿凡达》中有两个世界：一个是由高度发达的科技所造就的机器世界；一个是处于未开发状态的原始而美丽的外星"自然界"。故事情节围绕着两个世界的冲突展开，机器世界的价值目标是能源，而外星"自然界"的价值目标是生命和自由。一个世界为了自己的利益要征服另一个世界，利诱不成就威逼。电影的高潮是纳威人在阿凡达的带领下同地球人部队的殊死对抗，这是充满了隐喻的情节设计。地球部队的强悍给人留下深刻的印象，最典型的段落是上校操纵的机器人，人的动作经由机器的放大，威力大大增强，直观地反映了机器的意义，这一

1. 美国电影《阿凡达》剧照，机器部队与外星生物的战斗。

部分不菁也是对机器美学的浓烈渲染。纳威人无法单独抵御机器部队的攻击，这场战斗的领袖人物是阿凡达——地球人智慧的产物，拥有纳威人的身体条件和地球人的智力和战斗经验，在很长的一段技能训练的铺垫下，成为一个承天命的人物，魅影骑士的身份使他拥有了无与伦比的号召力。但整体的力量对比之悬殊、战斗之惨烈，超出了他的承受力，功败垂成之际，神迹出现了，整个星球的生命系统都进入了战斗状态，最终地球人被驱逐出了这个星球，仅留下了几位善良的使者。

如果仅以王子和公主的爱情故事来理解这部电影，显然低估了创作者的思想，这部片子更宏大的主题是在阐释两种价值观的对立，一种是功利的价值观，一种是人性的价值观。电影里的人物设置颇具匠心，上校对应的是战争机器，官员对应的是行政官僚机器，科学家是求知与应用技术的机器，阿凡达是受控的生物机器。如果一切正常，不出意外的话，这个机器组合将勇往直前地摧毁所有障碍。然而人性的觉醒改变了所有的计算，个别的军人、科学家开始了反抗利益机器的行动，并用良知取得了外星人的信任，结成统一战线，成功驱逐了来自地球的入侵者。人性的力量战胜了机器的力量，这可能是《阿凡达》希望告诉我们一个寓言。机器本身并非邪恶，只是达成目的的工具，但人如果异化成机器，以机器的价值观取代人性的价值观，则有走向邪恶的危险。当然，电影里寓言故事式的情节只是一种极端想象，人性的觉醒不必等到最后的时刻，机器美学所代表的对机器的赞美也不必然地导致人性的沦丧，不必视其为洪水猛兽。因为，机器美学从来不曾是我们审美意识的全部，未来也不太可能就只有这么一种审美标准。但在这段时间内，机器美学的确成了占据主流地位的审美意识，并深刻影响了我们周遭的世界，不然也不会有《阿凡达》这样的故事出现。在探求其可能的发展去向之前，梳理其一路走来的脉络，或许对于我们廓清认识更有帮助。

从吉奥瓦尼·皮拉内西到勒·柯布西耶

吉奥瓦尼·皮拉内西（Giovanni Piranesi, 1720-1778）是新古典主义时期意大利著名的版画家，许多作品流传于世，有一组"卡瑟里异界"（Carceri）的作品经常为后人提及或模仿，浪漫而狂野。这组作品共 16 幅，开始创作于1745 年 [1]，瓦特的蒸汽机专利要在 40 年后获得，但皮拉内西已经在描绘一系列充满超人力量和神秘气息的地下空间。巨大的拱，错综复杂并分外险峻的楼梯，庞大的机械装置，混乱而让人迷惑的各种线索同时呈现出令人着迷的视觉品质。这真是一个奇异的世界，既非自然界，也非秩序井然的人工世界，在混沌中蕴藉着力量。这是一组前所未有的画面，迥异于皮拉内西的其他作品（那都是些循规

2、3. 意大利版画家皮拉内西的"卡瑟里异界"组画中的两幅作品，表现中世纪建筑空间与大型机械装置混合的场景，这组作品对埃舍尔的矛盾空间有所启发。机械装置在此显得令人迷惑。

蹈矩的、对已有事物的描摹），而在异界的画面中他恣肆地放纵自己的想象力。他为何创作这样的画面没有留下线索，我们只能认为他是一个先知或预言家，受到某种启示而忠实地记录下了自己的感受，其意味究竟是什么，或许对皮拉内西来说也不是十分清晰。这些作品可以看做一个先声，展示了一种可能性，把中世纪的建筑空间氛围同机械联系到了一起，从而表现出让人陌生的空间质感。皮拉内西在这组作品中并没有表露出明显的爱憎倾向，此时还不能说是建立了机器美学的意识，毕竟机器的时代还未到来。

蒸汽机是工业革命中里程碑式的成就，是那个时代工业发展的重要基础，彻底改变了动力的水平。随着珍妮纺纱机、抽水马桶、平版印刷术、螺丝切削机床、蒸汽轮船、科尔尼锅炉、蒸汽机车、矿工灯以及兰开夏锅炉等发明的陆续面世，这个世界不可扭转地被改变了。机器劳动代替了人工劳动，有人视之为一种驱逐，有人视之为一种解放，这种分歧陪伴着机器的发展一路走到今天。但在整个过程中，将机器视为人类发展解决方案的观点占据了上风，在建筑领域，某种程度上讲，一部现代主义的建筑史，就是机器美学的发展史。

1851年的伦敦世博会是一曲工业革命的赞歌，工业革命的成就通过丰富的展品直观地得以呈现，然而机器的力量尚未能改变人们的审美，水晶宫的横空出世只

4.1851年的英国伦敦世博会展馆建筑外观。铸铁与玻璃建构的建筑表现出未来建筑新的可能性。

5. 会期过后异地重建的水晶宫室内效果。连接部分改成了拱顶，从这一改动到细部的装饰都反映了审美趣味的因循，帕克斯顿并没有新的想法。

是略显端倪。称"水晶宫"横空出世是因为它并非计划中的内容，自 1849 年决定办首届世博会起，展场的建造就成为众所瞩目的议题。这座建筑体量要大（落成面积近 9 万 m²），建造速度要快（一年多的时间），建完之后还要拆卸，几个要求叠加在一起，难住了所有的传统建筑师，无人能拿出可行的方案，传统的建造方式遇到了死结。为难之际，园艺师帕克斯顿挺身而出，提出了一个花房式的建筑方案，虽然同人们的期待与想象有很大距离，但这是唯一能满足上述要求的方案。金属和玻璃成为主要建筑材料，施工方式也变为装配式，构件尺寸经模数控制后都可以委托厂家异地制造（并可多家工厂同时生产，提高效率），整个建造过程充分体现了工业化机器大生产的优越性 [2]。这座巴西利卡式的庞然大物使花匠帕克斯顿晋升为骑士，却并未能扭转人们的审美意识（包括他本人的），玻璃大花房也还有许多技术环节需要完善（没空调系统就是个大暖房），玻璃幕墙建筑的大规模流行要等到 100 年之后。会期之后，水晶宫如约拆除，又因其魅力异地组装，直到 1936 年，毁于火灾。

新材料、新技术通过这么一个实例显示了强大的生命力，但适合这个时代技术条件与价值追求的新美学没有随之建立，若非时间仓促，水晶宫可能根本没有面世的机会。第一次世界大战前的这段时间，是新思想萌动，机器美学逐步得以确立的重要时期。工艺美术运动、新艺术运动的思想和实践在整个欧洲得以传播，其中的代表人物既否定当时主流的建造意识和方式，也否定工业产品的品质，他们还是希望以传统的方式来创造属于新时代的形式语言，美成为继续垄断在艺术家手中的权力，以此来保证人对于机器的优越性。

另有一批人则从工业革命的成就中看到了扫除过去一切的力量源泉——机器，并为之讴歌。其中最激进、极端的声音来自意大利诗人菲利波·托马索·马里内蒂，于 1909 年发表了《未来主义者宣言》一文，吸引了一众追随者，涉及多个艺术门类。宣言毫不掩饰地表达了对速度、科技和暴力等元素的极端推崇，宣称新的比旧的好，年轻的胜于年老的，传统的一切都应该消失。汽车、飞机、喧嚣而不眠不休的工业化城市等在未来主义者的眼中充满魅力，因为这些象征着人类依靠技术的进步征服了自然。同时，他们也宣称自己是民族主义者、爱国者，甚至有支持法西斯的倾向，当大战来临的时候，许多人果然积极从军，战死沙场，令人扼腕。建筑师安东尼奥·圣–伊利亚也是其中之一。他画了一系列以"新城市"为题的城市建筑想象图，大约有数百幅之多。其中一些于 1914 年 5 月在名为"新趋势"的团体举办的展览会上展出，展品目录上有圣–伊利亚署名的"前言"，这

6. 意大利青年建筑师圣－伊利亚所画的"新城市"组画之一。他主张建筑表现动感，喜用斜线和椭圆来强化动感。巨大的体量，立体的交通组织，简明的体块关系，凡此种种都可在后世的建筑中。

就是《未来主义建筑宣言》。在他的画面中没有了皮拉内西的阴郁，城市高楼有着冲天的动感，建筑的形式语言也十分简练，力量、速度这些未来主义者钟情的要素都得到完美的表现。虽然圣－伊利亚的作品没有一座成为现实，但其影响却是深远的，我们甚至能在今天的许多建筑中看到他的作品的影子[3]。

德国人的实践更为务实，他们组织了"德意志制造联盟"，把艺术家和生产企业召集到一起，全面提升工业产品的审美品质。彼得·贝伦斯是联盟的代表人物，他曾出任杜塞尔多夫艺术学校的校长和两个学院的建筑系主任，并于1907年被德国通用电气公司AEG聘请担任建筑师和设计协调人。贝伦斯也得以有机会在当时的主流意识形态鞭长莫及的工业建筑领域进行探索。对工业建筑而言，最重要的品质不是华丽、庄严或趣味性，而是效率、便利和经济。贝伦斯并未将经济和效率理解为简陋，在摈弃不必要的建筑装饰的同时，仍然注重建筑的审美品质，这种美是通过简明的几何体量组合、高效的平面布局、良好的采光、通风条件而实现的。贝伦斯设计的通用电气公司透平机车间成为建筑史上的一个重要案例，后来格罗皮乌斯也以工厂建筑建立了自己的声誉，工业建筑在现代建筑的进程中扮演了特殊的角色。及至格罗皮乌斯的德绍包豪斯校舍的设计，其布局和形式语言都深受工业建筑的影响。机器的逻辑已经进入建筑的实践领域，机器的审美特性也越来越引人关注。

彼得·贝伦斯本人并没有走得更远，后期他的建筑设计又走向了新古典主义，在透平机车间立面上的那些水平凹槽可能已经预示了他的这种走向。但他更是一位教育家，他的工作室先后接纳过密斯·凡·德罗、格罗皮乌斯和勒·柯布西耶等人，影响深远。

使机器美学得以确立的旗手型人物是勒·柯布西耶。在《走向新建筑》中，他提出建筑师要向工程师学习，建筑应该具备机器般的品质，"工程师受经济法则推动，受数学公式所指导，使我们与自然法则一致，达到了和谐。"[4] 他甚至把希腊神庙所具有的严格的比例系统与精确的模数同机器相类比，以此佐证自己的理论。最关键的是他成功地在自己的作品中实践了这些想法。位于巴黎远郊的萨伏伊别墅是完美体现其原则和理想的代表作，底层架空，柱子十分细巧，底层车道的半径是当年出产的雪铁龙汽车的转弯半径，以此向工业产品致敬。带形窗是采光器和观景器，内部的坡道犹如传送带保证交通的连续感，自由的平面布局，随意弯曲的墙体脱离了结构的束缚而单纯是分隔的构件，在阳光下曲线的墙体也是造型的手段。近乎方形的平面，使萨伏伊别墅像一个精巧的产品坐落在开阔的绿地中，尽管任何局部的做法都是简单的，但整体上它呈现出机器般复杂的构成关系，光影构成了丰富的立面层次。

的确，萨伏伊别墅更多地表现了产品的特质，一个通用的理想解决方案，而非如

7. 彼得·贝伦斯为 AEG 公司设计的厂房方案。以最有效率的方式组合各功能空间。

8. 贝伦斯设计的 AEG 公司透平机车间，当时在欧洲引起极大反响，形式趋向单纯，新的形式语言渐具雏形，墙面上的水平凹槽表明建筑师仍未摆脱传统审美的影响。

9. 勒·柯布西耶的萨伏伊别墅外观。空间变化造就了体块精巧的组合关系，所有的形式特征都使其从环境中脱离出来。

10. 萨伏伊别墅二层的庭院。构件间构成复杂而精致的关系，类比了机械构成的逻辑。

美国建筑师弗兰克·赖特所主张的有机建筑，强调建筑与所处环境的适应性，以及建筑作品的唯一性，萨伏伊别墅可以放置到任何一块绿地之中。如用更苛刻的眼光审视，其设计逻辑也不乏可商榷之处：在周边环境如此优美的条件下，屋顶花园的设置究竟有多少价值？底层是同环境沟通最便利的空间，为何要放弃使用而沦为单纯的交通空间？坡道的效率不是比楼梯更低吗？萨伏伊别墅是柯布西耶迫不及待实践其想法的实验性作品，完美地展现了设计如何解决问题的方法和成果，只是问题的设定在今天看来有点想当然。

这种想当然在二战后的大型住宅项目马赛公寓中再次表现出来，继续底层架空，继续屋顶花园，把服务设施集中安排在中间楼层，这种流线安排同人的实际行为模式之间并不吻合。但马赛公寓的一个居住单元可以容纳 300 户居民，是一个小镇的规模，并且全面实行工业化的建造方式，模数制也趋于成熟，的确预示了城市中高效解决居住问题的可能性。稍后，柯布西耶的朗香教堂让世人大跌眼镜，被视为一次重大转向，从形式语言层面看确实如此，而从他构思的逻辑看，仍然是用人体器官来同建筑进行类比，并非截然的分野。总体看，柯布西耶的机器美学追求的不是建筑造型模拟机器，而是把工程师制造机器的逻辑引入建筑设计，强调解决问题、提高效率、优化功能。

从技术精美、高技派到参数化设计

柯布西耶是运用混凝土的大师，同时代的密斯则是玻璃摩天楼的旗手。用金属和玻璃这样的材料来建造，特别能塑造精准的视觉效果。密斯擅长使用工字钢的组

11. 密斯·凡·德罗设计的德国国家美术馆。细部具备机器产品般的特征，但在整体上却是追求古代神庙的气质。

12. 美国纽约克莱斯勒大厦内部的楼梯井仰视。精致的几何构件组合出机器般的形象。

合来丰富建筑立面的构件形式，一方面使建筑显得轻盈，一方面增加了细部的光影层次。不过，整体上虽然密斯也主张工业化生产的建筑体系，但其审美趣味仍希望保留古典建筑的优雅，德国的国家美术馆被评论为现代神庙或可说明这一点。密斯开创了技术精美主义的潮流，这一倾向同机器美学有所关联，但在价值取向上有较大差异。

二战之后，第一代现代主义建筑大师迅速成为主流并得到丰富的实践机会，作品遍地开花，但很快在 20 世纪 60 年代就受到了来自激进和保守两方面的抨击。保守者认为现代主义切断了历史的文脉，抹平地域差异；激进者认为现代主义并未能完全地从功能角度来思考建筑问题，其建构方式仍然是传统的，对解决社会问题毫无办法。活跃于 20 世纪 60 年代的英国阿基格拉姆集团是其中最为激进的代表。阿基格拉姆的成员都拥有艺术和建筑双重的学术背景，以库克（Peter Cook）和亥伦（Ron Herron）为代表人物，幕后得到时任《建筑设计》（Architectural Design）编辑的西奥·克罗斯比（Theo Crosby）的支持，将他们的作品登上封面[5]。他们主张现代建筑学应该同"当代的生活体验"紧密结合，电脑、自动化技术、宇宙航行、大规模的旅游、环境公害等已是生活中的热点话题，从中可以概括出"流通和运动"、"消费性与变动性"等概念，这些概念应作为建筑的核心理念。他们同未来主义者有相似之处，反对传统、反对专制、反对任何形式的束缚，提倡自由，是一群技术乐观主义者，声称"那些建造了弗斯大桥[6]的人们，他们不会烦恼"[7]。

他们以机器和科技作为问题的出发点，相信机器和科技才是解决问题的手段。建筑中的人可看作是软件，设备是硬件，硬件构成建筑主体，硬件依据软件的意图来运行，至于建筑本身最终将被设备所代替，走向非建筑。他们的学术背景使他们比一般的建筑师敏感，洞悉现代社会的快速多变和廉价的特性，因此直接从大众传媒中最常见的城市、生活和政治等波普文化内容取材，用拼贴技术进行直观的概念表达，提出了一系列的构想：最重要的分别是行走城市（Walking City）、插接城市（Plug-inCity）和瞬时城市（Instant City）[8]。

亥伦的行走城市，设想的是一个由智能建筑或机器人组成的系统，人待在巨大的、自给自足的生活舱内，任意地漂浮在城市上空。生活舱是独立的，但通过插入式的站点可以补充给养或交换居民。所谓市民就是得到服务的游民，同今天汽车造成的现实并非全然不同。项目的背景是核战争后的废墟。库克设想的插接城市则

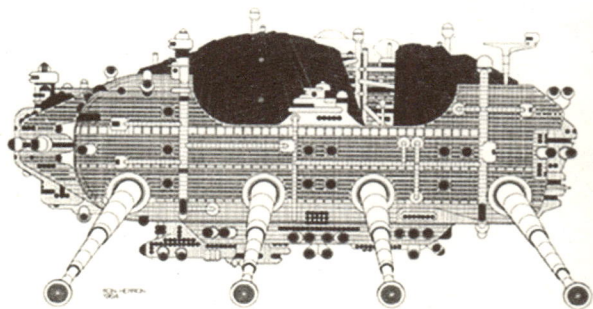

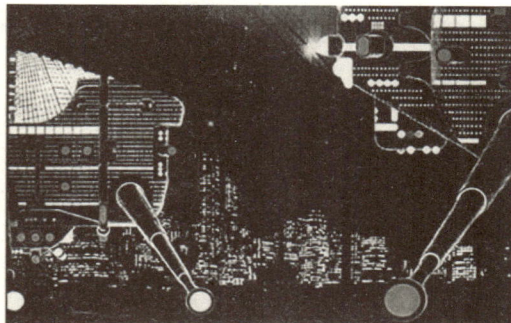

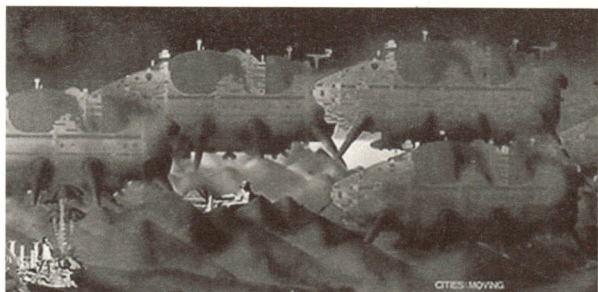

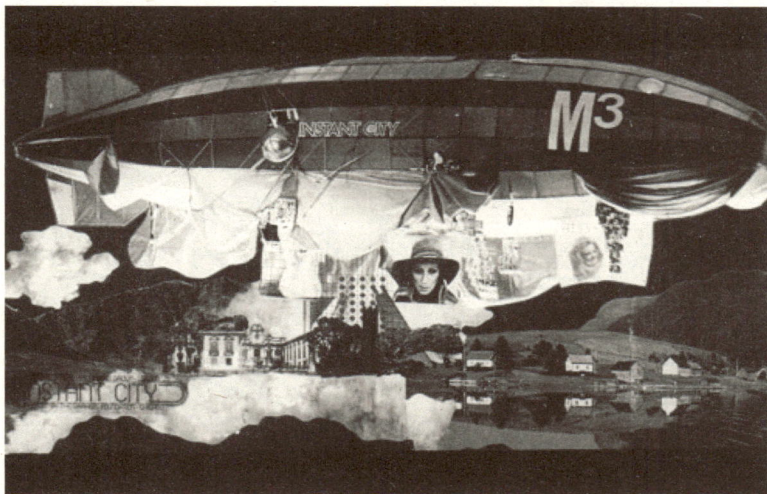

13. 阿基格拉姆成员亥伦的"行走城市"方案。

14. 阿基格拉姆的"瞬时城市"方案。

是一个巨型结构，没有建筑，只是一个构架，提供接口，人们生活在有接口的标准化组件中。机器统治了世界，人成为等待加工的原材料，所不同的是人们享受这种体验。瞬时城市的概念是假想在不发达的、单调的小镇中，空中的气球通过一些临时性的结构（如表演空间）聚集到一起。画面充满了广告的元素，反映了大众文化，带有调侃的意味。

作为一个流派，阿基格拉姆存在的时间很短，1974 年阿基格姆事务所倒闭，几乎没有实现的项目，只有展览和出版物。他们的提案在当时的成熟建筑师看来是荒诞不经的，然而不得不承认，以今天的现实来对照，他们的思考是有价值和启发性的。2007 年英国皇家建筑师学会授予阿基格拉姆金质奖章，此时其中的几位成员已经去世了。

机器美学经由阿基格拉姆的众多提案进入到一个新的阶段，机器所具有的形式特征日益成为人们热衷的审美对象。年轻的建筑师们从阿基格拉姆的思想中汲取灵感，寻找合适的时机。法国巴黎的蓬皮杜艺术中心的竞赛造就了两位青年人。伦佐·皮阿诺（Renzo Piano）、理查德·罗杰斯（Richard Rogers）在 1971 年蓬皮杜艺术中心的竞赛中选时分别是 34 岁和 38 岁，他们在一定程度上把阿基格拉姆的理想变成现实。

15. 伦佐·皮阿诺与理查德·罗杰斯合作的法国蓬皮杜艺术中心。外露的结构和管道为内部提供了高度自由和灵活的空间，更重要的还是建立了一种新的美学。

蓬皮杜艺术中心在当时可谓惊世骇俗，其外立面挂满了各种管道和设施，比之一般的工厂更显凌乱，形式上除此之外也说不出别的了。罗杰斯解释："这个中心要成为一个生动活泼的接待和传播文化的中心。它的建筑应成为一个灵活的容器，又是一个动态的机器，装有齐全的先进设备，采用预制构件来建造。它的目标是打破文化的和体制上的传统限制，尽可能地吸引最广泛的公众来这里活动。"这话是否同阿基格拉姆的口号如出一辙？

从大众传播的角度看，这样标新立异的作品更能引起关注。事实也证明了这一点，开放之后来自世界各地的观众蜂拥而来，其热度超过了埃菲尔铁塔和卢浮宫。曾经的反对者也就不再纠缠，但作为博物馆类型建筑，也没有得到更多的效仿，成为一个特殊的案例。这里必须点明他们的实践同柯布西耶之间的区别，他们是把建筑形式处理成机器的样子，其设计并非全然是从功能出发的，在过程中拒绝了博物馆专家对固定的墙面和顶棚的要求，"我们遇到了许多我们不喜欢的要求。我们对业主的要求保持了相当的距离"。

蓬皮杜艺术中心的形象是刻意追求的结果。建筑师认为建筑应该设计得能让人在其中自由自在地活动，自由和变动性就是房屋的艺术表现。他们说："这座建筑

16. 罗杰斯设计的伦敦劳埃德公司大厦走向华美和炫耀的机器美学。

17. 伦佐·皮亚诺在新喀利多尼亚的努美阿设计的让－玛丽·吉巴乌文化中心，用当代的技术手段模拟了当地传统的建造方式。表现出对地方文化的尊重，高技派的一次满意的尝试。

18. 高松伸在日本京都设计的私人
住宅"Syntax"选用金属材料,模
拟机器的形态,表现出调侃的意味。

19. 渡边诚设计的青山制图学校
1号馆。像一只机器甲虫准备与
未知的敌人战斗,除了附加的机
械形式之外,其核心的建造方式
仍是传统的。

是一个图示，我们要大家立即了解它，把它的内脏放到外面，是为了大家看得清楚，自动扶梯装在透明管子里，让大家能看清其中的人怎样上上下下，来来往往。这对我们非常重要。"[9] 这座建筑是一种新的美学的宣言。

皮阿诺和罗杰斯由此成为高技派（High-Tech）的代表人物，皮阿诺后来转向了利用技术进行诗意的表达，作品内涵更趋丰富。罗杰斯的伦敦劳埃德大厦则更像一个光亮的资本机器。另一位英国高技派建筑师诺曼·福斯特则通过香港汇丰银行、香港赤鱲角机场、德国柏林国会大厦的穹顶以及北京国际机场三期而为世人熟识，通过这些大型公共项目，机器美学成为了当代社会日常经验的一部分，无声地影响着人们的思维方式。

对于身处轰轰烈烈的工业革命之外的后发国家来说，机器则带着强烈的文化冲突的意味。日本的年轻建筑师们在 20 世纪 70 年代高举起了反现代主义的大旗，毛纲毅设计了"反住器"，把单纯的几何形部件在立方体框架内进行随心所欲的叠加，以此消解理性，突出矛盾性。石山修武则是收集建筑之外的材料和技术来构造建筑，如下水管、冰箱门等，使物与其原始用途脱离，象征从高度系统化的工业体制中获得自由，恢复人的主动性。[10] 机器在此不是讴歌的对象，而成为抗议和嘲讽的手段。

东方民族如何看待自身的传统，是在现代化过程中不可回避的问题。在日本京都这样古风浓郁的城市中，高松伸体味到的却是束缚和窒息，因此他以机械形式造型的建筑来突破京都看不见的"国境"，机械是无国界的象征。其名作"Syntax"是一座小住宅，但旁若无人地展开双臂，挑战所处的环境与都市文脉。讽刺的是，这种挑衅的设计受到了市场的热捧。[11] 与高技派建筑师不同，日本的几位热衷机械形式的建筑师在建造方法上仍然是沿用传统的模式，他们只是在外形上把建筑做得像个机器，这种形式对空间或者结构技术并没有带来任何革命性的变化。在他们手中，机器的形式是艺术手段，具有对抗既有传统的力量。

结语

机器是人的创造物，最初它并非为了审美的目的而产生，一经来到这个世界，它必然也会对这个世界产生影响，曾经这种影响是缓慢而微弱的，工业革命使机器大显神威，人们希望在其他领域也能复制机器的力量，机器成为膜拜的对象。

20. 扎哈·哈迪德事务所的朝阳区SOHO三期方案，参数化设计带来了自由的外观和恣意的曲线，这样的建筑是否会成为未来的主流，只能让时间来证明。

自未来主义之后，凡是以未来为名的各种想象都离不开机器与科技，未来似乎是由机器决定的。

机器的故事不是过去时，而是现在进行时，机器美学也在继续拓展自己的领域。不久前，扎哈·哈迪德事务所的合伙人帕特里克·舒马赫（Patrik Schumacher）来到北京演讲，鼓吹"参数化主义"，称这种风格拥有和现代主义设计风格平起平坐的地位。提出："我们未来的社会，未来的城市是多维的，人和建筑会和植物一样要自由地伸展，自由成长和自由地交往。过去的那种固定的关系，直线化的、平面化的表达方式、思维习惯和建筑空间都将受到巨大的冲击。建筑、城市规划都是为人服务的，而今天人的生活方式、工作方式，包括行为方式都发生了巨大的变化。今天技术的进步和信息的发展，使我们能更进一步理解了未来的世界是多维的世界，是更多元素的融合和有机交互。所以我们的建筑和我们的思维也应该是多维的。"[12]这些话听着是那么熟悉，笔者无意在此褒贬参数化主义的风格或工作方法，它的确带来了不一样的形式和体验，只是庆幸这个世界还留下了这么多优美的胜迹，那些直线化的、平面化的表达方式仍有效用并可抚慰心灵。

无论哪种美学，我都不希望未来只有那种美学，罗素说："须知参差多态，乃是幸福的本源。"机器再好，如果由它一统天下的话，也是可悲的。机器的优越性不能简单推导出机器决定论，但也不必排斥机器，就让机器成为这个世界的生态系统中的一员吧。建筑或机器？这样的界限完全是由我们的心决定的，未来会变成什么样，机器并不知道。

本文原载《装饰》2010 年 04 期，总第 204 期

注释：

[1] 参见维基百科皮拉内西条，http://en.wikipedia.org/wiki/Giovanni_Battista_Piranesi

[2] Mary Hollingsworth,Architecture of the 20th Century, Random House,1995, P18-20.

[3] 吴焕加：《20 世纪西方建筑史》，郑州：河南科学技术出版社，1998，第 71-74 页。

[4] [法] 勒·柯布西耶：《走向新建筑》，陈志华译，西安：陕西师范大学出版社，2004，第 15 页。

[5] Simon Sadler,Archigram: architecture without architecture, MIT Press, 2005, p.161。

[6] The Forth Bridge 又名 the Forth Rail Bridge，位于苏格兰，是第一座全钢结构的大跨度桥梁。

[7] 引自英国设计博物馆官方网站，网址：http://designmuseum.org/design/archigram。

[8] 同 [3]，第 225 页。

[9] 同 [3]，第 224 页。

[10] 吴耀东：《日本现代建筑》，天津：天津科学技术出版社，1997，第 123-124 页。

[11] 同 [10]，第 211-213 页。

[12] 引自"扎哈·哈迪德建筑事务所合伙人帕特里克·舒马赫的主题演讲"，《装饰》官方网站，http://www.izhsh.com.cn/doc/5/108.html.

后现代的伦理转向

后现代对"人"的思考，从集体的人走向了个体的人，从抽象的人走向具体的人，导致了多元价值观的确立。从人这个立足点出发，后现代在强调理性的同时更注重对人性的关照。在经历将近半个世纪的历程之后，后现代的价值观日渐清晰并逐渐凝聚成共识，但后现代的伦理思考远未终结，在多元化的文化格局中，设计师面临更为复杂的环境关系，或许这也是设计创新的一个新的起点。

上海世博会的后现代诠释

进入 21 世纪以来，整个社会似乎在多元化方面达成了共识，2010 年的上海世博会
是个集中的表现。作为展示国家文化形象和技术实力的国际性盛会，各国国家馆成
为观众探访的热点，而风格多元的场馆设计集合成了一场视觉盛宴和另类的竞技场。
关于世博会的设计已经衍生出了许多话题，本文关注的是其中体现出的后现代思潮
的回归。从现象上看，20 世纪 80 年代达到高潮的、以历史符号的变形和转译为特
征的后现代主义设计不再是人们关注的焦点，形式层面的后现代主义似乎已然终结，
但价值观层面的后现代主义却悄无声息地渐渐占据了社会的主流位置。

上海世博会的主题是"城市让生活更美好"，但各展馆的展示主题却并非对城市化
的简单歌颂，而是反思城市化进程中所产生的问题，并提供相应的对策。因此，生态、
环保和可持续发展成为一大类内容，这一姿态本身就耐人寻味。与最初的世博会展
示内容相比，走过一个多世纪的世博会在展示什么的问题上，给出的答案可谓大异
其趣。英国馆以"种子圣殿"命名，形如刺猬的主展馆插满了可导入光线的亚克力棒，
而每根亚克力棒的内端封存了一颗种子。整个展馆并未对生态技术过多渲染，而是
通过设计表明了尊重生命的态度和对整个生态环境的关注，展后可分解的展馆又进
一步展现了设计师对设计对象整个生命周期的思考，言简意赅。丹麦馆以自行车动
线为设计切入点，有异曲同工之感。而荷兰馆则是维护成本最低的展馆，仿如游乐
场的空中街道串联起一个个小展室，人们在一个开放的环境里自由流动，没有空调
也没有炫目的声光电设施，但意蕴悠远。这座场馆不用排队，但提供了大量的休息
和停留空间，最特别的是为游人提供了观看其他场馆的绝好视点。这些场馆的设计
脱离了炫技的窠臼，而重在观念的表现，如果说世博会是个竞技场的话，比拼的不
是技术和经济实力，而是对问题思考的深度以及更好的价值观。

世博建筑的另一大类是文化展示，西班牙馆突出本民族奔放的性格，藤编外墙的粗
粝质感给人留下深刻印象；内部使用了声光电的综合手段，以立体演出的方式让观
众沉浸在由其文化所渲染的独特氛围之中。意大利馆则重点突出本国在艺术领域的
成就和独特地位，以后现代的拼贴手法进行形象设计，值得一提的是，意大利正是
后现代思潮的重要策源地之一，非常珍视本国的历史文化传统。而瑞士馆则独辟蹊
径地以缆车作为观展工具，在 8 分钟的游程中仅利用了狭小的场地就微缩了瑞士的
自然风光和人文精神。法国馆的浪漫情调虽然在人潮的涌动之中受到很大影响，但
其设计思路仍然清晰可感，他们甚至在展馆顶层设置了餐厅，观众如果有兴趣的话

可以通过法式大餐更好地理解法国文化，而餐厅厨房也是展线的一部分。

仅就国家馆的上述例子即可看出当下设计的多元化特征，无论是形式层面的还是设计思想层面的。从直观形态上看，方方正正的盒子式建筑少了，表皮材料也日益多样化，大多数场馆都是从流线的立体组织入手形成建筑的总体意象。与现代主义盛期的冷峻表情不同，世博场馆的表情非常丰富，除了个别场馆的严肃表情，大多数场馆的表情都是轻松而欢快的，整体形成一种公众狂欢的场景。表象变迁的背后是价值观与伦理思考的变化，建筑的交流功能被提到一个前所未有的高度上，顺畅的流线不仅是为了效率，同时也是对观众的尊重与关怀。尽管在上海世博会的众多评论中并未显著地出现后现代这样的词汇，但多样化的形态、多元的价值思考以及对语义表达的重视，这些特征无不指向了后现代这一关键词，后现代概念之所以未得到彰显，可能并不在于后现代概念的过时或终结，而是这一概念已被广泛接受并成为共识，无需强调。

从萨伏伊别墅到玛利亚别墅：理性主义与人性回归

现代主义生发的基础是工业革命所取得的成就，但单纯工业革命的成就并不足以催生现代主义。我们从百多年的历史现实中可以看到，新技术、新材料并不是必然地能带来新的风格样式，在形成新的艺术风格的过程中，审美意识的变化是决定性的。新材料、新技术服从老的造型面貌，这样的例子即使在今天也是屡见不鲜，因为新技术、新材料往往意味着更大的可能性，要使新技术、新材料产生出符合自身特性的新形式，这反倒是比沿袭成例更费心思的事情。促使社会主流审美趣味发生变化的一大因素是审美主体的变化。工业革命之前，社会审美主体是上流社会，即王公贵族和富商，在这些人周围有一大批建筑师、艺术家、装饰工匠、纹样设计者等提供建议的人。彼时只有上流社会才有能力关注艺术与装饰，才能消费或投资于建筑和室内装饰，他们的趣味自然而然在社会中占据主流。工业革命催生了一个全新的社会的、经济的阶层——中产阶级，并逐渐占据主流。

但是新兴的中产阶级在艺术品位方面毫无自信。工业革命使得许多东西都可以大批量生产，中产阶级能较为轻易地模仿上流社会的样子布置自己的家，营造出一种舒适、富有以及讲究礼仪、很正式的气氛。为了追求这种效果，室内经常表现出热闹而拥挤的特征，其中的陈腐意味同新兴力量的生命力之间的矛盾被精英知识分子敏锐地捕捉到了，其中最有影响力的两位是普金（A. W. N. Pugin）和罗斯金（John Ruskin）。普金强调审美中的道德标准，大力提倡并促成了哥特复兴。罗斯金显然受到了普金的启发，宣扬道德品质应当同环境氛围相匹配。

现代主义运动在启蒙阶段就背负了强烈的道德意识。罗斯金鄙视那种为了表现财富和地位而把房间尽可能塞满的风尚，在《建筑七灯》中写道："我不会在不被注意的装饰和礼仪上有无用的花费，顶棚的线脚、门上的漆画木纹、窗帘的流苏以及诸如此类的东西。这些东西已经变得不真实并可悲地成为习惯性的了——整个行业依赖于它们的普遍使用，它们从来没为人们带来一丝真正的快乐，或即使有用，也不值一提——用掉生活一半的开销，同时毁掉生活超过一半的舒适、男子气概、人格高尚、新鲜和便利。"[1] 这段话中已经清楚地表达出中产阶级对自身精神追求的认识。同贵族不同，中产阶级的财富来自自身的能力和努力，而非世袭，世袭贵族所着力宣扬的等级观念以及把财富同权力关联的观念显然都是陈腐和堕落的。如果沉迷于贵族的装饰趣味，中产阶级也将丧失他们的精神动力；同时由于财富同努力的关联，中产阶级鄙视挥霍，而更注重实利。

现代主义的急先锋勒·柯布西耶显然是秉承了上述精神，在《走向新建筑》中提出了现代主义建筑五项原则：1. 底层架空；2. 框架结构；3. 自由平面；4. 自由立面；5. 屋顶花园。这些原则的核心思考是效率，对空间资源利用效率的关注，同工业生产的价值观十分吻合。同样，在《走向新建筑》一书中，柯布西耶嘲笑美国建筑师为摩天楼附加不相称的古典符号的做法，而鼓励建筑师向工程师学习，"工程师受经济法则推动，受数学公式所指导，使我们与自然法则一致，达到了和谐"。[2] 他甚至把希腊神庙所具有的严格的比例系统与精确的模数同机器相类比，以此佐证自己的理论。他更为激进的口号是：住宅是居住的机器。而其代表作、位于巴黎郊外的萨伏伊别墅可谓是从这些原则出发的教科书式的作品，呈现出机器般的美学特征，为住宅建筑带来了全新的空间品质。

机器的优势显而易见，机器的问题也不容回避。萨伏伊别墅同时也被认为是一种"飞地式"建筑，整个设计并不过多考虑与基地的关系，包括对居住其中的主人的特性也没有刻意的描述。它似乎是提供一种通用性设计，既放之四海而皆准，又没有特定的指向，从这方面考察，多少又显露出机器冰冷的特点，是工具理性的体现。这个作品是一个先声，随之而来的大规模住宅区的建设沿用了类似的设计手法，白色的盒子式住宅一时得到大面积的普及和推广。现代主义的形式特征是抽象、简明、高效和自由，与之对应的问题则是，切断了与历史的联系而不重视文化脉络的延续，与非专业人群的交流障碍——精英主义的倾向，以及并不完全的自由。现代主义的先锋们以革命者的姿态出现，他们追求的正是与传统的决裂而寄望于一种新秩序的建立。从包豪斯的教学楼到通用汽车公司总部，从普通居住区到联合国总部，这种工具理性似乎无往而不胜，现代主义在全球普及的速度同样也是前所未有。

正是在这样的潮流之中，芬兰建筑师阿尔瓦·阿尔托的设计分外引人注目。阿尔瓦·阿尔托不是一位后现代主义者，但在现代主义盛行的时期，他已经开始了超越功能主义的思考，更多地为建筑赋予人性的视角。阿尔瓦·阿尔托在 1940 年美国出版的文章中表明了他自己的设计原则，"赋予建筑以人性的唯一道路"是使用这样的方法，这种方法总是技术的、物质的和心理现象的混合体，永远不是其中的任何一个单项。"技术功能主义只有在扩大到甚至能覆盖心理学的领域时才是正确的。"[3] 阿尔托通过芬帕米欧结核病疗养院（1929-1933）和维堡市立图书馆（1930-1935）说明了好的建筑不对使用者造成伤害，甚至也不提供不适于他们使用的环境。维堡市立图书馆采用圆锥形混凝土天窗的"间接采光"，而不是未经调整的自然或人工照明。

在玛利亚别墅之前，阿尔瓦·阿尔托已经在自己的住宅中尝试多种材料的组合使用，这一做法既是对柯布西耶式的纯粹主义的背离，也是对地方传统的一种回归，更含

1. 阿尔瓦·阿尔托设计的玛利亚别墅。

有探索另一条形式创新路径的企图。玛利亚别墅所呈现的面貌是温和而理性的，L形的平面布局强调了空间的围合感，有水池的院落成为一个有凝聚力的中心；对壁炉的强调让人想起弗兰克·赖特的流水别墅，但更是对芬兰传统建筑的致敬；石材、木材、砖以及钢和混凝土混合使用，一方面通过材料透露出脉脉温情，一方面也在阐释一种不那么极端的、折中主义的审美趣味。阿尔瓦·阿尔托在玛利亚别墅中的设计手法包含了多个方面的调和：现代与传统、国际式与地方传统、西方与东方；其取材范围极其广泛，非洲的木屋节点、柯布西耶的柱子、日本的工艺精神以及立体主义的碎片式表现。[4] 阿尔托将他的注意力从 CIAM 抽象的统计意义上的集合体转向了特定使用者。[5] 他在建筑风格与场所感和传统之间达成了妥协，场所感和传统是那时处于上升势头的国际式美学所拒绝的。阿尔瓦·阿尔托在此提示了一个伦理思考的新角度，不那么宏大，但是与个人体验之间的关系更为密切。

从纯粹主义到复杂性与矛盾性

向现代主义建筑发出的最大质疑可能是美国建筑师罗伯特·文丘里的《建筑的复杂性与矛盾性》一书。书的开篇即是"错综复杂的建筑：一篇温和的宣言"，标题就透出文丘里的价值取向，不是非黑即白的截然对立，而是体现包容的复杂指向宣言而温和，这一态度本身就有别于现代主义的先锋们。文丘里写道："我喜爱建筑的复杂和矛盾。我不爱随心所欲、水平低劣的建筑，也不爱如画般过分讲究的繁琐，或叫表现主义的建筑。"呼吁"建筑师再也不能被清教徒式的现代主义建筑的说教吓唬住了，我喜欢基本要素混杂而不要'纯粹'，折中而不要'干净'，扭曲而不要'直率'，含糊而不要'分明'，既反常而又无个性，既恼人而又'有趣'，宁要平凡的也不要'造作的'，宁可迁就也不要'排斥'，宁可过多也不要'简单'，既要旧的也要创新，宁可不一致和不肯定也不要直接的和明确的。我主张杂乱而有活力胜过明显的统一"。[6]

文丘里对纯粹性的排斥并非仅是出于个人的审美喜恶，而是根源于对建筑形式的深刻理解。相较于现代主义提出的"形式追随功能"的口号，文丘里想表达的形式追随生活，生活有着简单的功能界定所不能涵盖的内容和要求，复杂性和矛盾性可能只是一种晦涩的阐释，但这种晦涩也是一种理论上无奈的权宜之计吧。文丘里此书提出的另一重要转换则是审美立场的差异，在文丘里的历史研究中，除了名作之外，同时也关注日常生活空间和那些并不显要的建筑与城市街道，从中体味设计师对解决现实问题的思考，正是基于这样更为平和的设计师的视角，他才深有体会地提出建筑的复杂性与矛盾性这一命题。

2. 密斯·凡·德罗设计的范斯沃斯住宅，对业主的隐私需求不屑一顾。

密斯提出了"少就是多"，文丘里针锋相对地说"多就是多，少就是乏味"。密斯式的少是对功能的简化和设计时可以选择的结果，这种选择往往体现出对正常需求的排斥，比如密斯的范斯沃斯住宅中对业主隐私需求的排斥，显然是一种精英主义的姿态。而文丘里更为担忧的是，建筑成为"一个生活过于简单化了的图解——一种非此即彼的抽象理论。简练不成反为简陋。大事简化的结果是产生大批平淡的建筑。少使人厌烦"。[7] 文丘里认为简练之所以动人，在于其内在的复杂性，如果排斥复杂性则达成的只能是简单而非简练。平民化的审美趣味不完全是理性的结果，但仍然值得尊重，因为这种趣味与人性的关系更为密切。

密斯的西格拉姆大厦是现代主义盛期的代表作，全玻璃的摩天办公楼成为全世界模仿的样板。密斯早在德国时期就开始探索玻璃摩天楼的可能性，直到西格拉姆大厦才完美地实现了他的理想。这座建筑的美感是毋庸置疑的，在这座建筑的设计中，密斯的方法并不那么"纯粹"，若隐若现的三段式处理，隐晦地沿用了古典建筑的惯常手法，外挂的工字钢窗棂，不是出于结构的需求，而是形式的考虑。然而，这座建筑既是现代主义被社会主流意识形态接受的标志，也是现代主义与垄断资本结合的开端，更是国际式泛滥的源头。这座建筑也是密斯名言"少就是多"的典型例证，保罗·鲁道夫在评论密斯时说道："密斯所以能设计许多奇妙的建筑，就是因为他忽视了建筑的许多方面。如果他试图再多解决一点问题，就会使他的建筑软弱无力。"[8]

西格拉姆大厦的力量源自抽象简明的形式、光亮的质感、纪念碑式的形象及精致的细部处理。在垄断资本统治的城市景观中，这样的办公建筑仍然是高高在上的城市贵族，表情冷漠，拒人于千里之外。斯特拉文斯基在回忆中评价瓦雷兹的时候引用了瓦雷兹的一句话"我喜欢艺术作品中有某种意义的笨拙"，斯特拉文斯基提醒后人一定要研究瓦雷兹的人性主义观点，因为在这句话中点明了"人的"和"机械的"之间的区别。[9] 现代主义者的种种努力和后现代的一些做法恰可放在一起同这句话对照。再看迈克尔·格雷夫斯，他是纽约五人之一，早期属于白派建筑的代表人物，对现代主义的一套虚实对比、光影变化、体积的精致处理驾轻就熟，但到了波特兰市政厅，他便放弃了这些精巧的东西，转而露出笨拙的一面。波特兰市政厅的方案在当时引起轩然大波，可能也是第一座大型的、贴上后现代标签的公共建筑，有人以"奶油蛋糕"来揶揄，但这是竞标中唯一在预算成本之内的方案，自此人们开始反思玻璃幕墙在大型建筑中的应用。这个"奶油蛋糕"以一种笨拙的方式击溃了理性的谎言，一度钢和玻璃这样的工业化制品代表了效率和理性精神，但在一次真正理性的评判中，玻璃幕墙败给了传统的点式窗户，无论是建造成本、维护成本、能源利用率，还是人们对办公空间的心理预期，评委中许多人在审美上并不认同"奶油蛋糕"，他们的理性让他们选择"奶油蛋糕"背后的务实精神。此外，一个欢庆

3. 密斯·凡·德罗与菲利浦·约翰逊合作设计的西格拉姆大厦。

的场景也消解了市政厅的传统形象，赋予其来自民间的轻松姿态，而不是一本正经的权威感。[10]

波特兰市政厅或许是一个极端的例子，以戏谑的表情颠覆了政府建筑的所有传统，哪怕是时间并不长的现代主义传统。这里提示的设计手法是传统元素的非传统运用，可谓"后现代"标签式的手法，尽管后现代主义的内涵要复杂得多，但作为一种形式风格的后现代是以此为特征的。现代主义者的激进姿态往往使他们无视现状环境而以"纯粹性"掩盖问题。这种过于高傲的姿态激怒了一些"守旧者"，查尔斯王子自费拍摄了一部片子，谴责现代主义建筑师毁掉了伦敦，随后就是激烈的论战。王储出战是富有象征意义的，昔日的社会主导者，在今天不得已要出来捍卫自己的审美趣味，通过媒体——新的社会权力机构——而不是行政力量来完成这一任务。现代主义的成功和失败同时显现在这一事件中，贵族同精英们交战，平民们站在贵族的身后。

4. 迈克尔·格雷夫斯设计的波特兰市政厅。

5. 罗伯特·文丘里设计的伦敦国家美术馆扩建项目，渐变的柱式是为了调和新与旧的关系。

查尔斯王子至少取得了一个回合的胜利，成功地指定罗伯特·文丘里为伦敦国家美术馆扩建的建筑师，通过竞标甩开了英国本土建筑师，因为他认为只有文丘里懂历史。文丘里以相当理性的方法，分析了新馆、老馆的环境及功能需求，顺利通过论证，但设计成果完全是文丘里式的，夸张、变形的柱式语言，渐变的壁柱间距、连接新旧两个部分带有透视矫正的长廊、玻璃幕墙同石材的墙面和柱式共生等，是对其《建筑的复杂性和矛盾性》的很好解说。文丘里在谈论建筑的复杂性和矛盾性时，并没有从社会学的角度去分析，而是在宣扬一种自己的审美趣味，他要模棱两可的而不要明确清晰的，完全同现代主义的那些理性原则相反，建筑形象的要素之间也没有清晰的逻辑关系，一副无厘头的表情，然而其设计过程是在一套严密的理性逻辑的控制之中，每一处设计上的处理都是对现实中具体问题的回应，并非天马行空的形式游戏，"对困难总体负责"的结果仿佛是对现代主义理性的绝妙讽刺。[11]

符号学理论与交流的态度

查尔斯·詹克斯在他的《后现代建筑语言》中，首先界定了后现代建筑师是"意识到建筑艺术是一种语言的设计人，而并非不设计方盒子的设计人"，因此他把很多篇幅都放到了建筑的隐喻、语义、句法等类似语言学的讨论上。[12]建筑同语言类比的方法并非詹克斯的首创，吉迪翁在1967年版的《空间、时间和艺术》

中，以一个现代主义者的立场强调建筑的任务是"对于我们时代而言是可取的生活方式的诠释"。[13]吉迪翁的现代主义立场引出的话题正是后现代的重要命题。建筑的人文意义就建立在语言交流这个基础上，这种类比的前提条件是建筑具有交流的功能，但在现代主义建筑的精英主义姿态下，建筑师切断了这种交流。现代主义建筑总体上给人的印象是缄默的，在理性主义和功能主义的旗帜下，建筑的结果似乎是必然的、不容置疑的，即使它发出声音也不意味着交流。

建筑同语言进行类比的共同基础就是索绪尔的符号学，这是由于建筑作为一种实体的存在，天然地具有形式，并且在社会性方面同语言类似。建筑的存在绝不是作为个体的存在，这是建筑同其他艺术相比的重大区别。符号系统具有集体特性，是社会产物，只有在社会之物中才能把握语言符号的本质。索绪尔提出了整体语言的说法，"整体语言最根本的所在在哪里呢？群体语言在个体中被认做整体语言；这是群体语言的能力；但只有个体绝不能达到整体语言的境地，整体语言绝对是社会之物"。[14]当弗兰克·盖里把自己的住宅改造成貌似垃圾场的时候，他的邻居们会群起攻之，如同他在大庭广众之下说了一句粗话一样，这是一种冒犯。而当社会认同盖里的作品时，他被请去设计古根海姆博物馆，同样的形式语言被理解为一种先锋的艺术趣味。盖里的表达之物，必须在社会中得到解释，并形成自己的内容。符号最初呈现的是任意性，在社会力量的集合作用下，消除了任意性。

结构主义语言学的本意是揭示符号与其生成意义之间的结构关系，但随着研究的深入（德里达解构理论的异军突起），发现符号和意义之间的关系并不确定；对理性主义的质疑导致了对意义消解的热衷，或者说致力于解构符号与既定意义之间的传统关系，以期在这个过程中生成新的意义，抑或提供一种更为自由的解释空间。狭义的后现代主义建筑师（即以非传统方式使用传统符号的建筑师）进行了大量双重编码的探索，在这个过程中一方面声讨现代主义的精英姿态，一方面实验符号理论的应用。密斯设计的伊利诺伊理工大学校园建筑成为符号理论的检验对象，教学空间像车间，教堂像临时建筑，而锅炉房像教堂，包括密斯设计的联邦德国国家美术馆，被认为是一座现代神庙。詹姆斯·斯特林在设计德国斯图加特美术馆时，应用了双重编码系统，尽管有其细致的考虑：高技派的一套系统用于公共空间和交通空间，具有指向性；历史符号的系统用于与城市邻接的空间；但仍然陷入了一种过于学究气的批评，批评者认为设计师的意图及其对符号的引用与解读需要一本说明书才能为公众所认识。建筑师仅仅关注建筑的符号意义并

不能解决与公众的有效交流问题，交流的内容及交流的姿态仍是问题的核心。
美国建筑师查尔斯·摩尔在新奥尔良市设计的意大利广场被视为后现代时期的典
范作品，其意义不仅在于符号理论的应用，更重要的是对空间使用者的文化关怀。
意大利广场的规模并不大，在新建的住宅区与商业设施之间，政府出于对城市
中大量意大利后裔市民的关注，策划了这个项目。摩尔引用了古罗马广场的形
式符号，柱廊、雕塑、喷泉和台阶，但采用了类似舞台背景的手法，圆形空间
的向心力很强，中心部位是勾出意大利地图轮廓的水池，片段式引入的柱廊改
变了细部的做法，不锈钢柱头、霓虹灯和欢快的色彩构造了一个市民性很强的
城市公共空间。这个项目在体现文化尊重的同时，没有刻意追求纪念性，也没
有说教的意味，而仅是为欢乐的氛围增加了一点文化背景。这是一个包含多重
启发的项目：后现代对传统意义的消解并非对"意义"这个概念的价值的否定，
而是试图还原更为真实的语义生成环境；设计师与项目受众之间更为平等的关
系是达成有效交流的重要基础；真实是实现自由的前提条件。

城市更新：台北文化艺术中心——环境伦理的新思考

符号理论的推进引出"文脉"（context）概念的讨论，符号的意义在上下文的

6. 詹姆斯·斯特林设计的德
国斯图加特美术馆，使用了新
与旧两套符号系统。

7. 查尔斯·摩尔设计的美国
新奥尔良市意大利广场。

语境中才能正确显现。后现代对历史的态度，其根基仍然与现代主义有着紧密的关联，并不主张复古或者重复历史样式，而是不要割裂现代与传统之间文化上的联系，这也正是文丘里所说的复杂性与矛盾性的一个方面。尤其在城市环境之中，建筑与既有环境之间的关系是不可回避的问题。意大利建筑师阿尔多·罗西的"类型学"理论提出了一种建立在对城市历史研究基础上的建筑设计方法。他设计的世界剧院是一座建在驳船上的木质建筑，用提取原型的方式进行设计，希腊十字平面、集中式造型、尖顶，同时去除细部的装饰语汇，完全呈现空间的基础形态。当这座剧院在欧洲各大港口城市停泊的时候，显示了与所经城市环境很好的兼容性，雄辩地证明了类型学理论的价值。意大利建筑师伦佐·皮亚诺虽然以高技派作品成名，但他对建筑的思考并不仅停留在技术思考的层面，而是在技术表现的基础上呈现对文化的理解，他为 IBM 公司所设计的巡回展厅与罗西的世界剧院可谓殊途同归。

欧洲在二战后初期，重建是主要任务，这也是现代主义得以盛行的现实基础。当大规模建设进入一定阶段时，城市更新的目标必然会发生变化。关于文脉的思考，让人们更多地开始关注我们如何与既有环境相处，历史的价值究竟为何。在现代主义早期的激进立场中，历史往往成为发展的包袱而遭到唾弃。战后的重建过程中，也大量存在抹去遗迹重新建设的例子。一方面，功能主义的城市分区规划原则在大量实施后引来反思；另一方面，新建城市空间与人们的生活方式、行为模式之间存在显著的落差，对历史街区的研究开始更多关注日常生活的需求。这不仅出于人性的需求，也是对生存环境再认知的过程。后现代建筑师对历史符号的引用，引发了社会对历史遗产的重新评估，历史信息的价值（不仅仅是艺术价值、科学价值或历史价值，历史遗迹所承

8. 意大利建筑师阿尔多·罗西设计的世界剧院被驳船牵引，驶过威尼斯的海面。

9. 雷姆·库哈斯领导的大都会事务所完成的台北艺术中心方案表现图，画面着重渲染的是新建公共文化设施与都市市民生活之间的和谐共生关系。

载的信息本身的价值）得到前所未有的重视，在文物保护领域也将保护工作从对文物建筑本身的保护向文物建筑所处的环境进行整体保护的方向发展。

雷姆·库哈斯新近完成的台北艺术中心的设计方案，提出了城市更新的一种新的可能性。早年参加菲利浦·约翰逊策展的"解构主义七人展"的库哈斯，并未在形式的解构方向上过多深入，而是思考建筑设计如何通过设计以批判的姿态介入社会。库哈斯赢得台北艺术中心项目竞赛的设计方案有几个重要的着眼点：首先，建筑场地原为有名的夜市所在，方案尽可能架空了底层，希望建成后仍能保留夜市，而非以新的空间职能驱逐原有城市空间职能；其次，在建筑内部构造一条开放的公共流线，不观看演出的市民也可在此感受剧院的氛围，同时让文化活动为城市提供更多活力，增加剧院与城市之间的互动，也提高了公共设施的利用率，屋顶的城市广场可视为一种资源的补偿，继承了柯布西耶底层架空加屋顶花园的思路；第三，合并了三个不同剧场的后台部分，一方面提高了效率，另一方面提供了形成超级剧院的可能性（当后台部分的隔断打开时，三个剧场就变成了一个巨大的超级剧场）。这个方案的前两项手法都是在继承现代主义设计原则的基础上，对建筑的环境伦理进行的新思考，尽管形式上这是一个带有浓重机器美学特征的方案，但机器露出了温情的面孔。

后现代的伦理立场

诚如文丘里所言，后现代并不是一场革命，而是对现代主义的反思和修正。表象上，后现代具有戏谑的表情和非理性的面貌，但破坏性的姿态并非为了导致破坏的结果。

狭义的、作为一种形式风格的后现代似乎成为了过去式，但后现代所引发的伦理思考正在深刻地影响着这个世界。对后现代进行准确的定义是困难的，最宽泛的定义仅是一个时间概念，即现代之后。由于后现代的大量论述采用的是否定句式，按查尔斯·詹克斯的说法，后现代这个词汇只是简单地告诉你所离去的地方，而不是到达的场所。无论离去还是到达，后现代的思考和实践都揭示了自身的立场，这一点并不模糊。

后现代的伦理立场与现代主义时期的立场并无截然对立的关系，很大程度上是继承了现代主义的立场。但现代主义由于对生产方式的过度依赖，在垄断资本的产业化推动下，迅速地变成新的陈词滥调，查尔斯·詹克斯在《后现代建筑语言》中的"建筑艺术的危机"详细论述了这个过程和结果，以现代城市中的大型现代旅馆为例，建筑是如何"按不露面的开发者的利益，为不露面的所有者，不露面的使用者建造的"，只能假设"这些使用人的口味与陈词滥调等同"。陈词滥调不仅造成艺术上的贫乏，也意味着自由的沦丧，后现代思潮的涌起正是在于人们意识到了亲切性和生命感对现代个体自由的重要性。这种自由是伦理境界的自由，是依托于他人并且不可确定的谦卑自由，在哲学层面上要求我们必须担当对"他人"的责任，这远非为大众而设计这样的口号那么简单。

后现代对"人"的思考，从集体的人走向了个体的人，从抽象的人走向具体的人，导致了多元价值观的确立。从人这个立足点出发，后现代在强调理性的同时更注重对人性的关照，理性的绝对化可能导致人性的缺失，奥地利艺术家百水先生在策划和设计百水公寓时强调了对不规则的容忍正可说明此意，也是对自由更为深刻的解读。后现代在对意义追索的过程中，强调了对历史和文化的尊重，文化的价值得以彰显；在强调对话的基础上，更注重对话的姿态。帝王将相时代的设计是媚上的，现代主义时期的精英姿态又是高高在上的，后现代希望达成真正平等的交流。在最新的设计实践中，设计师对效率的关注不再局限于"生产"的效率，而扩展至实现公共效益的效率。在经历将近半个世纪的历程之后，后现代的价值观日渐清晰并逐渐凝聚成共识，但后现代的伦理思考远未终结，在多元化的文化格局中，设计师面临更为复杂的环境关系，或许这也是设计创新的一个新的起点。

本文原载《装饰》2012 年 10 期，总第 234 期

注释:

[1] 参见 Anne Massey,Interior Design of the 20th Century. Thames& Hudson, 2001，第 10 页。"but I would not have that useless expense on unnoticed fineries or formalities; cornicing of ceilings and graining of doors, and fringing of curtains, and thousands such; things which have become falsely and pathetically habitual things on whose common applicance hang whole trades, to which there never yet belonged the blessing of giving one ray of real pleasure, or becomingof the remotest or most contemptible use things which cause half the expense of life, and destroy more than half its comfort, manliness, respectability,freshness, and facility."

[2]（法）勒·柯布西耶:《走向新建筑》,陈志华译,西安:陕西师范大学出版社,2004,第 15 页。

[3] Alvar Aalto. "The Humanizing of Architecture." Technology Review 43, no. 1(1940). 所有阿尔托的引述都出自此文。

[4] Nicholas Ray .ALVAR AALTO. Yale University Press. 2005. 参见第 88 页至 100 页。

[5] Alvar Alto. "Rationalis mand Man." 在 1935 年 5 月 9 日,瑞典手工艺协会的年会上的演讲。被缩写进了 W. C. Miller.1984. Alvar Aalto: An Annotated Bibligraphy.NewYork: Garland Press.

[6]（美）罗伯特·文丘里:《建筑的复杂性与矛盾性》, 周卜颐译, 北京: 中国建筑工业出版社, 1991, 正文第 1 页。

[7] 同 [6], 第 4 页。

[8] 同 [7]。

[9]（美）罗伯特·克拉夫特:《斯特拉文斯基访谈录》,李毓榛、任光宣译,北京:东方出版社,2004, 第 167 页。

[10] 参见吴焕加:《西方 20 世纪建筑史》,郑州: 河南科学技术出版社,1998,第 295-296 页。

[11] 同 [10], 第 274-287 页。

[12]（英）查尔斯·詹克斯:《后现代建筑语言》,李大夏摘译,北京:中国建筑工业出版社,1988,第 1-4 页。

[13] Siegfried Gideon, Space, Time and Architecture, 5th ed.Cambridge: Harvard University Press, 1974. p, xxxiii。

[14] 转引自屠友祥:"索绪尔'符号学'设想的缘起和意图",《浙江大学学报》（人文社会科学版）,第 35 卷第 5 期, 2005.9, 第 36 页。

清初四帝
及其宫廷宗教建筑建设

帝王思想个性的形成同当时的政治、文化环境存在密切的关联，反映了当时所面临的具体问题，从宗教建筑的成因分析，每处宗教建筑的建设都有其"必然"的因素。正是对不同帝王的个性研究，使文化发展的动态过程得以显现。

清代满族统治者起兵关外，迅速夺取全国政权，定都北京后，继承了明代宫殿，也包括了其中的不少宗教建筑，并基本上没有改变其原始功能。伴随着政权的稳固，宫廷中的建设不断增加，宗教建筑也是一项重要内容，至乾隆朝达到高峰。无论正宫、离宫和行宫，宗教建筑都占据了一席之地，甚至成为整个空间的主导，其建筑形式丰富，数量众多，有着自己独特的艺术魅力。同时，建筑作为人类精神的物质载体，宫廷宗教建筑直观地反映了当时皇家宗教思想及文化，对全面理解清代历史具有积极意义。

清代宫廷宗教建筑主要完成于顺治至乾隆四朝，不同的帝王有不同的侧重，反映了其个人的宗教思想，其中的时间线索是重要的。帝王思想个性的形成同当时的政治、文化环境存在密切的关联，反映了当时所面临的具体问题，从宗教建筑的成因分析，每处宗教建筑的建设都有其"必然"的因素。正是对不同帝王的个性研究，使文化发展的动态过程得以显现。每个帝王都有其个性独特的地方，顺治帝努力汉化，康熙帝充满理性，雍正帝调和三教，乾隆帝大兴黄教但不偏废汉地文化，利用黄教维护民族个性。

清代满族统治者重视藏传佛教、崇奉黄教是其宗教文化的一个重要特征，其原因往往同边疆政策相联系，雍和宫内乾隆帝御制的《喇嘛说》碑文被广泛引用作为直接证据，而这篇文字的完成已是大清建国一百多年后的事情，仔细考察这之前的历史，不难发现，边疆政策确实是形成这一局面的重要因素，但以乾隆时期黄教在宫廷中如此兴盛，则难以只考虑这一个方面的影响。清代满族统治者的边疆政策早已形成，但黄教却未在宫廷之中骤然兴盛，说明国家政治同宫廷宗教文化之间未必有如此直接的关联，其中原因绝非这么简单。因此，梳理清代早期几位帝王的宗教思想，观察其脉络和变化的原因就对探究这一现象具有很重要的价值。

努力汉化、富有宗教热诚的顺治帝

顺治帝幼年即位，顺治八年亲政，十八年崩，终年二十有四，是一位少年天子。顺治帝的宗教情结是比较重的，经常痛自苛责，自我忏悔，与他同宗教人士的交往有关。顺治八年开始，他同传教士汤若望过从甚密，顺治十四年后开始与佛教高僧在宫中谈经论道，几欲出家。边疆政策方面，承继了其先辈的做法，扶持黄教，顺治九年五世达赖喇嘛进京，为此在德胜门外兴建了西黄寺作为达赖在京的住处。

清代帝王从政治因素考虑扶持黄教，但始终保持一定的距离。满族在同蒙古族的交往中，早就接触到了黄教。由于满族自有其宗教信仰萨满教，在两种宗教接触的过程中也存在摩擦。清初，皇太极在崇德元年三月"谕诸臣曰：'喇嘛等以供佛持戒为名，酒肆奸贪，直妄人耳。蒙古诸人深信其忏悔超生等语，致有悬转轮结布幡之事，嗣后俱宜禁止。'"[1] 虽然未厉行禁止，但可看出统治者并不崇信黄教，最后是出于政治利益的考虑而扶持黄教，以联合蒙古，维护区域稳定。萨满教作为宗教是相当粗陋的，没有经典，仪式也不统一，处于比较原始、蒙昧的状态，因此满族普遍的宗教热诚是相对较低的，在频繁的战事中，更为注重实际、切近的利益。

顺治亲政之前，多尔衮执政，在进军征伐、治理国家的过程中不可避免地要处理宗教事务，其言行体现的是一种理性、实用的态度。顺治三年七月"江西抚李翔凤进正一真人张应景符四十幅，得旨：'致治之道，惟在敬天勤政，安所事此？朝廷一用，天下必至效尤，其置之。'"[2] 道教真人趋依新主，并未见用，但经济上的帮助还是可以考虑。顺治六年五月，"户部等言：'师旅频兴，岁入不供，议开监生吏典承差等援纳，并给内外僧道度牒，准徒杖等罪折赎。……'从之。"[3] 两相比较可以明显地感受到其实用精神。这种精神的影响极其深远，可以说是定下了基调，有清一代宗教始终处于政治的威压之下，也鲜有倚仗特权的僧道出现。多尔衮执政时期在宫廷中未有任何宗教建筑的建设，但在顺治四年建了堂子。多尔衮在执政之初（顺治元年）就在历法上启用汤若望的新历，并封汤若望为钦天监监正，后又加授太常寺少卿衔，官阶正四品。[4] 以西人任如此关键之职为千古未有，从中可以看出新兴政权较少桎梏、注重实用，其根源就在于宗教观念还比较淡薄。观象在当时绝不是一般意义上的天文观测这么简单，而是人与天之间的交流，天文学在当时称为天学更确切，这一权力是垄断在少数人手里的，钦天监监正可为"王者之师"，地位卓然。顺治帝亲政之后同汤若望的关系有更进一步的发展，表现出了少年天子好学的一面，并由于当时人们对天的敬畏而非常崇敬汤若望这位"通天教师"，但这位少年并未对基督教产生兴趣，在褒扬汤若望功绩的碑文中也只字不提他的传教身份，这是需要注意的地方。

顺治八年正月十二日，福临开始亲政，此时他十四岁。首先遇到的难题是看不懂汉文奏章，早年由于多尔衮故意放纵他的汉文学习，使他耽于骑射，此时亲政痛感不便，因此发愤苦读、博览群书，开始了对汉文化全面而深入的理解，并领悟了"文教治天下"的奥秘，所以他经常采用汉族固有的生活方式和伦理道德观念来不断完善他的统治，其中自然也包括了宗教方面的内容，真正开始了满族统治者全面汉化的历史进程，深刻影响了后代。

顺治帝的母亲孝庄太后来自蒙古科尔沁部落，笃信黄教，就顺治帝接触宗教的可能性来说，应该很早，但他并未信奉黄教。这是一个很有趣的现象，至少说明了当时人们普遍的宗教态度是有一定自由的，当然来自女性的影响力要弱一些。从汤若望的回忆录看，顺治帝虽然聆听他的教诲，但并未对基督教产生兴趣。当时顺治帝正是一位少年，对世界充满好奇，兴趣广泛，缺乏宗教上的专注也是很正常。顺治帝在政治上并非一帆风顺，天下未定，缺乏得力的亲信大臣推行其政治主张，重用汉官导致满族贵族的抵触，在处理朝政时倍感孤独。这些因素使其容易受到身边太监的影响，并从宗教中得到慰藉，他结识玉林琇和木陈忞即是由太监引见。同时，汉族传统文化中宗教也占到了很重要的位置，其影响是相当广泛的。顺治帝在努力学习汉文化的时候也必然会对宗教思想有所研究，这也是他同两位佛教高僧产生契合的基础，并且从文献上看不出两位僧人是以法术或灵迹来取得信任，这一点很重要，显示了顺治帝同他们的交往重在思想层面的交流。同时，以满族同黄教的渊源而没有信奉，专注于禅宗一派，更说明了文化上的动因是主要的。

从宗教建筑的建设看，顺治帝在位十八年，执政十年，宫廷宗教建筑的建设有八处，考虑到钦安殿等宗教建筑的因袭，还是比较活跃的。这里面有新朝伊始，制度需要完备的因素，如坤宁宫改建成萨满祭祀场所，奉先殿的重建等。从建设的时间看，大多集中在顺治十二年至十五年短短的三年间，只有北海的永安寺是顺治八年亲政之初建造的，这同当时的经济状况有关，政权尚未稳固是不可能有过多精力消耗在宗教方面的。永安寺的建设在很大程度上有为新政权祈佑的意思，同政治有密切关系。当时这位少年天子所面临的军事、经济、政治各方面都形势严峻。顺治九年，李定国在华南发动强大攻势，定南王孔有德、敬谨亲王尼堪相继阵亡，军事上受到重挫。顺治十二年之后，政局开始趋于稳定；顺治十四年，吴三桂等向李定国发动最后的猛攻；顺治十六年，除郑成功外各地大规模的反清武装都被荡平。应该说顺治帝还是有一定作为的。顺治十二年后，频繁的宗教建筑建设反映了他在这期间开始成熟，对宗教文化有了认识。

从汤若望同顺治帝的交往看，他是一位兴趣广泛、充满好奇心的人，不鄙视形而下的"术"。这可能同他早年并未受到严格的儒学训练有关，因此，他对道教发生兴趣就不难理解了。顺治帝因为曾经落发、意欲出家而为史家注目，他同佛教的关系自不必多说，然而从宗教建筑的建设看，顺治帝对于道教也相当热衷，八处宫廷宗教建筑中有两处：紫禁城内的玄穹宝殿和南苑的元灵宫[5]，占到相当比例，这点未引起史家的充分重视。笔者认为顺治时期的太监大多留用明朝的太监，由于明代的宫廷道教文化极度发达，顺治帝在这方面不可能不受到影响，同时道教重术，年轻而充满好奇心的天子也很容易被打动。而且道教在传统文化中占有相当重要的地位，年节习俗大多与之相关，从文化因袭的角度看，顺治帝也会有深入的接触。顺治帝同高僧对谈的万善殿原为明代的芭蕉园，是嘉靖帝道教修炼的场所，从使用这一处建筑看，在改为佛教建筑之前，他肯定已经经常光顾此处，并且他还保留了放河灯的习俗。

顺治帝对汉族文化的追求，三教都有突出的表现，上述道教是其一。对政治生活影响大的是他表现出了对礼制的高度重视，为表示崇孝而重建了奉先殿，又为了表示敬天而仿奉先殿之意修建上帝坛；后者很失败，显示他对汉族的礼制制度还没有深刻领会，礼多则滥，失之庄重。并且下旨停堂子之祭的行为暴露了其性格冲动，在政治上不很成熟的一面。汉化的进程过快，导致满族贵族的不满。顺治十五年又在南苑建德寿寺，为太后祝寿，开清代帝王为太后建寺的先河，虽然建设的是佛教建筑，反映的思想内容却是孝道思想。

顺治十七年，其宠妃董鄂妃去世后，顺治帝陷入了低潮，消极厌世，决心出家，虽然最终未果，但也成就了一段宫廷传奇。他为董鄂妃在景山办了隆重的道场，佛道共襄其举，这个道场可能是清代宫廷中规模最大的一次了。这一事件倒是告诉了我们，顺治帝最为强烈的宗教热情是献给汉传佛教的，在广泛地接触了多种宗教文化之后，他最终选择了汉传佛教。其原因值得深入研究，笔者认为可能同顺治帝一生的政治生涯不太顺利有关，远大的抱负难以施展，冲动的性格使他容易走向极端。同时，高僧阻止他出家的行动也说明了在佛教僧人心中，处理帝王这类特殊人物的宗教行为时，有一把明确的尺子，当与不当的尺度把握得很准。佛教的传教手段同基督教明显不同，并不追求形式上的皈依，这也是佛教在中土传播千百年来的经验。宗教同政治的微妙关系在这一事件中体现得淋漓尽致。

年轻的天子在顺治十八年因感染天花而在紫禁城的养心殿驾崩，他的宗教活动也戛然而止，历史走进了另外的篇章。他所致力的汉化过程在他身后经历了短暂的反复。很快另一位杰出的天子走上了政治舞台，康熙帝刚刚亲政时虽然年少但不乏老成持重，是一个充满理性精神的帝王，因此宫廷中的宗教也就是另外一番面目了。

没有崇信、但有敬畏的康熙帝

康熙帝同顺治帝不同，很早即开始了汉文化的学习，并达到了相当高的程度。这种文化的浸淫必然包含了汉族传统宗教的影响，同时他又是一位充满理性精神的人，重视科学，在对待宗教文化方面表现出了相当微妙的态度。康熙帝比较接近传统儒者的宗教观，敬天法祖是其核心精神。孔子说"敬鬼神而远之"，同时又说"祭如在"，不管其真实动机是否是为政治统治服务，这都成了传统社会中一种普遍的宗教态度：在信与不信之间。毕竟以当时的认识水平，国人的未知领域仍是相当广泛的。在康熙帝的敬天思想中，突出的一点是对权力有清醒的认识，以对天的敬畏来约束权力，实际上可以认为是一种自律，但他希望通过自己的敬畏来感染群臣，用一种比较自然的手段来维持吏治的清明，这是他用心良苦的地方。尝言"人主势位崇高，何求不得，但须有一段敬畏之意，自然不致有差错，便有差错，也会省改。若任意率行，略不加谨，鲜有不失纵佚者。朕每念及此，未尝敢一刻遐逸也"[6]，既是自警也是警人。在行动上，凡遇天有灾异，必定有所省思。康熙十八年"九月庚戌，以地震祷于天坛"[7]，十九年"十一月丙辰朔……彗星见，诏求直言。"[8]康熙三十二年秦省旱荒，"三月丙午，遣皇子允祭华山"[9]自然的灾害不可避免，天文中的异象当时已可预测，但也需要解释。康熙三十六年"二月壬午朔，钦天监预奏日食分数，谕曰：'日食虽人可预算，然自古帝王，皆因此而戒惧，盖所以敬天变，修人事也，若庸主则委诸气数矣。本年水潦地震，今又日食，意必阴盛所致，岂可谓无预于人事乎？可谓九卿，如有人事应改者，悉以奏闻。'"[10]这些思想和行动都是遵从儒家经典的学说。荀子早就指出了宗教的社会教化功能，强调各种祭礼、巫术活动"君子以为文，而百姓以为神。以为文则吉，以为神则凶。"而《易经》中说明了"圣人以神道设教，而天下服矣"。

但康熙帝对祀礼的重视远逊于其后代，"他注重实际运作，而忽视祀礼的建设。清代属礼部掌管的78项祀典，竟无一项是在康熙年间设立。"[11]天、地、先农等祭礼，康熙亲祭的次数也不多。这可能也是他身上重实用理性的一种反映，不尚虚文。

与对宗法性宗教的敬畏形成对比的是康熙帝对佛道二教的态度。康熙十二年十月初九日，他在弘德殿同讲官熊赐履说："朕十岁时，一喇嘛来朝，提起西方佛法，朕即面批其谬，彼竟语塞。盖朕生来便厌闻此种也。"[12] 但是，康熙帝也并不因为自己不信佛道而行禁止，相反，他还要利用宗教来为自己的统治服务，"朕惟佛教之兴，其来已久，使人迁善去恶，阴翊德化，不可忽也……为宗社用呵护，生民祈福佑"。[13] 同时，他也十分注意控制宗教势力，使其不至对国家形成危害。康熙二十八年十一月，"理藩院题乌斯尼哈白塔住持喇嘛罗卜藏宜宁等称伊师喇木占巴喇嘛复转生于世祈请往聚。上曰：'蒙古之性深信诡言，但闻喇嘛胡土克图胡必尔汗不计真伪，便极诚叩头送牲畜等物，以为可获福长生，之欲荡家产不顾，而奸宄之徒得以行诈，谓能知前生之事，惑众欺人，网取财帛牲畜，败坏佛教。诸蒙古笃信喇嘛，久已惑溺，家家供养，隐其言而行者甚众，应将此等诈称胡土克图者严行禁止。'"[14] 康熙二十二年，"七月，吏部题查正一真人从无赐恤致祭之例，应不准行，其恩诏诰命，应如所请。旨：'张继宗见号真人，即着照所袭衔名给与诰命。一切僧道，原不可过于优崇，若一时优崇，日后渐加纵肆，或别致妄为，尔等识之。'"[15] 可见，康熙大帝的确在治国方面有过人之处，对待宗教不抑不扬，走的是一条折中之路，头脑清醒，行事也极有分寸。同时，作为朝中大臣的儒士们，对佛道等教的警惕性一直保持高度紧张，也影响到帝王的具体政策。康熙五十年，"十二月，赵申乔疏言：'直省寺庙众多，易藏奸匪，请敕禁增建。'从之。"[16]

康熙帝同顺治帝一样，同西方传教士也有密切的接触，并从他们那里学习了不少科学知识。鳌拜摄政期间曾废除新历，走过一段回头路，但康熙帝只认事实，同样重用传教士，汤若望去世后，南怀仁担任了钦天监监正。在掌握了相当的科学知识之后，他更不会信奉佛道的教义。因此他写下了"颓波日下岂能回，二氏于今自可哀。何必辟邪犹泥古，留资画景与诗材"[17] 的诗句。可堪回味的是后半段，说明他也充分认识到了宗教在文化中的重要地位，其文化价值是值得善待的，采取了一种相当宽容的态度。因此，有许多宗教活动他也参与其中。康熙三十七年正月，上巡幸五台山，"七月初七日，京师地微震。直抚于成龙言：'霸州等处挑浚新河已竣，乞赐河名，并敕建河神庙。'得旨：'赐名永定河，建庙立碑。'"[18] 康熙三十九年七月，"时海口浚通，督臣张鹏翮奏请将拦黄坝改名大通口，建海神庙。从之。"[19] 顺应当时社会的自然状态，游名山，拜大刹，兴修庙宇，毫不矫饰，一切都自然而然，并且作为一种文化上的修养，"雪霁寒轻景物鲜，上元临幸偶参禅。方丈无人般若静，天花虚落古松前。"[20] 上元之节，踏访寺僧，观景吟诗，颇得个中趣味，情景互照，禅意盎然，果然有大家之气。其中修养，可得一窥。他也不干预后辈的宗教生活，高兴了还会为他们写上几句，乾隆帝的宫中潜邸的佛堂就有康熙帝题写的对联和"敬佛"匾，这些都可看出康熙帝对宗教的态度是不崇信，也不压制，放任自流，表现出一种非常自信的姿态。

康熙帝与众不同的一点还在于，用一种科学求证的态度来看待某些宗教行为，如道教的炼丹，他显然并不反对炼丹，在西苑之中总有一些企图攀附帝王的道士在炼制仙丹，康熙帝总是让道士自己先服用他们的丹药，不少妄人也就死于自己之手。中国历史上死于丹药的帝王为数不少，早已引起了有识之士的警惕，但以当时的认识水平，炼丹的神秘性是不用讳言的，康熙帝作为一个求知欲旺盛的人，自然会产生兴趣，但他始终抱着实证的态度，是难能可贵的。确切地说，炼丹的理论他并不感兴趣，而是对这种实践活动及其结果怀有好奇。

从宫廷宗教建筑的建设情况看，可与上文互相印证。康熙帝在位六十一年，时间相当长，其时国家已步入盛期，经济上并不拮据，康熙帝的建设量也不小，但宫廷宗教建筑的建设只有六处，其中畅春园的两处还不能确知是否建园时新建，很有可能是因袭原址的故旧。康熙帝在宫廷宗教建筑的建设是顺治至乾隆四朝中最少的，也不存在日常使用的宗教建筑或空间，的确是没有宗教热诚。所建的几处，目的性也很强，如康熙十七年建南苑永佑庙 [21]，其中供奉的是碧霞元君，是祈求多子多福之用，其时康熙帝也正当壮年，皇家考虑皇权的继承，即所谓兴国广嗣，在这方面相当重视。康熙三十五年，在南苑建永慕寺，是为太后祝厘祈福，都不是从个人的需要出发，而是家族利益的要求，重在孝道，养育后代也是孝道的一项重要内容。这一点是在前四朝中唯一的，个性非常鲜明。

康熙帝可看作是儒家文化的典型人物，内圣外王，他对佛道等宗教的态度同儒家的正统思想一致，满族统治者的汉化过程至此已是基本完成。不同于顺治帝的是，他对满族自身的民族文化也较为重视，恢复了堂子祭祀，并始终对汉族官僚保持着警惕，党争是他最忌讳的官场陋习，但在这方面他也并没有留下多少成功的经验，这实际上已超出了帝王的能力范围，是这个制度不可避免的弊病。他的后辈们，在处理满汉关系和宗教政策方面，有所继承，也有所发展，至乾隆朝基本形成稳定的格局。

调和三教、仿若教主的雍正帝

雍正帝虽然在位时间不长，但对清代的统治有极为重要的积极意义，改革了康熙朝的弊政，为乾隆朝的繁盛打下了基础。雍正帝虽然政绩卓著，但却是一个颇有争议的人物，因为他留下了许多历史谜团，民间舆论控诉他四大罪：谋父、逼母、弑兄、屠弟，他也曾为自己辩解，事情似乎越描越黑。并且雍正帝删节、篡改康熙朝实录是不争的事实，总是当不得光明磊落。当然长于权谋也是政治斗争的环境使然，物竞天择、适者生存，起因还是皇位之争。在这里面，宗教也占据了很重要的地位，教中人物、江湖术士奔走其间，希图幸进，雍正帝在即位前后也有不同的表现。请看下面一则史料："雍正三年（正月）[五月]上谕礼部：'前僧人宏素处，称有朕昔年赏赐金刚经一部，上有朕制序文，昨日到，文与字俱非朕笔，且将朕名书写错误，甚不可解。朕在藩邸时，因与柏林寺相近，间与僧人谈论内典，并非以僧人为可信用也。况今临御天下，岂有密用僧人赞助之理？近日宣化、苏州等处，竟有僧人假称朕旨，招摇生事者，已经发觉惩治。此等于朕

1. 雍正帝儒装像

声名大有关系，尔部不可不严禁。年来各处呈缴御笔，今限期已满，尚有未缴者，尔部严行各省，再限一年，务令全缴，倘有隐瞒，定行治罪。'"[22] 颇有此地无银三百两，欲盖弥彰之嫌。由于康熙帝执政时间很长，太子两立两废，导致了继位的局面不明朗，而皇子们都已步入中年，羽翼渐丰，自然不甘人后，为夺皇位，无所不用其极，包括迷信巫术。康熙四十七年"十一月，以大阿哥直郡王胤礽令蒙古喇嘛巴汉格隆诅咒废皇太子用术镇压，革去王爵"[23]。僧道们都在诸皇子府中登堂入室，或做预言，或行法术，各尽所能。雍正帝在即位前自也不能免俗。同时，宗教活动有时又能营造出一种与世无争、我自超然的假象，以迷惑众人。藩居期间他曾作《自疑》诗一首："谁道空门最上乘，漫言白日可飞升。垂裳宇内一闲客，不衲人间个野僧。"[24] 在权力斗争的关键时刻以闲客的面目示人，心思缜密。

康熙帝的宽政体现在宗教政策上也是比较宽松，而雍正帝的严厉在宗教上也有反映，他并不满足于世俗的权力，还试图扮演宗教领袖的角色，进而在思想上给人们加上牢固的束缚，并企图把儒教、佛教和道教，联合成为一个宗教。"三教之觉民于海内也，理共出于一原，道并行而不悖……天人感应之理无他，曰诚敬而已……性命无二途，仙佛无二道。"[25] 这些思想倒也并非是他独创，当时持这种看法的人不在少数，所以他能顺利地在晚年（1732？—1735）组织了十四个人，研究佛教禅宗。除他自己外，这帮人还包括五位亲王、三名大臣、五个和尚和一名道士。1732 年，他编辑了一个选集，是从十三个佛教徒和两个道士的著作和讲话中辑录的，书名叫《御选语录》共十九卷，1733 年刊行。这部选集还选进了他自己的观点，题名《圆明居士语录》。虽然从选集所选的大部分言论看，他内心是一位禅宗派的佛教徒，但他却将自己的开悟归功于二世章嘉呼图克图，对汉地高僧多有抑制，并对禅宗的某些派别大加挞伐。雍正帝干涉宗教内部事务的程度之深超过清代任何一位帝王，因为他自比教主，相当于内部管理而不算作是宗教之外的力量，这也是个特别之处。那么他认为宗教的功能如何，如此大做文章的用意何在呢？他说佛教的善应感报的学说"有补于人之身心……然于治天下之道则实无裨益。"[26] 治国的根本还是宗法性宗教和儒学，这般行为的要旨实在就是将政治上的权势移植到宗教领域，禅宗本身在思想上是有相当自由的，但在雍正帝玩弄宗教于股掌之间的手段中，也就丧失了思想活力。所以从结果上看，三教合一的做法在许多地方模糊了汉族文化的传统特点，由于又掺杂了黄教的思想进去，这可视为清代帝王关注民族矛盾而在文化政策上有所作为的开端，至乾隆朝大兴黄教远非其表面所说的单单为了"安众蒙古"。前辈学者如孟森先生对此觉得颇为怪诞，其实以雍正帝的文化修养断不会不知道其中的不伦不类，实在是醉翁之意不在酒。曾静投书案的发生，使他意识到汉族文化中强烈的民族情结，夷夏之防绝不是新政权短短几十年就可轻易突破的。对一个外来者来说，原来文化内部的一些区别都不如民族之间的差异大，所以满汉融合不可能是单方面的满族汉化就能完成的，满族统治者对汉族传统文化的改造在进京之后就没有停止过，这时正是深入发展。

雍正朝虽然时间不长，但宫廷宗教建筑的建设量不小，仅次于乾隆朝，遍布正宫、离宫、行宫。养心殿盖成正寝后，在清代首创正寝之中的宗教空间，仙楼佛堂的源头即在此。这个同雍正自比居士倒是相吻合的，宗教修炼成为日常生活的重要内容，其位置必然也是在核心处，他经常举行的法会就在这些空间里进行。同他调和三教的思路一致，他的宗教建筑建设在内容上佛道并置，祭祖的内容也在其中。典型的如圆明园中的慈云普护、日天琳宇及养心殿和九州清晏的佛堂等，莫

2. 雍正帝佛装像

不如此。除此之外，他的宗教建筑建设往往也是带有很强的目的性，兴龙王庙以祈雨，刘猛将军庙以灭蝗，城隍庙以护佑一方平安。

其中最为突出的一点是，设坛众多，以斗坛为最多，尚有天神坛、祝龄坛等，表现出对道教实践的热衷。由于道教的行法设坛多为消灾、祈求平安，所以雍正帝给人缺乏安全感的印象。这个原因有两方面，首先是他的确信法术，这是基础；其次是当时的斗争过于激烈，他的对手也热衷此道，作为一个信法术的人，他不得不防。前文曾有论述，紫禁城的城隍庙建于雍正四年，而他的两个弟弟阿其那、塞思黑分别于同年八月和十月去世，这一联系不是巧合。更为有趣的是雍正九年，他突然在养心殿设坛、御花园澄瑞亭设坛，请法师住在坛边，并在宫中他的主要活动场所养心殿、乾清宫、太和殿内安置符板，为什么会在这个时候如此大动干戈呢？如果是一种日常的需要，为什么在雍正初年没有动作，其他宫廷宗教建筑

3. 雍正帝道装像

大多建于雍正初年，并且设坛行法对他来说也不是什么新鲜事物。这要说到雍正八年，他杀了一个道士贾士芳。贾士芳是雍正帝的宠臣李卫向其推荐的，是白云观的道士。雍正八年春夏之际，雍正帝大病一场，遍发手谕以求高人。李卫的行动最为迅速，而贾士芳也确有手段，不日即愈，但雍正帝大约在同年九月的手谕中提到发现自己的健康竟然操纵于贾手，顿感大怒，很快就将贾士芳杀了。可见，贾士芳并非没有本事而招罪，恰恰相反，他的手段过分了得，雍正帝又是雄猜之主，怎能忍受，必得先除之而后快。而后来为他布置符板、设坛行法的则是另一位受宠信的道士娄近垣，可见其重视程度并且时间上也是雍正八年十月十五日开始下旨造坛，这不会是巧合，而是对贾士芳有大忌讳，深恐其人虽死而阴魂不散，因为他已领教了贾士芳的本事。这些在今天的人看来颇为无稽，甚至有些荒诞，但放到当时的历史语境中是真实可信的，乾隆年间曾有"叫魂"的恐慌从江浙一带向外蔓延，孔飞力先生曾专门著书分析，即在当时的许多人也并不相信有叫魂的法术，但是在整个中国大地上仍然引起了极大的恐慌，这个实例可以作为对雍正帝的行为解释的一个旁证。宗教对统治者来说是把双刃剑，没有被有效纳入国家管理系统的游方僧道始终是统治者的心病，所谓妖僧奸道是颇为忌讳的。在打击对手的时候，这类事情也会成为话柄。雍正三年十二月，"议政王大臣刑部等题奏：'年羹尧大逆之罪五：一、与静一道人邹鲁等谋为不轨……'"[27] 年羹尧一度是雍正帝的宠臣，也是他即位的得力助手，对他的指控实际上也从侧面折射出了雍正帝自己的宗教活动。

雍正帝好道，不仅建设了不少道教活动场所，也大举炼丹。根据档案显示自雍正八年十一月至十三年八月间，共传用炼丹所需物品 157 次，地点有：紫碧山房36 次，六所24 次，深柳读书堂20 次，头所16 次，四所16 次，接秀山房15 次，新盖板房 6 次，秀清村及二所各 4 次。[28] 涉及炼丹的场所记名的就有九个之多，有趣的是这些场所命名无一同道教主题相关。紫碧山房是圆明园中的最高处，炼丹对地点有所要求，需要有灵气的地方，高的地方相对与天的接触要便利一点，故炼丹多在深山。园中炼丹只能找个相对符合条件的地方，紫碧山房的次数最多看来是有原因的。

炼丹并非在道教建筑内进行，且这些地点大多处在圆明园较为偏僻的地方。秀清村在雍正八年始建成，建成马上就进行炼丹，其建设的目的很可能不是出于诗情画意。从这些地点可以间接地感受到雍正对于炼丹的两难态度。道教修为分内丹、外丹两门，外丹一道自五代以来日渐衰微，屡有死于丹药的帝王，饱受非议。康熙尽管也让道士进宫炼丹，但并不迷恋于此道，屡有训谕。明代帝王多迷恋道教，丹药之害尤为儒士所恨。雍正好道，也不能明目张胆地炼丹，这就是帝王不同于百姓甚至王公大臣的地方。他们一方面乐此不疲，一方面经常发表言论表示并不相信，构成了一幅非常矛盾的画面，究其实乃地位使然。皇帝如果迷恋方术，说出来的话将危及整个国家的统治基础，必然为士大夫所不容。这也是中国宗教文化中有特色的一面吧，三教合一并不是件简单的事，总要有取舍。从这个角度来理解这些现象，一切又都是自然而然的事了。雍正一死，乾隆马上下谕驱逐道士，从中也可以看出道士也是生活在圆明园中的，考虑到炼丹的需要这也是必然的。

从上述的这些情况看，全面准确地描述宫廷内的宗教建筑在目前还是困难的，简单的分类都会有问题，炼丹场所从来没有被归为宗教建筑看待，现在看来不够全面，尽管炼丹活动可能自乾隆之后再没有发生过，但是这些建筑始建于雍正之手，炼丹这一功能是否对建筑设计有特殊的影响尚难下结论。明嘉靖帝在紫禁城中兴建的祥宁宫采用了无梁殿形式，显然是出于防火的考虑，那么清代宫廷中的用于炼丹的建筑在什么地方考虑防火呢？目前的资料显示，圆明园中似无无梁殿的存在，可能园中水道纵横，建筑离水源都较近，且较为隔离，已经有所考虑了。炼丹强调其神秘性的一点还在于对方位、时辰的选择，这些研究目前尚未涉及。

兴黄定边、民族色彩浓厚的乾隆帝

乾隆帝的经历比起他的父亲要顺遂得多，年幼之时就得到皇父的宠爱，父亲在即位之初就以秘密立储的方式将他列为储君，没有经过血雨腥风的权力斗争。而雍正帝不仅是将权力顺利地交给了他，同时也将一个经过整治，充满希望的国家交给了他，使得他在一个比较安定的环境内可以尽情施展，其中一项重要的内容就是大兴土木。宫廷宗教建筑伴随着皇家宫殿和园林的建设也骤然增多，根据本课题尚不能称为完全的统计，乾隆朝的宫廷宗教建筑的建设量比前三朝的总和还多，这也可算作是乾隆盛世的一个写照吧。其中涉及的内容相当广泛，清代的文化特色得到了充分的展示。

满族统治者作为少数民族掌握了全国政权，民族矛盾是不可避免的，调和包括了几个方面的内容：一是同化即满民族的汉化，这是由汉族文化的优势决定的；二是对汉族传统文化的改造，使之能够接受异族统治，确立政权的合法性；三是确立满族自身的文化特点，提高满族的文化地位，这是由民族自尊心决定的。乾隆

4. 乾隆佛装图

朝之前的各位帝王未能充分展开这些工作，重点在汉化上，这是历史条件所决定的，雍正帝显然已经开始了对汉族传统文化的改造，前文已有论述，但满族自身文化仍未能得到发展。宗教是文化中的一项重要内容，地位独特，属于意识形态领域，是上层建筑，所以其影响深远，利用宗教改造文化就成为清代帝王的必然选择。乾隆帝的独到之处在于利用宗教建筑，创造了一种异族风情浓郁的建筑艺术，以此来宣示民族性。

虽然乾隆朝改变了许多雍正朝的宗教政策，许多地方不公开地否定了他父亲的宗教活动，比如雍正帝御选的宗教文集不能入选《四库书目》，其宠信的道士被驱逐，重用的僧人被贬抑等等，但是雍正帝的一些思想还是被他继承了，尤其是利用黄教来确立满族的民族文化以同传统的汉族文化抗衡这一点最为关键。而这一思想得以贯彻实施的关键人物章嘉呼图克图也是雍正帝在其年幼之时为他选择的学伴，雍正帝以老章嘉为自己开悟的本师，俟其圆寂之后，将转世章嘉接到京城与弘历一起学习，所以乾隆帝与章嘉的渊源是很深的。章嘉是蒙古地区的活佛，自然也是"安众蒙古"的关键，康熙年间封章嘉呼图克图为国师，地位之崇在有清一代独一无二。乾隆时期黄教之兴有了前所未有的新局面，宫廷之中多出了不少惹人眼目的汉藏结合风格的黄教建筑，乾隆帝起码利用黄教奠定了富有民族特色的宗教建筑。伴随着政治上的联盟，一个文化上的少数民族联盟也形成了。

在乾隆朝的宫廷宗教建筑建设中，章嘉国师具有举足轻重的地位。乾隆帝对黄教历史的了解来自他，对著名佛寺的了解来自他，而一些建筑样式的确立显然也离不开他的指导，比如紫禁城中的雨华阁，据考证其原型是托林寺，六品佛楼模式的创造是在他的监督下完成。同时，他也是乾隆帝黄教修炼的本师，两世章嘉同两代帝王都结成了不同寻常的关系，这点是极为特殊的。从时间上看，宫廷中运用黄教教义设计的宗教建筑都出现在乾隆十年以后，同乾隆帝日常使用关系最密切的养心殿佛堂的改建完成于乾隆十二年，自此以后宫廷中出现了大量的黄教建筑。这个时间应同乾隆帝的修炼关系密切，是他的宗教修为达到一定程度之后的反映。[29] 正是乾隆帝通过自己的亲身实践，才使他充分领略了黄教在文化上的丰富内涵，并试图通过黄教来提升满民族的文化，进而使满族在强大的汉族文化传统面前保持自己的独立性，而不是完全的汉化。应该说，乾隆帝深深地被藏传佛教的文化、艺术所吸引和折服，并且空间上的距离感也增加了这种文化的神秘性。这种神秘感同宗教教义结合，迸发出的吸引力是不难想象的。尽管广为人知的《喇嘛说》中简单地把推广黄教作为一种政治上利用的手段，稳定边疆局势所

5. 清高宗坐禅图局部

需，但这无法解释乾隆帝在宫廷之中，尤其是日常使用的空间中出现的众多同黄教教义有关的陈设、修炼的场所，这完全是个人因素决定的。

乾隆不仅自己喜欢黄教，还要将黄教引入满族文化使之成为满民族普遍的宗教信仰。他建造了黄教寺庙、建立了满族喇嘛寺院、并将佛教经典《大藏经》译成满文，这样寺院、僧人、经典就都齐备了，可见这已经超出了"安众蒙古"的需要，而是切实而有计划地将藏传佛教引进到满民族的文化中。这是一项浩大的工程，其用心之良苦，虽不落文字，但也昭然若揭。王家鹏先生在《乾隆与满族喇嘛寺院——兼论满族宗教信仰的演变》一文中写道："乾隆试图把藏传佛教推行于满族中，作为满族全体成员的共同信仰。宫廷中萨满祭祀虽然仍是重要的祀典，但萨满教毕竟是粗陋的原始宗教，远远不能适应已经迅速封建化了的满洲贵族与平民的精神需求。其宗教信仰逐步由萨满教演变为佛教，主要为藏传佛教。乾隆创建满族喇嘛寺，表明在满族统治阶层中宗教信仰的转变。清代的汉地佛教虽然已经衰落，但是在内地的影响仍远比藏传佛教大得多。而清统治者却选择了蒙藏等少数民族信仰的藏传佛教，其原因值得我们深入研究。"[30] 这个问题的解释只能是乾隆帝不愿意选择汉地佛教，同雍正帝在《御选语录》顽强地加入黄教教义一样，不愿意完全被汉族同化是个关键因素，这是一种非常矛盾、微妙的心理，要而言之就是民族自尊心使然。汉化的理由不用赘述，汉化的进程早已开始，仍要如此舍近求远地大规模引入黄教文化，除此之外别无更好的解释。乾隆帝煞费苦心地选择黄教作为满民族文化发展的外援，根本上反映了异族统治在当时民族矛盾不可避免的整体文化特点，尽管他吸取了元代迅速灭亡的教训，但这一选择的结果并不理想，忽视了文化发展的规律，人为地加以改造，虽有帝王之权势，最终仍然是失败。从结果看，满族并没有普遍地以黄教作为宗教信仰，并且满族汉化的过程也不可阻挡，至清末满族不会说满语，甚至萨满祭祀的传统都被人遗忘，同时由于满族的特权地位始终不能消除民族矛盾，以至清末"反清复明"的口号仍有巨大的号召力，这些无疑说明了他的文化政策从根本上讲是失败了。

尽管文化政策的总体效果并不理想，但建筑上乾隆时期却创造出了一些新的建筑形式，取得了一定的艺术成就，在前文论述其艺术特点的时候已有说明。由于这一做法人为痕迹过重，文化的普遍意义没有实现，所以这些建筑形式也就失去了发展的基础，没有生命力，只是一时在很小的范围内兴起，当时也没有推广，后世也没有继承。黄教无论在汉族还是满族人的心目中依然处于一种比较隔膜的状态，不能有效地融入整个社会。因此在乾隆晚年所写的《喇嘛说》中，言之凿凿地只论及黄教在维护边疆安定的意义而不及其他，因为这一文化政策说出来不利于在汉族地区的统治，同时经过几十年的实践，他可能也感受到了这种做法的效果并不理想。

尽管黄教得到乾隆帝的大力发展，但汉地宗教（包括佛、道）建筑在宫廷之中仍然占据了主要的位置，数量上超过了黄教建筑，空间位置也比黄教建筑显著。这说明汉族文化的优势实在巨大，乾隆帝对之也不能割舍，事实上他也不愿意完全同化到黄教文化之中去，这里体现了他的两面性。当六世班禅来朝觐的时候，他以中华文化的代言人的姿态出现，当他作为一个异族统治者面对汉族臣民的时候，他需要利用黄教来照顾自己的民族自尊心，这是一种微妙的心理状态。帝王作为一个统治者，他的言论落于文字的都有一个语境问题，如果只看到一条两条，容易失之偏颇，只有将他的言行对照起来，全面地审视，才可能理清头绪，这点在看待乾隆朝的宗教建筑建设上显得尤为重要。他的民族自尊心是相当隐晦地表现出来的，这也是前人未尝论及的地方，本文试为阐发，尚不能非常深入，谨以此求正于方家。

本文原载《装饰》2008 年 12 期，总第 188 期

注释：

[1] (清) 蒋良骐:《东华录》，北京：中华书局，1980，第 38 页。

[2] 同 [1]，第 84 页。

[3] 同 [1]，第 98 页。

[4] 陈亚兰:《沟通中西天文学的汤若望》，北京：科学出版社，2000，第 64-68 页。

[5] 南苑元灵官建于顺治十四年，为道教建筑，以此判断紫禁城中玄穹宝殿建于顺治年间的可能性极大。其规制仿大光明殿，显然深受城内西苑明代遗留的道教建筑的影响，进而可以佐证本文的观点。参见（清）于敏中等编纂:《日下旧闻考·卷七十四》，北京古籍出版社，1985，第 1242、1244 页。

[6] 中国第一历史档案馆整理:《康熙起居注》，北京：中华书局，1984，第一册，第 127 页。

[7]《清史稿·本纪六·圣祖本纪一》，北京：中华书局，1977，第 201 页。

[8] 同 [7]，第 204 页。

[9]《清史稿·本纪七·圣祖本纪二》，第 237 页。

[10] 同 [1]，第 280-281 页。

[11] 刘潞："论清代先蚕礼"，《故宫博物院院刊》，1995.1，第 30 页。

[12] 中国第一历史档案馆整理：《康熙起居注》，北京：中华书局，1984，第一册，第 127 页。

[13] "圣祖御制弘仁寺碑文"，引自 [清] 于敏中等编纂，《日下旧闻考·卷四十一》，北京古籍出版社，1985，第 648 页。

[14] 同 [1]，第 248、249 页。

[15] 同 [1]，第 202 页。

[16] 同 [1]，第 354 页。

[17] 李国荣：《帝王与炼丹》，北京：中央民族大学出版社，1994，第 432 页。

[18] 同 [1]，第 285 页。

[19] 同 [1]，第 292 页。

[20] "圣祖仁皇帝御制上元幸完善点戏作诗"，引自 [清] 鄂尔泰、张廷玉等编纂：《国朝宫史》，北京古籍出版社，1994，第 341 页。

[21] "殿中奉天仙碧霞元君。东西配殿，东曰协佑殿，西曰弘育殿。"参见 [清] 于敏中等：《日下旧闻考·卷八十七》，第 1251、1252 页。

[22] 同 [1]，第 438 页。

[23] 同 [1]，第 335 页。

[24] 语出《清世宗御制文集》卷 30，《四宜堂集》，转引自冯尔康：《清世宗的崇佛与用佛》，左步青选编：《康雍乾三帝评议》，北京：紫禁城出版社，1986，第 325 页。

[25] 《天竺寺碑文》，《御制文集》卷十七，转引自冯尔康：《清世宗的崇佛与用佛》，左步青选编：《康雍乾三帝评议》，北京：紫禁城出版社，1986，第 329 页。

[26] 《上谕内阁》四年七月初二日条，转引自冯尔康：《清世宗的崇佛与用佛》，第 331 页。

[27] 同 [1]，第 444 页。

[28] 同 [17] 第 460 页。

[29] 据《章嘉国师若必多吉传》所述，乾隆帝第一次请求传授灌顶的时间是乾隆十年年末，灌顶所用的器具也是乾隆帝自备，灌顶是密宗修炼达到较高程度的标志，因此这是一个重要的时间。并且乾隆帝"坚持每天上午修证道次，下午修证胜乐二次第。每月初十日举行坛城修供、自入坛场、会供轮、供养等活动。"从这些记述就可理解为什么在日常起居的空间中要安排宗教空间了，并且六品佛楼等形式的建筑显然也是专门为乾隆帝的密宗修练服务的。另，乾隆帝自即位就开始向章嘉国师学习藏语，这也是为宗教修炼所作的准备，并且这很可能引发了他要将佛经都译成满文的念头，他在宗教修炼中对语言的感受肯定更为真切。第 182、183、184 页。

[30] 王家鹏："乾隆与满族喇嘛寺院——兼论满族宗教信仰的演变"，《故宫博物院院刊》1995.1。

帝王的乌托邦

——清代皇家园林中的理想境界

皇家园林的营建，帝王们借此炫耀自己的财富和权势，从设计史的角度看，倒是提供了一批非常独特的样本，以设计手法而论，并非毫无价值，甚至可以说是取得了很高的成就。虽然这样的实践没有更为普遍的意义，但就像其他乌托邦一样，意义层面的乌有，不妨碍它们幻化成文化上的审美模式，并在人类的文化长河中持续地流传。

帝王的生活可能是许多人心中的乌托邦，像帝王那样生活就是人生的最高目标了。然而，对于历史上出现过的众多帝王们来说，这样的生活还是有局限的，帝王们有自己的乌托邦。有学者统计了中国历史上的帝王谱表，得出的结论是，帝王是风险最高的一种职业，因为在这个比例极小的人群中，死于非命的比例高达百分之三十以上。乱世之中，政权更迭，帝王之朝不保夕，可想而知；即使在和平时期，也不免要面对宫廷斗争、臣子的叛乱、平民起义等等诸多风险，所谓高回报则有高风险，这也可算是一例证。尽管如此，人们还是对帝王的地位心向往之，因为，帝王似乎也是为所欲为的代名词。

帝王们的确有能力使自己的生活更为适意，园林的兴起便同他们有紧密的联系，皇家园林始终是园林史中重要的一支。无论中外，最初的园林都是起自相关的生产活动，如狩猎、种植果树等，加上祭祀天地的宗教活动，逐渐塑造了人们的环境审美观念。从人工成分较少的自然状态，渐渐形成高度人工化的景观，也只有帝王才有能力在较大的范围内实现这样的人工工程。正因为园林的人工化，在园林的建设中就要融入符合自身理想的内容，塑造理想环境，从而使皇家园林成为帝王们寄托自身乌托邦的重要载体。我们也可以通过皇家园林来了解帝王的乌托邦，进而更为清晰地认识帝王的文化。

理想境界的由来

审视皇家园林，除了同儒家思想有关的那套"修、齐、治、平"这样场面上必需的内容之外，另外相当大比例的内容都是同长生有关的。这说明虽然帝王们风险大，但还是愿意保持这种状态。关于长生的具体表现形式便是神仙境界。仙人是中国文化中有特点的一个现象，凡人生而不死，显而易见是荒谬的，但仙人不死是无法查证的，并且凡人通过修炼可以成仙，因此仙人之说很有吸引力。

中国历代的帝王普遍追求长生不老，尽管他们垄断了对天地山川的祭祀权，但显然这样的宗教活动有其局限性，不能完全满足他们的需求。因此，他们也寄希望于流传民间的巫术方技，秦始皇与徐福、汉武帝与李少君、栾大、公孙卿等莫不如此。秦代的兰池宫开创了宫苑中模仿海上神山的传统，汉代别宫御苑的建设规模惊人，数量众多，其中受神仙思想影响的建筑引人注目，郊祀志中屡见记载。甘泉宫为秦故旧，汉初被废，它的修复和扩建即始于汉武帝听信了方士少翁的进言"上即欲与神通，宫室被服非象神，神物不至。"[1] 于是宫中"中为台室，画天地泰一诸鬼神，而置祭具以致天神。[2]……（元封二年夏）作甘泉通天台、长安飞廉馆。[3]……公孙卿曰：'仙人可见，而上往常遽，以故不见。今陛下可为馆如缑氏城，置脯枣，神人宜可致。且仙人好楼居。'于是上令长安则作飞廉、桂馆，甘泉则作益寿、延寿馆，使卿持节设具而候神人。乃作通天台，置祠具其下，将招来神仙之属。于是甘泉更置前殿，始广诸宫室。"[4]汉武帝的殷切之情诚可感人，而方士的言辞也的确巧妙，引得帝王亦步亦趋。"其后又作柏梁、铜柱、承天露仙人掌之属矣。"仙人承露自此开始成为皇家园林中的经典，后世多有模仿，北京的北海至今犹存，圆明园中也曾有过。"承露盘高二十丈，大七围，以铜为之，上有仙人掌承露，和玉屑饮之。"[5]乾隆帝曾出言讥讽，认为承露荷叶足矣，[6]但这已是一千多年后的认识，并且北海、圆明园中的仙人承露也都是乾隆时设立的，此时确如乾隆帝所言，装点的意味是主要的。

汉武帝时一池三山的模式已经成型，[7]其他的建筑也都同这一主题配套，这点同后世的园林有所区别，关键在于当时园林的一个主要功能不是游观而是求仙，因此主题立意影响到设计经营，此时不难判断方士在建筑经营上有重要的作用，以建筑附会神仙传说，并且神仙建筑应体现出一些迥异于常规的形态，高是一个主要特征。

至清代，就像乾隆帝讥讽汉武帝的仙人承露一样，成仙的思想已是不会当真了，但对于理想境界的渲染还是成为重要的主题，并以此作为皇家的象征。一池三山这样的模式是不能为其他人模仿的。现在看来，把理想境界当作一个独立的表现内容进行大规模的兴建除了皇家其他人也没有这个可能了。理想境界在不同的宗教里有不同的表现，道教为神仙境界，佛教则是极乐世界。民间道教宫观中显然有关于神仙境界的内容，但其表现形式往往是壁画、彩塑等室内工程，建筑上没有脱离总体的设计为表现神仙境界而单独造景，其中经济因素的制约可能还是很重要吧。私家园林肯定缺乏场地的条件和财力，从设计思想看也没有这样的推动力。

圆明园中的蓬岛瑶台、方壶胜境、日天琳宇以及清漪园中的须弥灵境、昆明湖三岛、北

1. 北海仙人承露
2. 蓬岛瑶台

3. 方壶胜境

海的小西天等都是营造理想境界的产物，取材的样本有"一池三山"的模式，也有坛城
模式，但落实到具体的设计，各自都有鲜明的特点，体现了不同的设计思想，反映了在
这一模式下的对理想境界的不同理解。

一池三山模式

蓬岛瑶台是福海景区的视觉中心，其设计考虑的是从福海四岸观看的视觉形象，这里的
一池三山表现为由西北至东南走向的斜向布置，而福海的形状基本为正方形，这样的布
局可以照顾到各个方向的观景效果。三座小岛有主有次，以中岛为主，建筑多在其上。
整个景点的造型同福海景区的整体非常协调，没有追求高峻的效果，而是以恬淡的园林
景致通过水面的距离感来表现其可望而不可及的神仙境界。

方壶胜境所极力营造的是华美和崇峻，完全是以一种建筑的语言来表达对神仙境界的理
解。这里一池三山被抽象成了伸入水面的三座建于高台之上的亭子，这一手法使三山同
较小的水面和其后的两组建筑所形成的整体形象保持了和谐。在这组比较密集的建筑群

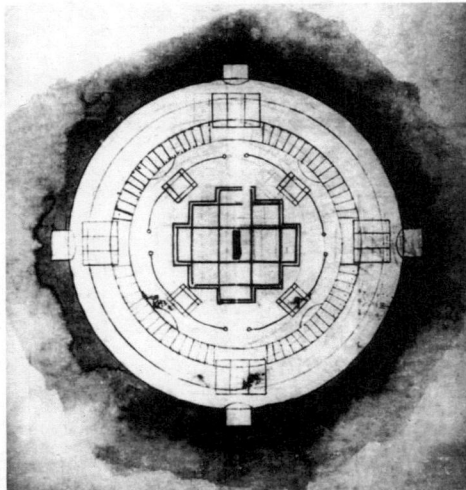

4. 治镜阁平面

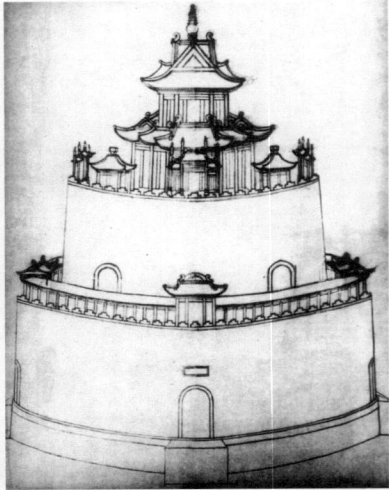

5. 治镜阁立面

中，疏朗的三山同后面紧凑的建筑之间拉开了空间层次，疏密有致；同时，通过不同标高的地形，形成了层台叠起、重楼比肩、飞阁相连、勾心斗角的繁复华丽的建筑景象。圆明园总体上是色调朴素的，鲜用琉璃瓦的建筑，即使用也只是使用一两种色彩，唯有方壶胜境用了七彩琉璃。方壶胜境无疑是圆明园中最具世俗审美标准的景点，完全通过建筑的语言描绘了一幅人间天堂的华美图案，而蓬岛瑶台则是借助于福海的水面，通过距离感表达神仙境界中的缥缈意境。两者正好反映了世人对神仙境界理解的两个不同侧面，一个用园林手法，一个用建筑的语言，都取得了很好的景观效果，尤其是方壶胜境创造性地对一池三山模式作出了新的注解。此处景点完成后乾隆帝很是满意，写诗自夸："却笑秦皇海上求，仙壶原即在人间。"[8] 求仙既知枉然，不妨以自娱娱人。

清漪园中的"一池三山"又是另一番景象，昆明湖的水面开阔，北有万寿山，山水相配的气势在诸园之中为最胜，两道长堤将水面分成大小不等的三块，在每块水面中都有一个小岛，分别统领一片水域，成为三个中心。从历史沿革可知，湖中原本无岛，三座岛是有意规划形成的。其中南湖岛本是湖岸龙王庙的所在地，在湖面扩大的时候保留了龙王庙，形成水中小岛，并有长桥相通，是一个相当巧妙而富有趣味的设计，龙王庙现身水中也比在岸上更添情趣。这样的配置使得三山的缥缈之气益加充分，水面所形成的距离感和宗教建筑的超世精神彼此互补、相得益彰。龙王庙本身同水关系密切，另一处宗教建筑治镜阁则形制特殊，下为圆城，上为正四边形平面每面出抱厦，阁的建筑形象十分繁复华丽，无疑对于塑造神仙境界是有说服力的。这里由于自然环境的尺度不同，设计运用的也是大手笔，更有皇家的气派，称得上是乾隆盛世的代表作。

日天琳宇的启发

"汇芳书院之南为日天琳宇，西前楼下之正宇也。其制有中前楼、中后楼，上下各七楹，
有西前楼、西后楼，上下各七楹。前后楼间穿堂各三楹，中前楼南有天桥，与楼相属。
天桥东南重檐八方者为灯亭，西前楼前为东转角楼，又西稍南为西转角楼，中前楼之东
垣内八方亭为楞严坛。"前后两排为联立的七间楼房，共计十四间，前后楼还有穿堂、
飞桥相连，"其规制皆仿雍和宫后佛楼式"。[9] 日天琳宇是雍正时期在圆明园中建设的一
处"极乐世界"，其特点在于平面形式，两组共四栋七开间的楼房毗连并列，前后楼都
有穿堂楼相接，南楼前出抱厦，又有敞厅、连廊、灯亭、太岁坛等等形式各异的建筑点缀，
虽然建筑本身的装饰语汇不多，但仍给人留下深刻的印象，建筑密集，同样营造了繁盛
的天国景象。当时的人们称之为"大佛楼"，其实建筑的尺度并不大，最大的开间只有
一丈一尺，恐怕是这种建筑密集组合的形式使建筑的尺度在人们的视觉感受上有所夸大
的关系。同时，日天琳宇的艺术风格明显地同乾隆时期表现理想境界的风格不同，建筑
立面的处理十分朴略，灰瓦卷棚屋顶，没有斗、没有彩画，只是通过不同寻常的组合方
式来表现这个不同寻常的主题，同万方安和、淡泊宁静等建筑有异曲同工之感，充分反

6. 日天琳宇

映了雍正帝的审美趣味，同乾隆帝富丽堂皇的建筑风格形成了鲜明对比。但从时间前后顺序的关系看，日天琳宇应是乾隆帝营造方壶胜境的先声，装饰的程度不同，但以建筑的繁复景象来比喻天国的思路则是同一的。

日天琳宇虽然从命名上看应该比较热闹，但总体氛围仍是控制在一个比较闲适的范围内，这是雍正时期圆明园建筑的一个特点。比之乾隆时期所营造的神仙境界来说，这里显得相当落寞。但其中的神灵们并不寂寞，"中前楼上奉关帝……西前楼上奉玉皇大帝……此外凡楼宇上下皆供佛像及诸神位。"[10] 从内容上说也是颇为热闹的神仙世界，西南角上还有太岁坛，加上乾隆时期在东侧加建的瑞应宫，其中供奉的是各路龙王，这里的内容真当得庞杂二字。在宫史之中，此处也称大佛楼，乾隆的御制诗中也说"修修释子，渺渺禅栖，踏著门庭，即此是普贤愿海。"[11] 似是佛门圣地，实际上这里的主供神灵是关帝与玉皇，这在雍正时期是个普遍现象，也是一个特点，因为雍正帝自比为三教教主，致力于调和三教。

坛城模式

以为太后祝寿的名义，乾隆帝也在皇家园林中建设了多处典出于藏传佛教教义的天国模型，在北海是小西天，在清漪园是须弥灵境。北海中极乐世界和万佛楼原为一组建筑，但万佛楼毁于八国联军的劫掠，目前只剩下极乐世界。极乐世界又名小西天、观音阁，是乾隆帝于乾隆三十六年（1771年）为庆祝皇太后七十寿辰而建。"阐福寺西，有方殿，广七楹，榜曰'极乐世界'。四隅各有亭，池流环抱，四面跨白石桥。桥外各竖琉璃枋楔……极乐世界之北为万佛楼。楼广七楹，三层，乾隆三十五年建。"[12] 极乐世界是现存最大的木结构方亭式建筑，建筑面积 1200 m² 有余，檐柱外还有一圈擎檐柱，尺度巨大，殿内仿东海普陀山的泥塑大山，山上布满二百六十多尊罗汉、佛像，山下绘满海水，象征普陀胜境，有"罗汉山"、"海岛"等别称。这种大殿居中，四正方位立琉璃牌楼，四维方位建小方亭的布局模式，显然是藏传佛教中的坛城模式，这是乾隆帝多次、多处运用的建筑手法，并且每次不尽相同，根据建筑的具体情况加以变通，成为一套纯熟的建筑语汇。这座建筑室内空间取法汉地佛教的神仙境界，总体布局套用藏传佛教的理想国——坛城模式，是一种比较内敛的汉藏结合方式，是一种融会贯通的设计手法，体现了很高的艺术修养，丰富了汉式传统建筑的设计语汇。

万佛楼中供奉佛像号称以万计，其来源颇堪说一说，乾隆帝在楼成之日的诗中写道"六旬庆诞沐慈恩，发帑范成两足尊。数计万因资众举"，皇帝本人的寿礼并无如此之多，"内外王公、大臣亦有请铸佛像为祝者，统以万计，并奉楼中，因以万佛名楼。"[13] 可以想象王公大臣们的踊跃情形。皇太后信奉佛教，以进贡佛像来博取欢心，这些在当时已成为常识，成为传统。圆明园舍卫城中的佛像也多来自进贡，佛教与太后之间如此密切的关系的确是中国宗教文化中的特色，因此宫廷之中，佛教建筑必然会占据比较重要的地位。

清漪园的须弥灵境总体上是一座藏传佛教寺庙。这座寺庙的形制同承德的普宁寺相近，为同一时期建造的姊妹作品，它们都是汉藏结合的建筑形式，实用空间部分选用汉式建筑，而后半部的以香岩宗印为核心布置的密宗坛城则是选用藏式喇嘛塔。后半部分几乎没有实用功能，可理解为一组巨大的模型，以象征的手法再现了藏传佛教的天国世界。

香岩宗印之阁作为整组建筑的视觉中心，象征了须弥山，并以单体建筑来表现密宗坛城——即曼荼罗（Mandala）——原型源自桑耶寺，平面为方方，中间一个大屋顶，四角为四个小屋顶，五个屋顶形成一个组合，同北海的小西天类似，不同的是小西天是五座建筑形成的建筑组合。香岩宗印之阁分为三层，象征了密教的三部——佛部、金刚部和莲花部。[14] 密宗坛城的本意是诸佛集会的圣坛，根据佛教教义须弥山四周是海，海外还有一重山包围，海上则有四大部洲和八小部洲为人类居住的地方。因此在香岩宗印之阁的南面布置了梯形的小殿以象征南赡部洲，北面的正方形殿象征北俱卢洲，西面略呈椭圆形平面的小殿象征西牛贺洲，东面月牙形平面的小殿象征东胜神洲；另外在四大部洲殿的附近还有八座体量稍小的二层碉房以象征八小部洲。香岩宗印的正东正西还有象

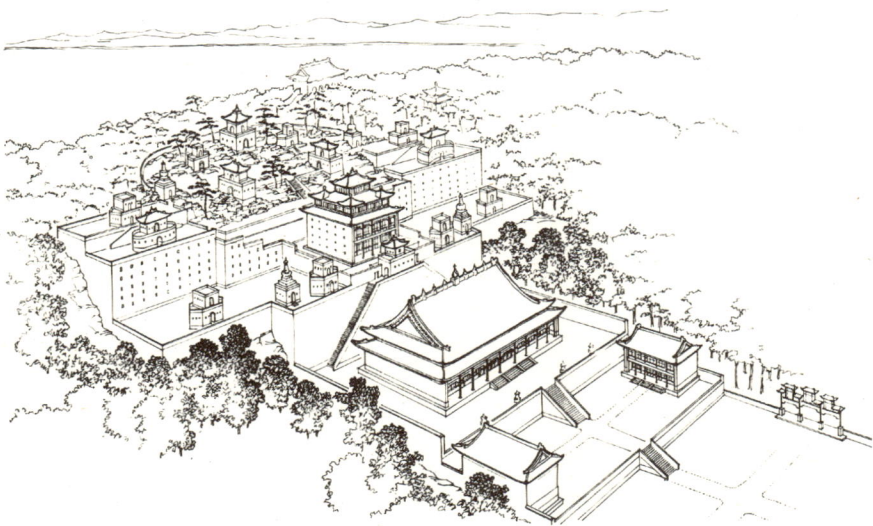

7. 须弥灵境复原

征日月的日光殿、月光殿，这些象征性的建筑组合成了一个概念性的世界模型，在这些建筑的外面的围墙则是世界的尽端铁围山。除了模拟世界之外，在香岩宗印的四角分位上还分别建置了白、红、黑、绿四色塔，连同主阁一起象征密宗的"五智"：红为"成所作智"、绿为"妙观察智"、黑为"平等性智"、白为"大圆镜智"，主阁则是"法界体性智"。这是一处充满象征意味的建筑群，调动了多种象征的建筑手法，有抽象的数的隐喻，也有具象的形的表现，就这一手法而言无疑是做到了极致。

结语

审视清代皇家园林中的理想境界，不难看出帝王乌托邦的一些特点：首先，林林总总的理想境界的营造，不仅主题有差异，而且同一主题也有多种变异，反映了帝王文化贪大求全的特性，重在占有。其次，它们无关乎民生，也没有实际的功能，只是景观的点缀。第三，这样的乌托邦不会形成目标，因此不会激发出任何行动。长生也罢、成仙也罢，包括宗教教义中的佛国天界，经历岁月的磨砺，也已经失去了原始的意义，这样的乌托邦无关乎信仰。

更多的是，帝王们借此炫耀自己的财富和权势，从设计史的角度看，倒是提供了一批非常独特的样本，以设计手法而论，并非毫无价值，甚至可以说是取得了很高的成就。比如须弥灵境这样的建筑群，采用汉藏结合的手法建设，不仅为汉地所仅有，而且在西藏地区也绝无类似的建设。或许，这也可视为某种程度的创新吧。

总体而言，这样的实践没有更为普遍的意义，但就像其他乌托邦一样，意义层面的乌有，不妨碍它们幻化成文化上的审美模式，并在人类的文化长河中持续地流传。关于理想境界的种种象征手法，时至今日仍在多多少少地影响人们的思维，这可能是我们不能忽视乌托邦的一个原因吧。

本文原载《装饰》2009 年 05 期，总第 193 期

注释：

[1]《史记》卷二十八，《封禅书第六》，北京：中华书局，1982 年第 2 版，页一三八八。

[2]《汉书》卷二十五上，《郊祀志第五上》，北京：中华书局，1962，页一二一九。

[3]《汉书》卷六，《武帝纪第六》，北京：中华书局，1962，页一九三。

[4]《汉书》卷二十五下,《郊祀志第五下》,北京:中华书局,1962,页一二四一、一二四二

[5]（明）顾炎武:《历代宅京记》,北京:中华书局,1984,卷三,页四六、四七。

[6]"此不过缀景,取露实不若荷叶之易,则汉武之事率可知矣"。[清]庆桂等编纂,《国朝宫史续编》,北京:古籍出版社,1994,卷六十七,页六〇三。

[7]武帝时柏梁殿毁于火灾,"于是作建章宫,度为千门万户。前殿度高未央。其东则凤阙,高二十余丈。其西则唐中,数十里虎圈。其北治大池,渐台高二十余丈,名曰泰液,池中有蓬莱、方丈、瀛洲、壶梁,象海中神山龟鱼之属。其南有玉堂璧门大鸟之属。立神明台、井干楼,高五十丈,辇道相属焉。"《汉书》卷二十五下,《郊祀志第五下》,北京:中华书局,1962,页一二四四、一二四五。

[8]清高宗,《御制诗》初集卷九,《方壶胜境》二首。

[9]（清）鄂尔泰、张廷玉等编纂,《日下旧闻考》,北京:古籍出版社,1985,卷八十一,页一三五五。后一条为按

[10]（清）鄂尔泰、张廷玉等编纂:《日下旧闻考》,北京:古籍出版社,1985,卷八十一,页一三五五。

[11]乾隆九年御制日天琳宇诗,引自（清）鄂尔泰、张廷玉等编纂,《日下旧闻考》,北京:古籍出版社,1985,卷八十一,页一三五五。

[12]（清）庆桂等编纂:《国朝宫史续编》,左步青校点,北京:古籍出版社,1994,卷六十八,页六二七。

[13]参见"乾隆庚辰圣制万佛楼成是日瞻礼得句"诗并诗注,引自[清]庆桂等编纂:《国朝宫史续编》,左步青校点,北京:古籍出版社,1994,卷六十八,页六二七。

[14]此处据章嘉国师对普宁寺大阁所作的解释推断,参见土观·洛桑却吉尼玛:《章嘉国师若必多吉传》,北京:民族出版社,1988,页221。

文人天地一壶中，
玲珑妙相趋无形

——清末江南私家园林中山的异化

山水文化是中国传统文化中重要的一支，山水观念也是中国传统文化的一个重要特征。中国传统园林与山水文化密切相关，但今人对于传统园林的研究更重园林建筑，轻忽园林山水营造的研究，有所偏颇。本文分析了这种偏颇的缘由，并以江南私家园林为对象，梳理了传统园林造山技艺演变的线索。在具体的案例研究中，本文重点讨论了清末江南私家园林中山的异化，出现了以楼代山的做法。这一认识上的变化，将提供一个审视中国传统园林设计的新视角，也对理解园林建筑的设计有所助益。

主持人语

"江南"是一个特殊的文化地理概念，也是一片被历代文人神化的风雅之地。正所谓"几处诗词几处江南"，江南山水孕育了古代诗人笔下吟唱不绝的江南，也使无数画家殚精竭虑，寻求有形山水和无形精神相融合统一的表现方式。这些数不清的诗画再转为观景造物的模本，复又让人咏颂，如此循环往复，层层累积，才有了厚重绵延的江南文化。

江南文化广博，一个便捷的方式就是用"物"做探路石。"物"里有材料、工艺，有生活日用，有情感场、关系网，藏有一整套经济与政治逻辑。古人要内敛含蓄地表达精神与道德诉求，常托物言志、借物比德，也是为此。然而，在物质文明高度发达的今天，我们换来的却是人与物的疏离，由技术与商业逻辑制造出的物再也承受不了生命意义的重负。为此我们策划了这期专题，一层设想是忆江南，还原古人风雅的生活图景，反思今日的缺失；另一层设想是，在古今的对话中，寻找江南文化基因绵延的方式，毕竟江南还在，只是需要以恰当的方式进行更新。

本期专题我们有幸约到了 6 篇宏文。方晓风的文章分析了清末江南私家园林以楼代山的做法，提供了一个审视中国传统园林的新视角。张长虹的《精神的肖像：明人"别号图"与山林之思》一文考察了明代中后期的"别号图"风尚，作为一类"精神肖像"，它很好地反映出当时江南文化图景中隐逸文化的流行。同样是从明代隐逸绘画题材入手，毛秋瑾撰写了《明代吴门画家山水画中的隐逸主题与表现图式》，该文以明代吴门画家为中心，主要考察了他们山水画作中的"渔隐"和"高士"主题。王海松、邹严与宾慧中的文章则考察江南民居中特殊的一类——绞圈房子，其形制适合人口稠密、用地紧张的江南地区，体现了江南民居朴素的生态智慧。作为日常生活空间，园林是江南文化的综合展示场所，安宝江的文章以张岱的著述为研究对象，考察文人文化与日常生活之间的互为关系。苏晓静、刘士林的文章《关于江南文化研究的若干重要问题探讨》对江南文化研究中的一些基础性的问题进行了界定与梳理，指出除了借鉴一般的经济学、历史学、社会学等方法，更需要把诗性智慧或美学方法作为江南文化研究的总方法论。本期《纸上展览》栏目也配合专题，由编辑部数位同人齐力编撰而成。本次专题组稿还得到了张长虹老师的大力协助，在此表示衷心感谢！（徐璐、李云）

1. [清] 王翚、杨晋：《康熙南巡图》局部

一、园以江南胜

园以江南胜，不过这是较为晚近的事了。一般认为皇家"苑""囿"和灵台是中国园林的起源。早期的苑囿尺度惊人，方圆几公里甚至几十公里，非人力所能精细操作，其审美更多取之天然，而非人力之巧。灵台则同中国古代的自然崇拜有关，在城外修建体量高大的灵台，帝王们以此作为天人沟通的场所。灵台是人类对山岳的一种象征性的模仿，人们总是想象如果到达一个足够高的地方便有可能进行天人沟通。灵台往往设置在苑囿之中，使苑囿这种几乎纯自然的形态同人工构筑物有了结合。苑囿最初并非是为了娱乐游玩，而是具有较强的功能性。但这种形式一旦出现，其蕴含的游赏方面的可能性自然也得以慢慢发展。

无论中外，园林都是人们对理想生存环境的摹写，唯因理想，难免靡费，园林营造始终不是平常人家所能消受的。这是事情的一个方面，另一个方面则是中国的造园活动逐渐从宫廷走入民间，最终，江南的私家园林成为造园艺术最高成就的代表，并进而泛化为更为普及的日常审美活动，使其成为中国传统文化重要的一个部分。也正是在民间造园的持续而广泛的实践中，造园技艺得到不断发展，其成就之高，业已得到世界范围的认可。

文人对于造园的介入是中国古典园林发展的重要因素，使中国园林成为融汇诗、书、画和空间叙事艺术的综合性艺术，形成自己独特的面貌。在早期的宫廷园林之中，帝王们往往将园林视为天人沟通的场所，或者是求仙的工具，先有高台之制，后有汉武帝的建章宫模拟海上三神山而经营一池三山，其旨趣不脱俗谛。晋室南迁，让南方的山水风物进入了士人的视野，并使他们陶醉其中。山水艺术从此兴起，文人不再以"君子比德"的眼光看待自然，而是把自然山水看作是有灵性的、人格化的对象，人与自然的这种平等而亲密的关系得以确立。魏晋时期的文人被认为是文人的典范，风流洒脱，不拘一格，寄情山水，识得真昧。他们在自然条件优越的郊外雅集，曲水流觞，俯仰天地，造就了许多名胜。自唐以降，文人造园渐成主流，王维以《辋川图》传世，白居易为官一方，建园一处，且留下诗文记述，对后世产生深远影响。早先的私家名园不脱京畿之地，因是达官贵人云集之地，财力所致，江南地区的崛起还是后话。京杭大运河的开通，无疑是影响中国政治、经济地理格局的大事件，江南地区的发展与之密切相关。宋元以降，江南的经济、文化地位日渐高涨，成为京城之外的经济和文化中心。江南本是鱼米之乡、富庶之地，兼具航路之便后，人文荟萃，代有才人领风骚，其造园之风日炽，渐负盛名。至清初，康熙帝六下江南、乾隆帝十下江南，巡游时必伴以画师大匠，踏访胜迹时有专人细细摹写记录，返京之后在皇家园林中多有写仿江南名园的佳作，这些无疑佐证了江南园林的成就之高（图1）。

中国园林最终以江南私家园林为最高成就，这一现象似乎不尽合常理，颇可玩味，从一个侧面反映了中国传统文化的审美价值取向。从财力上讲，民间造园自然无法企及皇家工程，若以占地之广、建筑之富丽而言，私家园林无以望皇家园林之项背。皇家园林之别于私家园林，最显著者乃在于：前者为真山真水，后者为假山假水，气象之不同，自可想见。一真一假之说，其实也道出了中国传统空间审美的旨趣，计成在《园冶》中十分概括地提出了"虽由人作，宛自天开"的标准，正是人力的费心经营，才使得空间的趣味臻于完善，其中道理在后文展开。真正使江南私家园林成为优胜的，是其鲜明的文化品格和系统的造园技巧。其中，一方面是审美理论的完备，另一方面是实践经验和营造技巧的成熟，两者相辅相成，造就了江南私家园林散淡之中见精奇的空间效果。

二、山水见精神

正如山水画是中国画独特的一个门类，虽是对自然环境的描摹，但与西方的风景画迥异其趣，山水观念也是构成中国传统园林独特面貌的关键因素。山水观念的起源是自然崇拜，在自然崇拜中发展出了一套"君子比德"的思想，由此，山水花木都进入一种拟人化的情景，也可以理解为都有通神的能力。而山水模式和植物配置渐渐形成符号化的特点，犹如一个个专门的语汇，汇成独特的意义生成系统，以山水为空间叙事的主要依托，表述园林主人的心性和志趣。从历代大量的园记中可以感受到这一点。对一座园林的描述，依据景点安排的秩序，渐次写来，完成后即是一篇美文，一座园林就是一篇文章。在雍正潜邸雍和宫的东花园中，有一处景点的命名即为"大块文章"，帝王的豪气，望而可知。

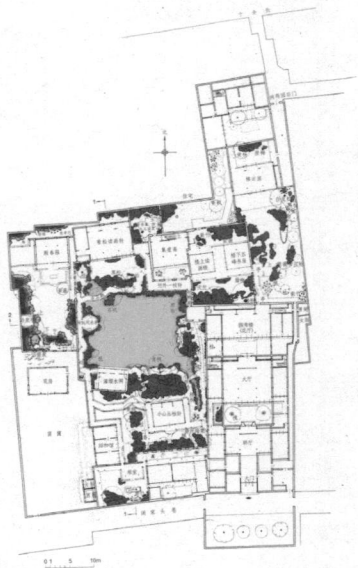

2. 苏州网师园山水格局图，底图选自刘敦桢《苏州古典园林》

人们通常以"城市山林"来称呼园林。但对于今人来说，悖谬之处在于往往更重视对园林建筑的研究，而缺乏对园林山水营造的深入研究和充分认识，甚而认为园林设计主要在建筑布局，山水花木只是建筑空间余隙的填充，可谓本末倒置。纽约大都会博物馆的明轩，意欲复制中国园林的一个局部，结果就把苏州网师园一角殿春簃的建筑搬过去，故而只得其形，未见其神。殿春簃本就不是网师园的核心景区，相对简单空旷，然就此院落本身，也是有其完整的山水格局的（图2）。更进一步，这个小格局又是整个园林大格局中的有机构成，失去了山水支撑的明轩与殿春簃之间就有了巨大的落差。当然，这个情形受制于博物馆内复制空间条件的限制，但复制谋划时对山水关系的轻视仍可察见。同理，当下的不少园林博览会建设时，对传统园林的表达仍是满足于复制苏州园林建筑，取之局部，拼凑组合，拍成照片从画面看似乎是园林，但建筑形式只能因袭而不知变通，环境破碎，没有整体意识，更关键的是，失去山水意识的支撑，其意境荡然无存。

究其原因，大致有几点：首先是中国园林的建筑比重较高。直观印象上，园林建筑的重要性确实不可低估。白居易在《池上篇》中这样说：十亩之宅，五亩之园，"屋室三之一，水五之一，竹九之一，而岛树桥道间之"[1]，这个比例一直得到约略的遵守。在园林中，建筑既是上佳的观景点，也是景观营造的参与者，看与被看的关系是统一的。为此之故，园林建筑相较于普通场合的建筑，更注重形态变化，除本身的亭台、楼阁、轩榭、厅堂等类型丰富之外，不少园子中的建筑更是别具匠心，在单体造型上独出机杼，如拙政园的香洲、留园的明瑟楼与涵碧山房组合而成的船厅即为其中典型。其次，今日之探究赏园，匆匆一顾，只见局部，难见全局，建筑在景观中又似乎总是主角，难免使人对园林建筑留下更深刻印象。其实，传统园林更强调的是建筑与环境要素组合，以完成独特的意境营造。普遍地看，传统建筑在形态上仍是相当程式化的，即使是园林建筑也没有那么多的形态变化，而游赏陶然其间不及细察的，始终是山水环境的变化带来了空间体验的差异，非建筑使然。也因为这个道理，今人在再现传统园林风貌时，总是复制某几个建筑的形式，而不知如何自主经营。再次，今人普遍缺乏园居生活的体验，对造园的理解难免有所隔阂。传统园林被称为"立体的山水画"[2]，秉承的是相同的审美标准，讲求可居、可游、可观。观是静观，在短时段内可以体会其中妙处，山林的营造即是为此。地形起伏，视野空间之开合，花木四季的变化，阴晴明晦，凡此种种，构成了一种生动的体验，在其中领悟生命的意义。正如陶渊明诗中的"此中有真意，欲辨已忘言"，实非忘言，而是不可言说，禅宗的不立文字也是此意。言说与文字都是相，落了行迹，便使人迷于形迹，而忘了真正的道。由是观之，今人之执迷于园林建筑而忽视山水形态，正可印证。最后一个造成这一偏颇的原因在于，古代园林文献中记述较多的是建筑布局和具体技巧，对于山水形态的整体构思较少述及。如计成在《园冶》中没有关于山水形态的论述，而在建筑布局、花木、叠石、理水等方面则有较为详尽的论述。这很容易给人留下这么一个印象，即造园的重点在建筑、花木、叠石、理水等形态明确且局部的做法，而关于整体的谋篇布局、山水形态塑造，尽管有不少佳作传世，但理论层面较少总结。此中道理可能是山水之于古人已是不言而喻的前提条件，成为潜意识中已有思虑的问题，而津津乐道于传世的经验反而是具体而微的技法手段。

三、小中见大的精进之道

中国园林在空间成就上最为人津津乐道者就是小中见大。壶中天地之成立、城市山林之价值，莫不出于小中见大的实际效果。若无此，则一切美好的说法都不能成立。所谓小中见大，从感受方面讲有几个层级。其一，是直观上的空间感受之大，整体虽小而各个局部无逼仄之感。凡人活动之地都有相当余裕，舒适性不受影响。其二，是空间层次的丰富，层层叠叠，仍有无穷无尽之感。这种丰富性也值得专门研究，即先略过细节，主要在空间组织方面下功夫。其三，小中见大之"大"乃是一种气象，即空间要有想象的余地，格局之大，其中亦含有中国传统空间审美的某些范式，气象的宏大与尺度无关，而与意境相关。这是小中见大的最高级的目标，也是文人们汲汲于此道的重要原因。依据这些目标，不难想见，山水营造是达成这些目标的不二之选。山地经验，布局虽紧凑，但依高差错落，仍有余裕。山林之中"横看成岭侧成峰"，其视觉丰富性和空间感受的丰富性都有保证。最重要者，在山林营造中，一个理想生存环境的模型隐然成形，大格局

3. 苏州拙政园西园水廊
4. 苏州耦园西园云墙
5. 苏州艺圃南山北岸

者舍此无它。当然，一些建筑的手法也有相似的作用，比如墙与廊道的大量介入以增加空间层次，而好的园林设计则要将墙与廊一起纳入山水的系统性营造之中，则气象自然不同。所以廊忌平直，墙有云墙，其中佼佼者如拙政园西园之水廊、耦园西园与叠石假山结合的云墙（图3、图4）。小中见大的系列手法成为中国造园技艺中的核心内容。有了小中见大，方可体会精雕细琢之韵味，自然之美与人力之胜由此达到统一。此中技艺为人所叹服，皇家园林比之私家园林反有所不如。有了小中见大的技巧，园林的普及也才有了坚实的基础。新中国建国初期，苏州一地园林存世的数量是 200 座左右，这已是经历了一番离乱之后的数字。江南成为私家园林的胜地，与此地造园技艺的兴盛莫不相关。

小中见大的核心技法即是造山技术。在园林的山水营造体系中，山无疑是空间成本最高的因素，也是影响小中见大效果的关键因素。因此，如果简化园林史的话，造山技法的演变构成了中国传统园林发展的主轴。总体上，早期园林疏阔而后期紧凑密致，对应造山则是由土山而取片段，再至土石结合，叠石为山，叠石建筑化。一路的演变，两者密切相关。以土为山，占地较大，山形难以高峻，整体形态必然柔曼，而可林木葱郁，疏阔之感因此得之。存世者苏州沧浪亭可以一窥，虽有后世改造，基本面貌尚存。山为主景，水取诸外，内仅山东北麓置一小渊潭，山水相间，气象苍古。裁山一角之法，由张南垣光大，平实简易，空间上大为节约，但未成为主流，因为此法虽得山之意趣，但无法成就大格局，局部可用，难成体系。土石结合，在山体形态塑造上更胜一筹，可出峰峦，抑或石壁，以石结构，以土填充，节地与花木培植兼具，应用较广，艺圃可为范例。山据园之南，山北侧面水，以层叠的湖石形成石壁，隔山相望，森然成画，石壁至南墙皆以土填充，高大乔木与灌木相间，山野之气浓郁（图5）。至清代，叠石为山成为主要手法。叠石一技也成为中国园林最为特殊、显性的元素，关于叠石的论述最多，最显技艺者亦莫过叠石。扬州个园纯以石为山，以不同种类的石材取象春、夏、秋、冬，构想奇绝，名重一方。尤以秋山黄石配红枫最为夺目（图6）。苏州环秀山庄的假山，主体纯以石构，相传为戈裕良手笔，在方寸之地，70余米路径中，把山的种种形态一一呈现，真可谓移步换景，节奏紧凑而自然转换。尤为难得者，是以湖石起拱解决山洞的跨度，不见平梁，以皴法对应叠石肌理，浑然一体，称冠叠石，名不虚传（图7）。

6. 扬州个园秋山
7. 苏州环秀山庄叠石

四、妙相无形，以楼代山

前此种种技法，以往多有论及，已是普遍的认识。叠石为山，要点在于结构的建筑化，占地趋小，形态多变，同时山体往往做出洞穴，可以经营出明、暗两个系统的游线，大大丰富了游的趣味和变化，在较小的空间范围内腾挪出丰富的空间层次。又因材料性质的差异，在环境中虽紧凑而无拥堵之感，如紫禁城中的乾隆花园，在方正、紧凑的格局之中，还要立起体量不小的楼阁，但叠石小山的介入，不仅照顾到了楼阁登临时的景观，更增添了峡谷间行进的幽密氛围，是个典型的案例，也是北方皇家园林师法江南名园的佳作。至若上海豫园的内园，在这方面也颇可称道。

叠石作为造山的主要手段，趣味盎然，但其弊在靡费甚巨，常被认为是一种相对风雅的炫富手段。此弊端必然影响园林的普及，文人造园毕竟取意高雅，而非炫富，相对而言，财力方面也并不见长。因此，在晚期的园林中，也可大量看到这样的案例：园中并无大体量的山体，如网师园仅小山丛桂之轩北面有一黄石假山，但高不足四米，占地仅数十平方米。但这并不是山水观念的终结，而是在造山方面技艺的升华，山的形态更趋抽象，山水观念仍是支撑园林布局和形成整体意象的核心要素，其中端倪在环秀山庄中已有显露。

环秀山庄的整个用地面积不大，东西不过 30m 左右，南北 60 余米。布局十分独特，南为厅堂，北出月台，赫然占去小半面积，北部为假山区，截然两分。整个园子水面很小，配合假山布置，但跟随人的游线，又几乎处处有水，所谓山无水不灵，此园可为范例。假山区只有三座建筑，问泉亭、补秋山房和一个方亭，跨在水上，布置在不同的标高上，建筑之间辅以叠石形成的水涧，通过跨水廊子连接。山体也大致分为南北两区，南区几乎纯为石山，北区则填土植树，几座建筑都掩映在高大乔木的阴影之中。同时，高大乔木也拉高了整体山体的天际线，这个做法与艺圃有相似之处，山的景观层次十分清晰。园西有一座边楼，几乎贯通了大半个园子的进深，绵延在边界上，进深很浅，略宽于普通的廊子，只做前檐，形式上属于"半边楼"，南端拐成曲尺形，高度在局部达到三层，是非常罕见的做法（图 8）。

环秀山庄以叠石闻名，一般认为如此布局，尽显主人对于小山的自信。边楼的存在，增加了许多不同高度看山的视点，环秀之名可以理解为环视秀山，这当然没有错，但还不够全面。这座边楼的存在，不仅是为了提供观景的视点，同时在造

景方面也意义重大。一重意义是柔化了边界，以建筑形象处理的边界给人空间上的想象，非尽头也，这是小中见大的常用手法；另一重意义则是，这座边楼也在营造山的意象，其中上下的楼梯不是以贯通的方式布置在一处，而是故意拉开，形成游走的格局，同时起伏的建筑轮廓线也是对山的隐喻。假山与边楼在此形成了一种互文的关系，相互映衬，共同完成了山的意象。如此，则环秀之名方得正解，这是"环滁皆山也"的环秀，坐于厅堂之中，环视周遭，不同层次的山景渐次道来，山水的故事抚慰人心，也足以令主人自得。

在江南水乡古镇同里有一座名园退思园，园名的出典是"进思尽忠，退思补过"。园子建于光绪年间，面积不足十亩，一直以水园闻名，主景区以水面为中心，假山只有很少一点，主要的建筑都临水，与水面贴得很近，亲水的感觉很好。在主厅堂退思草堂前的月台上，或者从船厅"闹红一舸"的船头上望去，好像整个园子都是浮在水上的，形成其主要特点。与退思草堂形成对景的，除船厅之外，就是南岸的一组建筑，这组对景建筑的处理十分罕见，没有一座特别突出的单体建筑，而是由小楼"辛台"、两层的复廊与东边的一座小轩"菰雨生凉"接在一起，并且呼应水岸的形状做出折线的平面，临水在建筑前置了一座叠石小峰。建筑的屋顶形式都是硬山，似乎平淡，又似乎余味无穷。平淡者在于，这组建筑中无以形成视觉的焦点，视线总是在游走；可回味者在于，这组建筑形成了一种少见的组合关系，其中隐含了许多微妙的变化，很多处理手法很决绝，两层高的复廊至东端，戛然而止，非常理可以解释（图9）。

中国传统园林的一个重要特点是可游，非常理可以解释的建筑设计，在一番游走之后，令人茅塞顿开。小楼"辛台"中有楼梯可登临，二层与复廊相接，行至东

8. 苏州环秀山庄园西侧边楼
9. 同里退思园南岸建筑

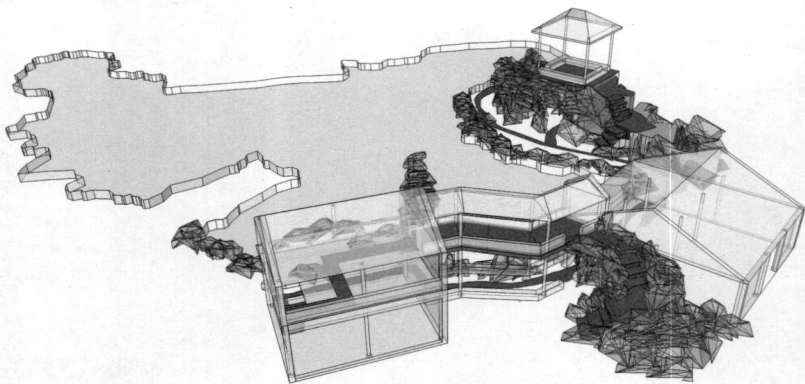

10. 同里退思园东南岸游山路径图

端，面壁而折弯，有叠石台阶引入建筑南侧的场地，复入一层廊中，通"菇雨生凉"，穿堂而过，水池的东边是唯一的一组小假山，山上有亭，名叫"眠云"。假山面东则是石室开口。辛台不临水，前有叠石小峰和植物障景，而在二层复廊处视野最为开阔，小轩"菇雨生凉"则亲水，至"眠云"处回望，正是一山望一山的感受。如此再看这组建筑的设计，虽每个单体的形式简单，但高低、虚实开合、与水的远近关系、视野的收放等几个方面都变化多端，独具章法。更深入一层看，这组建筑实则是将人们游山的体验以更为抽象的方式提炼出来进行再现，包括建筑的形态都是对山的不同形态的概括，实在是高明的设计，可谓以楼代山（图 10）。由此，也形成了迥异于前人的园林景象，整个园子显得清淡而更有雅韵，少量的叠石起到提示和隐喻互文的作用，并且节奏也更为紧凑。以山水观念再来审视整个园林的设计，可谓豁然开朗，环水皆山也，正可谓道是无山却有山，不识山林真面目，只缘身在此山中。这种意境，也更加深了对陶渊明诗句"此中有真意，欲辨已忘言"的感受。

以楼代山，无疑是中国传统造园技艺的又一次升华，也是文人造园的一大优胜之处，虽皇家园林亦不可得。退思园由当地画家袁龙设计并主持建造。[3] 袁龙（1820-1902），字怡孙，号东篱，又号为隐君子。[4] 其本人长诗词，喜书画，富藏书，亦是同里复斋别墅的主人，精于此道可以想见。

同在同里，游访耕乐堂之后，对退思园的设计可有更好的理解。耕乐堂系明代成化年间处士朱祥所建。[5] 朱祥，字廷瑞，号耕乐，堂名取其号。耕乐堂，占地约六亩四分，建时有五进五十二间，现尚存三进四十一间。此园格局紧凑，边界方正，建筑绕水而建，意趣并非上佳，但建筑形式的组合很有特点。退思园南岸的这组代山的建筑组合，其原型应出于耕乐堂，复廊与楼房结合的形式十分相近。但两相比较，可知耕乐堂只是建筑形式上的一次探索，而退思园的设计则是在此基础上的发展（图 9~ 图 11）。流线的上下贯穿、形式上更细腻的组合变化，都透露出山水观念指导下的建筑设计，其用心迥异于前人，其效果也更让人叹服。

可与退思园以楼代山做法相印证的，还有东莞的可园。可园主人是清代江西布政使张敬修[6]，园兴建于道光末年，建成于同治三年（1864），后世有改扩建，现存格局是 1961 年修复后的面貌。可园与顺德清晖园、番禺余荫山房、佛山梁园并称"岭南四大名园"，但其格局有自己鲜明的特点，与其他三园有较大差异。可园的特点在于建筑密度高，格局规整，园内连花池都是几何化的方正花池。建筑沿外围边界成群组布置，向内围合形成一个大庭院，形成"连房广厦"的形式。粗粗看去，实在谈不上山水意趣，水借诸外景，园内仅在可轩前置一方小水池，山更是不见踪影，仅拜月台后有叠石小假山一座，区位也不显要。形式上最突出者，在于可轩之上有一座四层高的楼阁"邀山阁"，为一般园林中罕见。此阁檐口高度为 15.6m，平面近方形，其登临路线是精心设计的。在可轩旁有隐藏于墙内的露天石级，上石级可登二层平台，由平台让出楼阁一侧的采光天井，

11. 同里耕乐堂北岸建筑组合

◦ 可园·山水·高差分析 ◦

◦ 可园·山水·高差分析 ◦

12. 东莞可园邀山阁北墙壁悬挑楼梯

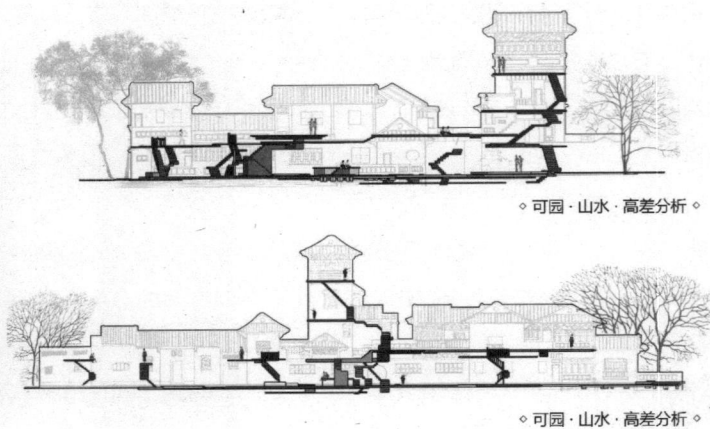

13. 东莞可园邀山阁高差分析图

沿楼的北面墙壁盘旋而上，并且这段台阶故意做出一小段悬挑，增添险峻之感（图12）。让出天井的这段空间，正好使游人折而面向邀山阁再上一段台阶进入阁内三层，此处建筑完全是山地登临的模拟，十分精妙。从室外进入室内后，由明至暗，再上一段室内的楼梯，登上最高层，豁然开朗，四面都是通透的窗，可以极目远眺。这条登临游线，直观地说明了邀山阁实在本身就是一座山的意象。同样，这里也是以高度概括的、建筑化的抽象方式来再现山的意趣。不仅是路径的组织，在很多局部的形式细节上都有考虑，可谓以楼代山的极品。邀山阁在整个园中，由于其体量和位置，也确实起到了统领全局的作用，山水观念仍然是造园的核心（图13、图14）。

结语

以楼代山可能是中国传统园林造山的终极手段，从中我们既可以感受到文人、匠师的用心，也可以体会到山水审美之于园林的重要性。营造山水格局始终是园林设计的核心任务，山水观念是我们今天理解传统园林文化的一把钥匙。从表象上看，园林建筑形式丰富，变化随机，似乎随心所欲，实则是在山水观念的指引下的自由挥洒，内中章法仍然有迹可循。

在造山技艺的演化中，中国园林也日益走向精致，万千变化，移天缩地于一壶之中，形成我们文化中极富特色的一个门类，让富有学识的西方传教士赞叹其中的智慧，也让那个时代的文人们陶然于空间的幻境之中。所谓小中见大，自有其大处，也难免露出其中的小。这其中，既有审美志趣上的追求，也有现实的约束，

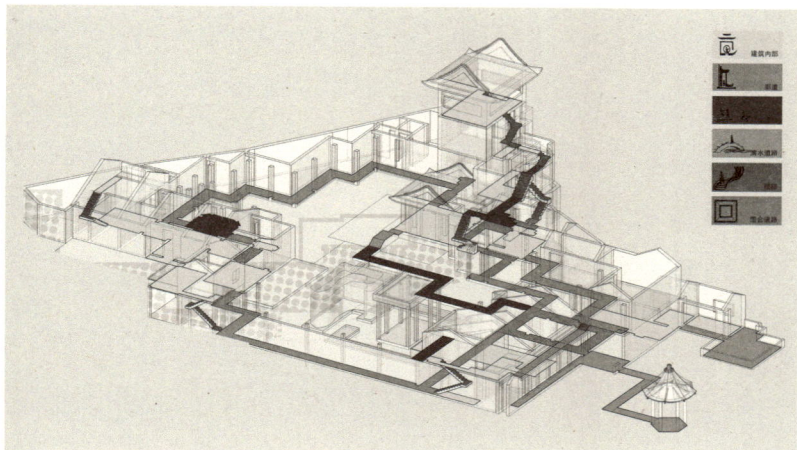

14. 东莞可园路径分析图

因为小方可为常人消受，日益走向普及，并在普及的过程中凝练经验，得到更多的探索机会，也是一个相互促进的过程。在此进程中，文化身份与园林发生了关联，甚至可以说无园林，不文人。江南地区因此也成为小园林密布的地区，非关隐逸，而成为普通文人日常生活的一项审美追求，园林也成为江南文化的一个标志。在造山技艺的探究之中，我们可以一窥江南文化之盛，也可在此鞭策下更好地塑造我们的生存环境。

基金项目：本文为 2014 年度国家社会科学基金艺术学一般项目"作为空间叙事文本的中国传统园林艺术"（编号：2014BG02688）阶段性成果之一。

本文原载《装饰》2017 年 03 期，总第 287 期

注释：

[1][唐]白居易：《白居易集》[M]，长沙：岳麓书社，1992，第 946 页。

[2]方晓风：《中国园林艺术》[M]，北京：中国青年出版社，2009，第 10 页。

[3]魏嘉瓒：《苏州古典园林史》[M]，上海：上海三联书店，2005，第 396 页。

[4]同[3]，第 394 页。

[5]同[4]。

[6]陆琦：《岭南私家园林》[M]，北京：清华大学出版社，2013，第 51 页。

02

建筑：时尚还是永恒

时尚造就建筑明星，但也因此摧毁了建筑师的创造力，沦为商业的奴隶。时尚化的趋势改变了建筑学原有的价值观。时尚能促进建筑在形式层面的探索，但无法提出思想层面的问题，而建筑作为一门艺术从来就不仅仅是形式的探索。

建筑时尚化的趋势

2010 年，雷姆·库哈斯来到清华大学美术学院做了一场演讲，主要内容是介绍其事务所的作品和设计思路，但这位记者出身的风云建筑师在演讲中不时流露出记者的敏感，以独特视角的照片增添趣味。令人印象深刻的是他对相距 50 年前后的两个时代建筑师的形象描述，一幅画面是 50 年前的建筑师头戴安全帽，胳膊下夹着一卷图纸，站在建筑工地上若有所思；下一幅画面是衣着光鲜的建筑师，在炫目而时尚的空间中悠然面对众多媒体的记者。无疑，前者是工程师的形象，后者是媒体明星、时尚英雄。

确乎如此，建筑师的社会角色随着时间的推移正在发生巨大的变化，建筑师的形象不仅仅出现在专业媒体上，而且频繁亮相于各类大众媒体，其中自然不乏时尚媒体。所谓建筑时尚化是指，一方面建筑师走出了传统的专业界限，涉足时尚设计的领域；另一方面建筑作品本身也日益呈现出时尚化的特征。近 20 年可能是建筑理论界最为平静的一个时期，没有更多的"主义"冒出来，也没有为了"主义"的争论，类似参数化设计这样的概念都不是价值观层面的讨论。在时尚媒体上，女建筑师扎哈·哈迪德被描述为"时尚女魔头"："为 Chanel 设计流动博物馆，为 LACOSTE 设计女鞋，一向狂妄的扎哈·哈迪德近来似乎成为时尚界的宠儿，而她的最新设计，巴赫音乐厅的内部空间却极具艺术性。扎哈从来不乏攻击性极强、具有理论高度的作品，甚至是反时尚的，也正因为此，她可以玩时尚于掌股。"[1]最后一句话的逻辑很成问题，但这就是谈论时尚话题的逻辑。

传统上，建筑与时尚并没有太紧密的联系，建筑追求的是传世，所谓百年大计的说法道出了此中真谛。因为，在所有的艺术中，建筑可能是最困难的艺术。困难不仅在于难于实现，也在于建筑一旦建成，也很难更新或改变。建筑的任何变化都意味着经济上的巨大支出。古往今来，有多少建筑的奇思妙想只能停留在纸面上，建筑是一门受到众多条件牵制的艺术。而无数流传至今的古老建筑，更加深了人们对建筑永恒的认识。建筑师在面对甲方的时候，经常可以听到"我们希望这个项目能够 50 年不落后"诸如此类的说法或要求。但建筑师并非预言家，这种追求传世的价值取向，使得建筑师总是在思考什么才是建筑的永恒之道。在这样的背景下，建筑与时尚追求的并不是相同的价值目标。

1. 扎哈·哈迪德设计的位于迪拜的 Dancing Tower。

2. 扎哈·哈迪德设计的智能厨房系统。

3、4. 扎哈·哈迪德事务所为国内某商业地产项目做的建筑设计方案。

时尚更容易让人联想到的是服装、饰品，或者消费类电子产品。建筑经常以一种另类的方式介入时尚，被当作背景，与前景纷繁变化的主角形成趣味上的对比或冲突。所谓时尚一定是变动不拘的，不然无法体现时间性这个特点，而建筑像一头大象，它的舞步如何能同小鸟一样轻快？但技术的进步使一切成为可能。自工业革命以来，建筑日渐走出了传统的束缚，新技术、新材料的广泛应用不断催生形式的变化。一方面，建筑形式的改变极大地影响了社会的审美标准，另一方面，审美趣味的求新欲望也对建筑的形式更新提出了越来越迫切的要求，直至两者在一定的周期上找到共同点。

在第二次世界大战之前，建筑风格的演变往往需要一个漫长的周期，技术、经济、社会和传播的种种限制，使得新风格或新样式的流传不可能在短时间内完成。二战以后，建筑工业化的步伐加快了，工业化的程度也更深入了，从生产上具备可快速复制的可能。正是工业化的进程同时推进了建筑技术和经济的发展，加上传播媒介的演变，建筑的舞步变得轻巧了。美国建筑师菲利普·约翰逊1988年在他策划的"解构建筑七人展"的开幕式上说，建筑总是搭上风格流变的末班车，但在这一次，建筑搭上了头班车，意即建筑走到了其他艺术门类的前面。这是一个值得标记的历史事件，其后的事实验证了约翰逊的话。这次展览的参展建筑师都成了社会风云人物，影响力超越了建筑界，他们是当时还年轻的雷姆·库哈斯、扎哈·哈迪德和声望更高的弗兰克·盖里、丹尼尔·李布斯金、蓝天组、伯纳德·屈米以及彼得·埃森曼。而在这场建筑运动中，计算机辅助设计无疑发挥了重要的作用，电脑的模拟使建筑师对自己的想象更有把握，也更易于实现。

时尚是个产业

时尚并非新词，一般理解为"一时之风尚"。"画眉深浅入时无"这样的状况，无论中外和古今都是存在的。这样的"时尚"在概念上同"流行"就很接近，不易区分，与今日避之唯恐不及的"时尚"还不太一样。首先，今日之时尚有扩大化的嫌疑，早已不仅仅局限于服装和配饰，几乎任何产品都可同时尚沾边，连一些国家的军装设计都开始请时尚设计师担纲了。其次，今日之时尚并不一定是当下的流行，而是一种姿态或者标签，甚至经常同"先锋"、"实验"这样的词汇混用，最终是否成为流行，并不是大家关心的重点。第三，时尚不再是社会的边缘话题，而成为主流事件，时尚的话语力量今非昔比。最后，时尚评论的话语权不再掌握在知识界手中，而从属于不易界定的时尚界自身。时尚不再是社会偶发事件的组合，而是一个项目明确，各路人马分工合作的产业。

《中欧商业评论》的课题组在国内首次发布的《中国时尚产业蓝皮书2008》中写道："时尚产业是一系列经营活动的总称，这些活动包括对时尚产品和时尚服务进行设计、采购、制造、推广、销售、使用、消费、收藏等。它是在新的历史条件下产生的一种全新的产业概念和形态。……当前，时尚产业在全球范围内呈现四大特征：第一是时尚和经济一体化，经济发展水平高低、经济景气与否直接左右着时尚领域；第二是消费的符号性，也就是"炫耀性消费"；第三个特征是时尚产业的全球化，时尚产业的全球同步性趋势不断加强，周期大大缩短；第四个特征是产业的高附加值和高风险。"[2] 无独有偶，中新网报道了广东省时尚产业协会于2011年2月26日在广州正式成立，这是中国内地首家时尚产业协会。协会将助推广东时尚产业发展，拟将广州和深圳打造成为"中国时尚之都"，东莞虎门镇建成中国首个"时尚名镇"。[3]

这些都说明，时尚作为一个产业已经日渐引起社会的重视，但时尚作为一个产业的某些特征还未得到充分的论述。首先，时尚在概念上同"流行"相区别，正在塑造自身的价值标准，时尚不再是对既有状态或事实的描述，而是对未来趋势的指引。时尚正在试图影响整个社会的价值取向。其次，时尚作为产业并不仅限于经济领域发挥作用，相较于我国官员热衷宣扬的"文化搭台，经济唱戏"，时尚产业是经济开道，文化唱戏，最后收获票房。时尚产业对文化的影响作用达到了历史上从未有过的高度。时尚并非单纯的经济事件。第三，时尚作为一个产业并没有清晰的产业边界，几乎可以无所不包，其渗透力可谓匪夷所思。当今的时尚绝不是衣服和配饰这么简单，大至交通工具，

5. 扎哈·哈迪德为施华洛世奇设计的首饰。
6、7. 扎哈·哈迪德为某品牌设计的鞋子和靴子。

8、9. 雷姆·库哈斯为某品牌设计的女鞋。

小至日用品，从书报杂志、电视广播到网络媒体，从建筑到吃饭、喝水，时尚均可染指，以其统辖的范围而论，超过了任何一个政府的部委。最后，非常关键的一点是，时尚的传播具有跨越文化的特点。时尚产业的全球化并不仅仅指其在经济协作层面的全球化，而是包括了文化层面的全球传播。对这个产业的认识，我们远未达到了解的程度。

建筑与时尚共谋

时尚成为产业显然是在一定的历史条件下才得以成为现实的，它发轫于时装产业，当大批量的成衣以工业化的生产方式源源不断地涌向市场时，产业的基础条件就具备了。时装比别的行业都更早意识到媒体的传播作用，模特、走秀、发布会直至创办专业的平面媒体，时装与媒体的这种亲密关系是显而易见的。

消费文化的兴起更为时尚走向产业化增加了极大的推动力。消费文化的核心是消费异化，即消费行为脱离了对物的原始功能的追求，转而消费社会意识附加在物上的其他价值，如商品的象征性价值、符号价值，人们通过消费行为重新构建社会秩序。法国哲学家让·鲍德里亚定义了消费社会的主要特征：消费行为取代了生产行为成为社会的中心。消费文化由此兴起，在通过消费行为重新构建社会秩序的过程中，话语权的掌握无疑是至关重要的。在这方面，商业资本具有敏锐的嗅觉。

在美国建筑历史学者富兰克林·托克的《流水别墅传》中，作者循着几个最基本的问题去探询一代名作诞生背后的故事。建筑师弗兰克·赖特在接受委托时已年过七旬，并且已经淡出了公众的视线，为什么要找这么一位"过气"的名人来担纲设计呢？

而建筑甫一落成即名声大噪，何以如此？当然，不可否认建筑师在这个作品中显露出的惊人才华，但业主在背后对媒体的操弄显然也是一个重要原因。一个容易被人忽略的事实是：在当时，很多富翁都会请名家设计私宅，但并不愿意媒体发表这些私宅的照片。显然埃德加·考夫曼并不想埋没自己的新房子，而后续的发展更给了其充分的理由——他的百货公司生意都变好了。一座富有想象力的建筑扭转了许多事情的局面。[4]

通常而言，建筑本身就可被视为一种媒体，因为建筑一旦落成就会出现在公众的视野中，流水别墅虽然坐落在荒郊野外，但并不妨碍有心人的探访，而那些在中心地段的公共建筑就更不用说了。没有什么形式的艺术能比建筑更好地表达人们对生活的想象。考夫曼作为商人很早就意识到了"眼球经济"的威力，流水别墅不仅是一座建筑名作，也是一次很有心计的事件运作。赖特的雄心是要给那些欧洲人看看，他对于他们拿手的国际式能比他们做得更好，他成功了，但他的努力更进一步推动了国际式这种建筑风格在美国的风行。

这样的故事只是一个序曲，时尚要掌握社会的主流话语权必须走出原有时装的局限，而进行跨界合作。艺术家首先进入时尚的视野，法国时装设计师伊夫·圣洛朗是这方面的先行者，其于1965年推出的蒙德里安裙，灵感来自画家的《红黄蓝构图》，此后他还继续推出过毕加索、梵高、达利等艺术家系列，开创了跨界设计的先河。

10. 日本东京表参道上的名品店。

11. Prada 位于日本东京表参
道的旗舰店，由赫尔佐格与德
梅隆设计。

12. Prada 旗舰店室内。

然后演艺明星、体育明星陆续加入时尚阵营，只要是名人，能引起人们关注的人和事都会被时尚收入囊中，时尚成为一项漫无边际的产业。

对于大多数实践建筑师而言，建筑首先也是一门生意，这并不像他们在接受采访时所说的那么高尚，建筑与时尚的共谋可谓时势使然。建筑本身也是一个规模巨大的产业，在走过大工业化的扩张时期之后，建筑作为产业的发展战略也在调整，也要纳入消费社会的轨道，房地产业对此早已了然于胸，时尚的标签同样适用于房地产项目的销售。而建筑师要想在市场立足，则必须确立一定的专业形象（尽管这种形象有时可能并不那么专业），累积社会知名度。在这样的需求目标指引下，建筑与时尚的联姻可谓水到渠成。建筑成为时尚的新媒体，建筑师则借助时尚媒体扩大社会影响力，形成双赢的局面。

日本东京的表参道名店街可谓这方面的典型案例，国际知名品牌的专卖店鳞次栉比，每家店都邀请国际知名的建筑师操刀，包括日本本土的知名建筑师，名师与名店交相辉映，的确是吸引眼球的去处。在这个不大的闹市中心的范围里密集地汇聚了库哈斯、赫尔佐格、努维尔、安藤忠雄、伊东丰雄、妹岛和世和桢文彦等名家的作品，虽然形象各异，但的确显露出当今这个时代在形式层面的追求，彼此之间形成一种唱和的关系，和谐共生。而这一特色也成为这一地区的人文景观，每年都有不少国际和日本国内的游客或消费者流连光顾，成为反映日本时尚文化的核心地区。

更大的商业手笔来自阿拉伯人，2006年初阿布达比才刚完成全世界最贵的酋长皇宫饭店（Emirates Palace），现在酋长皇宫饭店外海，一个个新小岛正在填

13、14. 菲利普·约翰逊设计的水晶教堂室内与外观，是现代主义盛期的作品。

15. 菲利普·约翰逊肖像，左边手持的是美国电报电话公司大楼的模型，这个作品标志着他职业生涯的重大转向；右边头顶的是匹兹堡平板玻璃公司大厦的模型，该作品被视为新哥特的代表作。

海造陆中，当中有一个文化园区就在这个快乐岛上（Saadiyat Island, Island of Happiness）。哈迪德、安藤忠雄、努维尔、盖里四位明星建筑师被阿拉伯人邀请到阿布达比大展身手。引用设计毕尔巴鄂古根汉姆博物馆同时也是阿布达比古根汉姆博物馆的建筑师盖里的形容，"在阿布达比做的事情，是世界上其他地方想都想不到的"。是建筑师有想象力，还是商人更有想象力？

建筑时尚化批判

在谈论建筑时尚化的时候，人们自然会想起美国建筑师菲利普·约翰逊。2005 年当他以 98 岁的高龄离开人世的时候，人们发现很难评价他，尽管他在生前并不缺乏荣誉。笔者以为他完全可以作为讨论这一话题的标本式人物。人们对约翰逊比较公认的一个定位是美国建筑界的"教父"，但与别的知名建筑师不同，约翰逊并没有自己的个人风格，有人戏称他为建筑界的变色龙。不可否认的是，约翰逊具有非凡的眼光和影响力，他是历次建筑风潮转向的重要推手，他不创造风格，但能指引方向，不知他的这一能力是否得益于早年的哲学学习。从哈佛大学哲学系毕业后，他与建筑史学者希区柯克一起游历欧洲，结识了众多现代主义建筑师。归国后于 1932 年任纽约市现代艺术博物馆建筑部主任，同年与希区柯克合著《国际式风格》一书，并举办展览，首次向美国介绍欧洲现代主义建筑，成为现代主义在美国生根的重要推手。他 34 岁重回哈佛学习建筑，并开设自己的建筑事务所。1949 年设计了自己的住宅，以向密斯致敬的玻璃屋确立了作为建筑师的声望。他与密斯合作设计的西格拉姆大厦，成为玻璃摩天楼的滥觞。其后的实践生涯中，不乏现代主义风格的精品出现，然而他出人意料地在 20 世纪 80 年代推出了美国电报电话公司大楼这一后现代风格的作品，为后现代的流行助推。更让人吃惊的是在 1988 年，他与马克·维格（Mark Wigley）合作策划了解构建筑七人展，同样还是在现代艺术博物馆（MoMA），如同 50 年前为现代主义所做的，他继续为解构主义建筑进入主流社会的视野做了铺垫。

一生深刻影响了美国建筑界的三次转向，这样的人物可谓绝无仅有，但约翰逊的名言却让许多建筑师无法应对，他说"我就是个妓女，业主让我摆什么姿势（pose）我就摆什么姿势。"能如此直白地把建筑设计的商业本质说出来，约翰逊也可谓是个特立独行的建筑师。约翰逊认为现代建筑有七根支柱：历史、绘图、实用、舒适、廉价、委托人、结构。这是迥异于教科书的说法，看似投机，但现实中很难抽掉其中任何一根支柱。可能由于约翰逊学建筑有点半路出家的意思，他看待建筑的眼光更有社会的视野，他也更懂得如何调动社会资源来为建筑发声。他的另一项重要成就常被忽视，是他说服了凯悦集团的大股东普利兹克家族设立了建筑界的诺贝尔奖——普利兹克奖，他自己也成为首届大奖得主。而凯悦集团的主营业务是大型酒店，商业地产的重要类型。通过奖项的设立，建筑的动向更易受到媒体的关注，从而对社会产生更大、更直接的影响。普利兹克奖至今已颁发了三十多届，不仅褒奖了已有成就的建筑师，也助推了很多获奖当时尚未达到事业顶峰的建筑师。比如美国建筑师盖里于 1989 年获此殊荣，当时他还没有大型项目建成，除了几个小型的住宅项目，但奖项通过获奖者的选择表明了态度，具有极强的指引作用。而盖里陆续建成的项目也证明他不负所望，成为建筑时尚界的风云人物。盖里设计的毕尔巴鄂古根海姆博物馆成为当代建筑标志性的事件，博物馆落成后每年为毕尔巴鄂市带来超过三百万的游客，振兴了当地的经济，一座建筑拯救了一座城市，被视为文化工程中的一个传奇。

对建筑时尚化这一倾向的评价，正如对约翰逊的一生进行评价一样，会有一种矛盾的心态。一方面，正如约翰逊对建筑界的影响，时尚化的趋势把建筑师变成了社会明星，建筑师的社会地位得到提升；另一方面，正如约翰逊对自己的评价一样，时尚化使得建筑师丧失了自我价值的认定，他自称建筑做得太差，并非完全是谦辞，他的妓女论多少道出其中的实情，这是相当吊诡的事实，时尚造就建筑明星，但也因此摧毁了建筑师的创造力，沦为商业的奴隶。最核心的问题是，时尚化的趋势改变了建筑学原有的价值观。

时尚化改变了建筑的信条，早期现代主义奉行的信条是"形式追随功能"（Forms follow function），现在则变成"形式追随幻想"（Forms follow fantasy）。时尚化表面上看带来了一片繁荣，建筑师频频亮相于五光十色的时尚活动，甚至开创自己的时尚品牌，其创造财富的能力远非前辈们可比，但就近二三十年的情形看，建筑界在思想层面日趋沉闷，建筑日益沦为一场形式游戏。时尚化能够收获经济利益，却无法解决创新的根源问题。

时尚的逻辑只是追求差异，没有更深层的价值追求，并且任何事物都有时效性。对时尚而言，没有好坏、对错之分，只有是不是"新鲜"的区别。这一逻辑显然无法深究，也不值一驳，但这个逻辑符合市场的需求，符合商业资本的利益，这个逻辑同"有计划的废止"如出一辙，有利于培植消费市场。时尚的逻辑在当下的大工业化生产能力的配合下，走向了愈加疯狂的境地。在时尚逻辑的支配下，文化日益趋向表面化和碎片化。时尚能促进建筑在形式层面的探索，但无法提出思想层面的问题，而建筑作为一门艺术从来就不仅仅是形式的探索。而时尚对差异、新奇的极端追求，在榨干设计师的想象力之后，使设计师只能以挑战社会道德底线的方式去实现所谓的"新"与"奇"，凡是传统上有禁忌的事物都成为时尚赖以生存的富矿，以"先锋"、"实验"之名贩卖各类形式游戏，最终也将动摇社会的道德根基。

现代主义及其之前的建筑师信奉的原则是设计要解决问题，尽管在某些层面不尽完善，诸如以统计学意义的需求来代替个体真实的需求，但整个设计的逻辑仍然是从问题出发的。查尔斯·詹克斯在《后现代建筑语言》中的"建筑艺术的危机"描述了现代主义时期建筑开发的过程和结果，以现代城市中的大型现代旅馆为例，建筑是如何"按不露面的开发者的利益，为不露面的所有者，不露面的使用者建造的"，只能假设"这些使用人的口味与陈词滥调等同"[5]。这一批评辛辣而入木三分，的确刺到了现代主义时期大工业化建筑生产的痛处。然而，当后现代主义思潮涌起时，事情并没有向好的方向转变。商业资本意识到了这种统计学意义上的需求与陈词滥调等同，更意识到了，商业利益不能仅仅是满足需求，更有力的营销方式显然是创造需求，时尚化正是这一商业逻辑的产物。

后现代主义猛烈攻击现代主义者的精英姿态，试图消解所有传统的价值，但其转了一圈后又以精英的姿态出现在公众面前，并且以消解之名贩卖自己的价值私货，怎么看也有点农民起义的感觉，而非一场真正的革命。现代主义所秉持的社会关怀对建筑发展的意义不容抹煞，方法论层面的问题可以探讨，但不能以方法论层面的缺陷全盘否定现代主义。在面对建筑时尚化的潮流时，唯一能抵抗的武器便是建筑师的社会责任。建筑从来不是一般意义上的商品，建筑可以是商品，但建筑具有一般商品不具有的社会属性，建筑最直观地反映了我们对社会资源的态度，天然地具有社会性和公共性，哪怕是私有物业。

还是回到库哈斯的那场演讲，在之后的提问环节中，有一位听众问库哈斯是否考虑为穷人做一些设计，口才便捷的库哈斯也只能支吾以对。这位听众的问题看似天真，但直接拷问了建筑师的社会良知。相信时间允许的话，库哈斯还是能自圆其说的，他显然没有习惯回答这类问题，在时尚英雄的世界里，没有人问这样的问题。而这个问题表明，在这个世界上，还有人在看待建筑现象时，有这样的角度和态度。时尚化并非当代建筑的全部，仍有许多建筑师从事着不那么炫目，但更从建筑本质出发的设计。

法国作家阿纳托尔·法郎士曾经说过："如果我死后还能在无数出版书籍当中有所选择，你想我将选什么呢？……在这未来的群籍之中我不想选小说，亦不选历史，历史若有兴味亦无非小说。我的朋友我仅要选一本时装杂志，看我死后一世纪中妇女如何装束。妇女装束之能告诉我未来的人文，胜过于一切哲学家，小说家，预言家及学者。"[6] 对于笔者而言，或许一本建筑杂志也有同样的作用。时尚并非一无是处，但时尚压倒一切则是可怕的。

本文原载《装饰》2011 年 03 期，总第 215 期

注释：

[1] 引自腾讯网时尚频道，网址 http://luxury.qq.com/a/20091218/000029.htm。

[2] 引自《中国时尚产业蓝皮书 2008》（概要版）第 10~12 页。http://wenku.baidu.com/view/3e6b5a270722192e4536f678.html

[3] 引自中新网新闻，网址 http://www.chinanews.com/life/2011/02-26/2870414.shtml

[4] 参见（美）富兰克林·托克："塑造流水别墅（一）大肆宣扬好做推销"，《流水别墅传》，林鹤译，北京：清华大学出版社，2009，第 322-367 页。

[5]（英）查尔斯·詹克斯：《后现代建筑语言》，北京：中国建筑工业出版社，1988，第 6-8 页。

[6] 转引自梁实秋：《雅舍小品》，南京：江苏文艺出版社，2010，第 32 页。

明星拯救设计？

——设计明星制透视

制造明星看起来是一条发展事业的捷径，但真正的成功从来没有捷径。越是在急迫的心情下，越需要冷静的思考，明星和明星制的形成有其深厚的现实基础和深刻的时代背景。

在这个消费主义的时代，设计理应成为风头行业。中国的现状是：设计确实正在成为社会性的话题，但本土设计未见大的起色，大家都在消费设计，但本土设计不能成为被消费的关键角色。在消费的时代，设计师很容易成为媒体英雄或宠儿，"设计解决问题"的原教旨正在变为"设计制造话题"的新主张。如果汇总一下近半个世纪以来的设计热门词汇，不难发现其中不少与我们的日常生活没有太大关联，但一个个美丽的标签确实可以刺激人们的消费欲望，并成为媒体的热点。在这样的风潮之中，设计师可以成为"明星"，并通过大众媒体发挥其话语的威力，进而提升整个行业的社会影响力。当西方的明星设计师渐次进入中国庞大的市场，不由得使人们开始琢磨，我们自己的明星在哪里？

通过本土明星提振本土设计行业，从而使中国设计走上一条良性循环的康庄大道，这自然是美好的愿望，参照西方发达国家的先例，也是合情合理的发展路径。然而，现实的情形并未就此展开。媒体在积极挖掘本土人才，参与塑造本土明星，给出版面和空间，搭建平台，粉墨登场的设计师是否能带来满堂喝彩，仍然不是确定的结果。在一个充分开放的环境中，本土明星的成功之路并非坦途，其光芒能否夺目，不仅取决于自身，也取决于同一参照系中同时在场的其他人物。制造明星看起来是一条发展事业的捷径，但真正的成功从来没有捷径。越是在急迫的心情下，越需要冷静的思考，明星和明星制的形成有其深厚的现实基础和深刻的时代背景。

明星与明星制

提起"明星"，如何确切定义并非易事，有许多与其相似的概念，比如名人、大师、要人等等，但仔细辨析即可发现，"明星"这个概念是伴随"明星制"这个体系而产生的，明星是明星制的产物，没有明星制，可能不会产生明星这样的词汇。如果狭义地来进行解释的话，明星就是明星制所围绕的核心人物。因此，必须结合明星制，才能更好地理解明星这一概念的意义。明星制最早诞生于美国的电影产业，简而言之是一整套围绕电影明星（早期主要是演员）而展开的产业规则，制片厂商与明星签约，支付高额片酬，围绕明星展开影片的宣传，甚至根据明星的个人特质来选择或编写剧本、选择导演。在这样的体系中，明星即电影，显而易见地起了决定性的作用，称之为明星制可谓名副其实。理解了明星制，我们才能理解"明星"这一概念的内核，明星不仅是名人、行家里手，或者拥有杰出才能的人物，更关键的是明星决定了一个行业的生产方式，意味着一套新的生产体系。那么，这一制度是如何形成并得以推广的呢？为何要有这样的制度呢？

明星制的产生有其合理性与必然性，与整个电影产业的发展息息相关，最早的明星制现在已不再施行，但明星制遗留的生产方式仍在深刻地影响着当下的电影产业。说起合理性，明星制之前的电影厂商甚至都不想让观众知道演员的名字，因为这有利于厂商控制演员的片酬，但这个做法并不能阻挡观众对演员的喜爱，观众自发地以自己的方式来命名演员或者某个角色；默片时代的电影表现手段经常通过特写来反映人物情绪变化，进而推动情节发展，使得演员的个体表演能力更显重要。厂商一厢情愿的做法与现实的传播效果相对立，明星的出现可谓顺理成章，水到渠成。这里可以看出，明星是认知的产物，是传播的产物。在认知理论中，人都有简化对象或现象的倾向，通过简化来更好地记忆、认识事物。明星就是对电影简化的结果，之所以选择明星（演员）同电影的表现方式有直接关系。现实倒逼电影厂商认可演员的价值，并进而推出"明星制"。

明星制的实行在开始就获得了巨大成功，与电影工业化的生产方式有密切关系。单纯就表演而言，戏剧、戏曲或者演奏等不同门类，名角的出现也是自然而然的事情，名角也能提升经济收益，但这种提升相较于电影的收益，不可同日而语。电影实现了表演事业的大工业化，大规模的复制，大范围的发行、放映，使得其收益的增长呈几何级数的关系。在这样的背景下，明星的价值得到了充分的体现。既然，观众是通过明星演员来认识电影，那么通过明星演员来推广电影就是合理而有效的推广、宣传策略。在这样的前提下，更进一步的做法就是"造星"，塑造明星，也就是俗称的包装，围绕经营目标塑造演员的公众形象，包括名字、服饰、参与公共活动、发表言论甚至制造新闻等等，手段不一而足。明星的光芒也就日益显耀，而这种光芒不再是由于其个人才华自然产生的了，相当程度来自经营团队的刻意打造，这也是明星这一概念不能等同于名人的关键所在。明星成为公共生活中的一个传奇故事，成为公共视野关注的焦点，那么其产品的商业前景也就不言自明了。

消费文化与明星制

明星制的效用如此显著，这一制度的施行就不再局限于电影业，而逐步为其他行业所借鉴，蔓延开去，成为许多产业驱动的一种模式。这些现象与整个世界的产业模式的变化紧密相关，也与社会环境的剧烈变化密切相关。明星之为明星，其光芒不仅来自自身才能，也来自传播，在产业化的媒体时代之前，不可能实现大规模的即时传播。不乏名人，也有名人效益，但无法形成今日的明星效应，自然也不可能形成造星冲动，从而产生一整套环环相扣的完整产业链。

消费文化的兴起与人类生产能力的提升有极大关系，大工业化的生产使得人类基本上告

1《建筑师》（l'Architecte），
[法]Henri Marcel Magne，
百年前的建筑师典型形象。

别了物品短缺的境遇，物流体系使得商品的流动遍及全球。广阔的市场，几乎无限的生
产能力，应接不暇的商品信息，形成了新的生产与消费之间的矛盾。一方面，购买（消
费）行为不再是为了满足生活的基本需求，基本需求的满足较易实现，不构成主要矛盾；
另一方面，刺激消费成为不同经济层面，从宏观到微观层面都必须考虑的首要问题，消
费极大程度上决定了经济的走向，成为经济增长的主要驱动力。同时，消费也呈现了超
越经济层面的意义，人们的消费选择并不仅仅出于经济理性，而往往带有情感因素，甚
至是由于文化认同。

2.《明星设计师》，金梦媛绘制。当代设计师的公众形象。

在这样的背景下，就不难想象明星在新的生产体系中可能起到的作用。明星作为认知的产物，具有符号意义；而消费文化的特点是，人们不再关注物品的原始功能或基本需求，而开始消费商品的符号价值。商品成为界定人在社会关系中位置的符号或标志，从这个意义上看，明星与商品的结合可谓顺理成章。同时，在消费主义的时代，媒体本身的作用与角色也在演变，媒体也是一个产业，是庞大产业格局的一部分，不仅仅是信息或文化的传播者。媒体即使出于自身利益的考虑，也希望有明星的光环可借。源自电影业的明星制有充分的理由可以移植到各个商业领域，推动不断增值的链条：明星影响人们的消费选择获取利益，媒体传播明星的价值并参与到造星的过程之中，既可获取来自商家、明星的利益，也借助明星增强自身的影响力，商家在投入明星宣传之后，通过销售赚取利润，如此往复不止，巨大的商业利益滚滚而来。

但电影业中的明星制与其他行业的明星制显然也不可简单类比，原因在于电影业中的明星制使明星占据了整个生产过程的核心位置，明星不仅参与生产，也参与决策，拥有一定程度的决策权，其作用不仅仅体现在台前，也在幕后。本文重点讨论的是明星制在设计行业的影响，因此不妨仔细分辨设计中的明星如何显现。不同于演员成为明星，在电影中演员的作用显而易见，是显性因素，而设计中的明星其作用并不能在最终产品中获得直观的显现，这个特性造成两种倾向：一方面，这个特性使得设计师或者其他个体不容易成为明星，因为其作用在认知上是间接的，需要宣传和解释；另一方面，这个特性使得对设计明星的包装更为自如，明星可以仅仅是个符号而未必在实际的生产过程中发挥主导作用。这后一种倾向必然导致明星制的异化。

在设计行业中并没有完全可与电影行业类比的明星制存在，但某些行业对个体作用的推崇以及宣传策略有相似之处，时装业比较突出明星设计师的作用，一系列以设计师命名的品牌获得成功即可说明这一点。建筑业中建筑师也能获取类似明星的宣传地位，但即使明星建筑师也要参与到重大项目的竞争过程，而并非可以完全围绕自身特点来进行设计工作，并且建筑师在设计过程中的决策权并非如外界想象的那么大。产品设计师成为明星也面临相似的处境，设计师在设计环节的作用无疑是决定性的，但在整个产业链条中的位置则不那么清晰，往往取决于不同的产品策略。在宜家这样的产品体系中，品牌形象的价值远高于设计师个体形象的价值，毫无疑问，宜家拥有强大的设计能力，但设计师的作用并不那么关键，宜家的顾客消费的不是设计师的个人魅力，而是整个产品体系的高效、实用、经济和适度的美观，一种简朴的价值观。

在电影业中，演员的明星化是直接的消费对象，而在设计行业中设计师的明星化需经转化才能成为消费对象。对表演明星的消费是其形象和表演能力，对明星设计师的消费则是其设计能力、个人魅力和价值观。在这个转化的过程中，事实上还存在着其他可能性，未必一定要塑造设计师成为明星，更简明的策略是直接利用明星来当代言人，通过把明星既有的形象和符号意义与商品结合来完成价值转移，这是明星制在商品社会中的一个变异。明星代言制度越来越成为流行的做法，尤其在大众消费领域，在诸多因素的比较中，如果产品的设计价值并不能成为关键因素的时候，塑造设计师成为明星对于刺激消费毫无意义。已经去世的乔布斯可以作为一个参考，尽管他并不是设计师，也不从事具体的设计，但获得了设计师的称号并得到广泛认同，苹果公司的产品也的确以设计见长，最终乔布斯成了苹果公司的象征。在这样一个注重设计的公司里，真正的明星是董事长乔布斯而不是首席设计师。造成这个结果同乔布斯的创始人身份有关，也同其在产品决策过程中的核心作用有关，并非他人之功。在他之后苹果公司无人能再发出如此光芒，因此，考察明星是什么力量造就的就有其重要意义。

明星是如何炼成的？

明星首先是具有特殊禀赋的人物，这是重要的基础。虽然明星的光芒一部分来自外部环境的聚焦、包装或投射，但其自身条件仍然是不可或缺的因素。在对明星制进行研究时，人们往往容易注意到这套制度或者说运作方式的威力而忽略明星自身的魅力，夸大了制度的作用。再好的制度也无法凭空造就一个明星，可资参考的例子非常多，新浪网在名人博客推出成功后，刻意开辟了草根名博的栏目，意欲打造平民英雄从而吸引更多的网络用户，但结果是不了了之；演艺界的各类选秀竞赛可以使某些艺人一时成为热点，但随着时间的流逝，大多数都湮没在芸芸众生之中而光芒不再。从这方面看，明星人物似乎是可遇不可求的。

但从另一方面看，此论也不尽然。明星的出现必然是天时、地利与人和三者皆备的结果。古人说千里马常有而伯乐不常有，故先有伯乐然后有千里马。明星就是千里马，千里马是消费对象，明星也是消费对象，是需求的产物，因此稍微改换一下表述，明星的产生是与社会的消费需求相匹配的。我们还有千金买骨的故事，"古之君人，有以千金求千里马者，三年不能得。涓人言于君曰：请求之。君遣之，三月得千里马。马已死，买其骨五百金，反以报君。君大怒曰：所求者生马，安事死马而捐五百金？涓人对曰：死马且买之五百金，况生马乎？天下必以王为能市马，马今至矣！于是，不能期年，千里之马至者三。"这则故事很好地说明了消费需求与消费对象之间的关系，君王通过买骨明确了需求，符合需求的千里马就被人牵来了。大众爱足球，自然就会出现球星；尚文则出文人，尚武则多武夫，不同时机下涌现的明星不同并非基因变异的结果，而是社会风尚使然。

明星的产生除了社会需求之外，还有一个土壤或环境因素的问题。明星禀赋的出类拔萃是高水平竞争的结果，或者说是在高水平参照系中才能更好地显现。丹纳在其《艺术哲学》中充分地论证了这一观点，文艺复兴时期的艺术界大师辈出，群星灿烂，其根基是大师下面还有一大批拥有出众才能的艺术家，明星是冰山露出水面的那一角，水面下的山体才是决定明星高度的关键因素。这是明星产生之不易的一个原因，不是短时间内就能创造的条件，单纯为个别有天赋的人才创造小环境不可能培养出真正的明星。

明星的光芒相当一部分来自传播，一方面是专业声誉，另一方面是个性魅力。专业领域的才能与大众传播过程的形象并不完全重合，意大利巴洛克时期的两大巨匠伯尼尼与波罗米尼禀赋相近而个人际遇则有天壤之别，除了必然的竞争关系，两人个性的差异也是重要原因。同样的道理，历年来获得普利兹克奖的建筑师必然不能拥有相同或相近的社会声誉，他们的专业成就无疑是可比拟的，但在大众传播的过程中，某些人的形象或个性更容易引起普通人的共鸣而得到更多的关注与尊崇，这里有人性的因素而不全然是理性的结果。

专业成就或才能在大众传播的过程中可能被误读或夸大，英国诗人亚历山大·蒲柏（Alexander Pope）为牛顿写的墓志铭：自然与自然的法则在黑夜隐藏，/ 上帝说，让牛顿去吧！世界一片光。[1] 牛顿自己曾说，他的成就是站在巨人肩膀上取得的，但在诗人文学化的描述中，牛顿成为上帝的使者，已近乎于神了。相似的情形是在英国物理学家爱丁顿通过天文观测验证了爱因斯坦的广义相对论之后，媒体记者在采访时提出了世界上只有六个半人懂相对论的说法，其实完全是无稽之谈，但这种富有传奇性的说法显然更能吸引读者，大众媒体并不真正关心相对论的内容，也没有对读者进行科普的愿望。这种宣传手段无疑增加了相对论的神秘色彩，也使爱因斯坦的光芒更加炫目。某种程度上讲，明星也是误读的产物。

消费时代，明星与媒体存在着一种共谋的关系，相互依存。对媒体而言，关于明星的消息和报道本身就是可消费的产品，明星的价值就是媒体自身价值的一部分；对明星而言，媒体可以帮助其扩大影响力，明星的光芒在传播中才能产生价值；两者都很清楚的一点是：影响力就是生产力。媒体是使人物成为明星的最终实现环节，没有媒体就没有明星；反过来讲，媒体如果不能掌握明星作为资源，不依赖明星，那么在同类竞争中也很难脱颖而出。即使在消费文化还未成形的年代，像勒·柯布西耶这样的建筑师就注重宣传自己的理念，通过自办杂志、出书和展览等多种渠道主动与公众交流；作为教育家的格罗皮乌斯也重视为包豪斯的学生举办展览，开幕时总是邀请各界人士一起来品评作品。柯布西耶、格罗皮乌斯以及包豪斯都成为了现代主义运动中标志性的人物和组织，而投身其中的设计师不知凡几，除了他们自身的成就，交流与传播也是决定性的因素。

明星制的弊端

明星与明星制的好处显而易见，但也不能构成世界的全部，其弊端同样不容忽视。首先，明星制通过强化明星的作用来达到传播上的优势，不仅使明星个体拥有过大的话语权，也容易在利益分配上造成失衡。毕竟电影也好，设计也好，都是集体合作完成的事业，对工业产品来说，设计只是其产业链条中的一环。电影界，明星演员有时为了突出个人的形象，不惜牺牲故事情节的合理发展，最终降低了电影的质量；同样，设计师如果片面强调某一方面的指标，也会导致产品的市场竞争力不足。

其次，明星制的实施，由于明星的高额收益必然带来整体成本的上升，无形中增加了商业经营的风险。当然，这种风险并不意味着商业上的必然失败，高风险高回报也是一条商业规律，但不是所有的事情都值得冒风险。当明星收益在整个成本中的比重过高时，就有压缩其他方面成本的危险，这会带来更大的风险。

第三，明星的价值属于无形资产，通过转化可以变成现实利益，无形资产的一个问题是具有不确定性，这部分价值不是稳定的，一旦明星的形象受到损害，则必然影响整个产品的商业前景。当刀锋战士涉入杀人案件之后，其商业价值立即大打折扣，其代言的产品马上更换广告。明星成为明星制中不可控的因素，一旦发生突发事件或者明星因缺乏自律而爆出丑闻的话，整个系统都将受到致命打击。在乔布斯生前，任何关于他健康的传闻都会引起苹果公司股价的明显波动，虽然苹果公司并不能说是实施的明星制，但对乔布斯个人的过度依赖已经影响到了公司的平稳发展，当然这不是他个人的问题。

最后，在消费文化的持续发展过程中，大众文化的兴起也在一定程度上抵触明星制。明星制造就明星，必然使明星呈现精英化的趋势。大众文化兴起与社会格局的变化密切相关，大工业化的生产模式使得社会的消费主体发生了迁移，中产阶级成为社会的主导力量，同时也是消费主体。尽管媒体或明星可以诱导大众进行消费，刺激大众的消费冲动，但并不能完全左右大众的消费选择。大众文化的兴起使得普通人的价值观发生了转变，他们并不一定要模仿精英阶层的生活方式，随着时代的发展，他们更希望确立自己的个性和形象。世界上没有完美的制度，明星制尽管难免有其弊端，仍不失为一种有效的商业机制。明星制不会是世界的全部，但还会是这个时代重要的组成。

制度与产业环境比明星更重要

经历了改革开放之后的三十多年经济高速发展，中国目前已是世界第二大经济体，仅次于美国；人口规模加上逐渐释放的消费欲望，造就了庞大的消费市场。然而在日常衣食住行所涉及的多个领域，本土品牌、国产商品仍不能占据所在行业的领导地位，这不仅意味着经济上的失落，也是文化上的尴尬。在此情形之下，不难理解呼唤英雄诞生的情结，我们期待出现明星设计师和明星产品，以象征国家和民族的全面复兴。然而，真正明星的出现并非个体的成功，而是个体与环境之间高度契合之后的现象。

弱势项目的运动员夺取世界冠军自然能听到一片欢呼，但出于爱国热情的支持与源自对项目喜爱而产生的欣赏是不一样的（两者并不相互排斥）。从这个角度看，明星产品比明星设计师更重要，明星产品的出现起码意味着消费市场的认同，具有更坚实的基础。

新晋普利兹克奖得主，也是中国首位该奖项的获得者，建筑师王澍在接受《南方周末》采访后的报道中，一则小标题是"他们最不听设计师的"，采访中的他们指的是城市规划部门，"其实很大程度上，我们的规划局一面要听政府的，另外一方面，要听资本家的。他们最不听的就是设计师的。"[2]结合整个报道，不难理解，这个他们不仅仅是规划部门。而在王澍获奖之前，公众对这位建筑师可谓知之甚少。这多少反映了中国设计当下的境遇，设计的群众基础太不深厚。获奖之后的蜂拥而至又有多少是出自对建筑师设计思想的认同呢？典型的做法是地产商希望王澍承担设计，"至少挂个名"[3]。后半句才是真正的目的，这确实也是一种消费，但这种消费的扭曲并不能带来行业真正可持续的发展。

得奖的确能造就明星，普利兹克奖使得王澍迅速成为公众的焦点，但王澍更像一个空降的明星，尽管他是一位本土建筑师，甚至都没有在国外拿一个学位。作为设计中人，我们自然希望这是一个良好的开端，但这种本土设计师需要外来奖项倒逼国内环境认可的做法能多大程度上改善我们所处的设计环境呢？或许也能像培养奥运冠军一样，集举国之力打造几个设计明星，但正如全民健身比奥运金牌更重要一样，明星是标，完善的体系和健康的设计环境才是本，标本兼治方可祛病延年。体系和环境比明星更重要，当设计意识深植民间与政府的心中，中国制造向中国创造的转变就不会只是一句漂亮的口号，明星的出现也就水到渠成了。

本文原载《装饰》2013 年 03 期，总第 239 期

注释：

[1] Nature and nature'slaws lay hid in night; God said "Let Newtonbe"and all was light.

[2] 朱晓佳，《他们最不听设计师的——建筑师王澍的困扰》，《南方周末》2013.2.14，第 7 版。

[3] 同 [2]，第 8 版。

民生设计刍议

设计要解决问题，也要体现对人的尊重，对普通使用者的尊重，甚至更进一步，对能力有缺陷的使用者也要给予同等的尊重。设计民主化顺应了社会发展的变化，设计师逐步摆脱了精英意识，设计师的责任不是指导人们如何生活，而是如何更好地为人们的生活服务，指导生活是只有上帝才能做到的事情。

奥运期间，由于单双号限行，生活的节奏发生了变化。汽车就是人的双腿，在公共交通不甚便利的条件下，限行不只限制了汽车的出行，大街上的人也少多了。由于我住得离上班地点不算太远，限行倒激发了自己双腿的活力，索性走着去上班了，行程大约四十分钟。这一走，发现奥运给这个城市带来的变化真是不少。

这些日子，能坚持走下来的一个重要原因是这一路走得很愉快。家门前的清华东路早在几十年前就预留了拓宽的可能性，路两边的绿化带很宽，道路虽经拓宽，路南的绿化带还是保留下来了。为了迎接奥运，绿化带里择地进行了一系列小广场的建设，并有步道相连。这一路走去，同邻近的大马路有咫尺天涯的感觉，就像是在公园中散步。长了几十年的大树成为屏障，隔绝了马路的噪声，林间小路在夏季显得很惬意。周围的小区大多建于 20 世纪80、90 年代，除了宅间绿地别无其他的活动场地，现在好了，老人、孩子，包括拿着书本的年轻人都有了自己的空间，绿化带的环境效益可谓充分发挥了。

托在奥组委工作的同事之福，我也有幸看了一场奥运的田径比赛。主体育场"鸟巢"气势恢宏，奥运公园游人如织，内容丰富：音乐喷泉、彩灯、人工湖，甚至还有一群野鸭。人们不停地拿出照相机拍照留念，不消说，看着这一切，就意识到北京奥运成功了。为了这届奥运会，北京兴建了一系列工程。上述两个例子分别代表了不同层面的内容。大多数奥运工程都像奥运公园一样，其作用类似于故宫，在奥运结束之后就成为宝贵的奥运遗产，成为旅游点，属于国家形象。但这些工程无论怎么成功，都很难成为大多数人日常生活的一部分，这是不能苛求的，是其属性使然。说心里话，奥运工程里最让我感动的还是那条贯穿绿化带的小路，因为它关乎我们的日常生活，实实在在地改善了许多人的生活质量。

由此，自然想到了"民生"一词。习惯上往往国计和民生并提，因为一国之计最根本的还是民生问题，人民生活好了，百姓安居乐业，社会稳定，国家的富强就是不言而喻的结果。然而，作为设计师，我也很清楚，多数人还是更乐意涉足国家形象层面的设计，而不愿意认真耕耘日常生活的角落。这种倾向在我国当前的设计界显得尤为突出，这么说并不否定有许多设计师在民生方面的努力，但总体上越是在民生层面的设计，我们越是落后。尽管四大发明值得骄傲，但如果扫视当下周遭的日常生活环境，我们能看到几样出于中国设计师的创新设计？就连拖地的墩布都是模仿的国外设计，当然，传统的墩布也还存在，只是没有我们新的相关设计。除了继承和模仿，当代的中国设计在这个层面似乎一片空白。

近来因为筹备《装饰》创刊 50 周年的纪念活动，一直在梳理这本刊物的历史。过程中，感受较深的还是老一辈学者对日用民生的重视，创刊号的封面赫然就是衣、食、住、行四面大旗。四面大旗插在一艘龙舟上，这个组合可谓喻意深远。创作者未必是刻意寄寓，但审美的选择反映了深层的价值观，简单解读的话，意思就是探讨根植于中国文化传统的衣、食、住、行，创造符合中国人精神追求的日常生活用品，这可能就是这本刊物的灵魂。创刊人之一的张仃先生一直提倡关注民间艺术，这也成为刊物的传统，先生之意一则打破等级观念，追求更为纯粹的艺术价值，二则看到了民间传统中所蕴含的活力和智慧，来自日常生活的活力和智慧。这种意识，由于鲜活，无疑又是符合时代精神的。

现在提出"民生设计"这一概念，并非为了界定某一种类型或风格，而是提示一种看待设计、思考设计问题的角度，从民生的角度来观察，我们在设计方面如何作为。事实上，这个角度早已有之，只是未能得到彰显。威廉·莫里斯对大工业生产的反感，一方面源于审美品质的缺失，一方面也担心许多手工艺匠人将失去他们的工作。莫里斯坚持手工制作，既是为了保持一种文化的纯真，也有人的社会生存方面的考虑。当然，他的实践没有取得大范围的成功，但其启发性和积极性是不可否认的。并由他的思考和实践，催生了极大地改变了世界面貌的现代主义运动。奥地利人阿道夫·路斯大声呼吁"装饰就是罪恶"，断章取义地看，不免觉得偏激，不过这口号一直流传下来，其背后的社会关怀是让人感动的。大工业化的生产方式作为一种手段，本身没有善恶之分，合理运用的话，这种手段可以有效降低成本，使更多的人能够享受技术进步所带来的便利，莫里斯当时的看法失之偏颇。

尽管设计师成为一种社会分工所分化出的职业的历史并不长，但设计活动的历史几乎是同人类历史同步的。在文字出现之前，史前文明阶段人类就有意识地利用周围环境中的现成物或基本材料进行加工，制造了便于人类生存的工具以及为了美化生活的装饰品。骨针、石斧、树叶组成的衣裙、抟土而成的容器、贝壳串成的项链等等，无不可以看成人类设计活动的起源，而所有的成果都指向生存和日常生活。解决问题是设计的天然本质，然而随着文明的进展，设计的这一本质发生了变化，或者说问题复杂化了，一方面是在文明的基础上人类不断提出新问题，一方面是对同一问题的理解在不同阶段显然有不同的解答。因此，人类的设计智慧分别流向众多分化的不同领域。为了解决人类自身的冲突，就有了军事的要求；对未知世界的敬畏，产生了宗教；强化权威的政治、经济层面的考虑也可以成为设计所要面对的问题。文字产生之后，叙述历史的话语权垄断在一小部分人手中，由于他们的自身利益要求，设计的焦点逐渐游离出日常生活的范围。直至今日，当我们翻开各种设计史、艺术史、建筑史、工艺美术史，直观上似乎不得不说，这些历史都是帝王将相写的。以至于在四十年前的"极左"年代，为了推翻这种帝王将相的历史观，而堕入无法书写历史的尴尬境地。历史终究是人民写就的，但不可否认的是，由于社会话语的主导权造成的结构上的倾向性，人类的智慧向帝王将相的需求倾斜，设计也不例外。

同样，随着历史的进程，社会结构再次打破了原有的平衡，平民文化在现代社会的位置不断提升，甚至占据了主流的位置，或者说可以对社会主流文化的走向产生重大影响。这也是今天提出民生设计的社会基础和时代背景。当瑞士人勒·柯布西耶在《走向新建筑》中大声疾呼建筑师要向工程师学习的时候，这就意味着由于工业革命的成就，人类要思考的问题产生了重大转向。今天的社会，大型公共建筑取代了历史上帝王宫殿的地位，建筑的体量、基本功能可能有所延续，但使用者的变化必然导致主要需求的变化，包括文化倾向和审美趣味。同时，人们的眼光也投向了不同的领域，投向传统历史不甚着墨的地方。20世纪的60年代，美国纽约现代博物馆举办了一个特殊的展览——Architecture without Architect（没有建筑师的建筑），并出版了同名书籍[1]。所谓没有建筑师的建筑，就是那些说不出建筑师名字的建筑，并非没有设计者，只是设计者无名。在这个展览里，人们看到的是各地的传统民居，从中人们惊讶地发现了许多比之宫殿建筑更为鲜活生动的设计智慧。在去除了对权力、财富的逢迎之后，民间的设计更多的是直面问题，从这个角度看，也就更接近设计的本质，从而更为纯粹。在这次视线的游移之后，社会话题的焦点越来越多地转向平民的文化诉求。与柯布西耶遥相呼应的是美国人罗伯特·文丘里的"向拉斯维加斯学习"，在同名的书中，文丘里声称拉斯维加斯的一切都是好的。几乎在同一时间，全球几乎都在经历一场思想的震荡，法国巴黎的学生们占据公共场所、在街道垒起堡垒，目的并非是要夺取政权。他们用暴力的方式想要争取的是社会话语权，从此进入了所谓后现代时期，来自街头的服装、音乐、图画、建筑装饰、俚语等等都开始登堂入室，进入主流媒体的视野，并左右一时的风尚。尽管现代主义者的理想、口号早在上个世纪初已经提出并付诸实践，但其精神真正地彻底贯彻可能必须说是这个时候刚刚开始。从这个意义上讲，后现代绝不是对现代主义的革命，而是继续走完现代主义所没有完成的征程，后现代之名并不虚妄。

今天的人们已经习惯于认知这样的事实，通用汽车是靠雪佛莱这样的大众品牌成为业界的老大，相反许多高级汽车的品牌纷纷因为生存问题被大公司收购；没有任何其他饮料能够比可口可乐对社会的影响力更大；家具业则毫无疑问是宜家这个品牌的辐射能力最强。即使把眼光投向一贯鼓吹奢侈的高级成衣业，如果他们不是因为把设计灵感投向平民的日常生活，还坚持宫廷化趣味的话，许多品牌也不能存活到今天。低端产品的供应商，占据了社会财富的高端，这种看似矛盾的现象深刻地反映了社会结构的变迁。不依赖垄断的、充分的商业竞争，必然导致这样的结果，现代商业活动中包含了人人平等的民主精神，人们用消费活动来投票，无论贫富，投出的这一票是等值的。低端产品意味着拥有更广泛的消费人群，进而借由消费群体对整个社会产生影响，并反过来巩固消费群体的品牌忠诚和消费意识。本文讨论这些事实的目的，不是为了探求商业的成功之道，而是透过这些现象说明，关注日用民生并不是学雷锋，在这个结构变迁的社会中，这是大势所趋，并且有利可图。

关于民生设计的思考，可以从以下几个方面入手。首先是设计对象，民生设计的对象应是关乎多数人的使用，未必一定是日常使用，但其设计的改善将给多数人带来利益。当然，日常用品的设计也涵盖在其范围之内。在周星驰的《大内密探零零发》里，主人公为了让他的妻子爱做家务，发明了许多离奇的玩意儿。这是喜剧的手法，让人发噱的背后，还是有合理性的。洗衣机让人们从繁重的体力劳动中解脱了出来，这一发明的功劳，任谁可能都不会吝惜赞美之词，除了不用自己洗衣服的人。在世纪之交时，英国人评选百年来对人类贡献最大的发明，排在首位的是抽水马桶，仔细想来并不过分，这个发明改变了厕所的卫生状况，同时极大地提高了居住的品质。厕所一旦不臭，在布局时就可以临近居室和主要活动空间，这样在内急时，显然就更为方便。从一个故事可以看出其意义，20 世纪 30 年代，上海开始兴建西式新住宅，落成之后，大受追捧，许多人纷纷租住，甚至在过年时临时租住几日，为的是能让全家体验这种新式住宅的好处，其中最为人称道的就是抽水马桶[2]。其情景类似于改革开放初期，一些家庭全家去住几天宾馆，享受那里的环境和服务，夏天时，空调的凉风更让人羡慕。中国一直被认为是自行车大国，使用人数肯定是世界第一，但无法被称为自行车强国，不是因为自行车运动的成绩不好，而是我们不能自行设计、制造性能优良的自行车。这种局面，近年来才逐步改变。今天的人们去超市，能充分地感受到商品丰富，尤其是日用品的货架，打蛋器、开瓶器、储物箱、炊具、防滑垫、节能灯、清洁工具等，这些商品无声无息地改善了人们的生活品质，如果同过去对比，我们不难得出这样的结论：改革开放的伟大成就相当程度就是通过这些改变体现出来的。关注日用民生因此也就具有了影响深远的政治效益。

汶川地震引起了人们的广泛关注，也引发了抗震设计的思考，这一话题显然也从属于民生设计的范畴。虽然这不是常态事件，但涉及的人数量众多，问题急迫，关乎生命。其中当然有许多优秀的设计，预制组装的住宅、帐篷，等等，显示了设计师的社会责任和敏感。同类设

1. 日本阪神地震后，坂茂设计的纸管建筑从环境感受看，较之帐篷更有住区的感觉。

计中给人留下深刻印象的是日本建筑师坂茂的纸管住宅，其优越性除了简单、便利之外，还有一个好处是，利用简单的原料即可发动受灾的人们自己动手，不用借助复杂的工具。用装满沙子的啤酒瓶箱做基础，直径 110mm，壁厚 4mm 的纸管组成墙壁，再加一个防水屋面即可。促发坂茂设计的原因是，阪神大地震之后，尽管政府承诺尽快提供临时住宅，但几个月过去了，许多人还是住在塑料帐篷里，有人甚至完全没有住所，而他们必须留在原来工作或学习的地区。这一设计极大地改善了灾民的居住条件，成本低廉，有合理的采光通风条件。此后，在土耳其的博卢地区，这一设计再度为灾民提供了帮助。在土耳其，纸管构造还显示了其独特的适应性，在纸管内填充废纸还可提高墙体的保温性能。最后，这个设计的好处还在于对环境的影响很小，纸是可降解材料，基础很容易清除，临时住所的环境可还原性非常好[3]。这是很有启发性的案例，设计的可能性究竟有多大？人的智慧究竟可以发挥多大的作用？

由此，我们必然要思考第二个层面的问题，民生设计不可回避的一个问题，就是设计的价值观。提出民生设计，也就是要倡导一种设计价值观。我们为什么设计？从设计的本质入手，不难找出答案，即为了人们更好地生活。不可否认，许多人学习设计、投身设计的原因或追求的理由并不如此简单，有名和利诸多层面的考虑。但如果我们真正理解了设计的本质，我们或许就对一般意义上的名和利有自己的判断。尤其在我们国家，传统上这是一个讲究等级的差序结构社会，什么事都要分个三六九等。在这种思维模式下，鼓励设计师做大项目，有社会显示度的项目、课题，针对这种人为设定等级的不同项目采取不同的态度投入工作，混淆了规模大小与品质好坏之间的区别。这种混淆如此深入人心，以至于整个社会的评价机制也是根源于这样的逻辑，我们热衷于"十大×××"这样的评选，甚至给人留下这样的印象，许多项目不管哪位设计师做都会得奖或进入顶级序列，因为项目本身的规模或主导机构的行政级别决定了一切。在这样的逻辑下，我们怎么可能产生真正优秀的设计，我们又怎么能产生得到广泛认同的设计大师？这样的名和利无疑是建立在沙堆上的名利，经不起时间的考验，也经不起社会实践的检验。这样的价值观必然导致的一个后果就是轻视关乎多数人日常生活的细小设计，一些设计师动不动就声称只做高端设计。其实，即使在帝王将相书写的历史中，我们也可看到这样的事实：留名青史的不是那些规模大、投资高的作品，而是那些能体现人类设计智慧，真正解决问题的设计成果。设计只有好坏之分，没有大小之分。翻开西方近现代建筑史，载入史册的最小设计是卡拉特拉瓦设计的车间大门，这个题目可能会让许多人不屑一顾，但同样也会让他们束手无策，卡拉特拉瓦利用车间大门开合之间的变化，以一道极为简练的弧线关节表现出绝美的诗意[4]。看了这个作品，再看其他的宏伟巨制，心中就释然了，其中的智慧是共通的。小作品中体现的智慧，使设计师在面对大课题时游刃有余。德国法克曼公司以生产日用品著称，二十年前我家的邻居留学日本归来送给我妈妈一个小蒸盘，当时不明就里，后来才知道是这个公司的大作。由金属制成的，花瓣一样的结构，其妙处在于可根据所蒸物品的大小控制开合程度，平时收起来又很小巧，不占地方。就这么个用具，让我妈妈唏嘘不止，好设计是让人感动的。在此，并不否认纪念性作品的价值，那也是人的精神需求，但这个作品里，我们能感受到那种带着审美的生活态度，优雅而从容，形式完美，功能合理。尽管并不知道这位设计师的名字，仍要向这样的设计师致以敬意。

这一价值观的合理展开，就进入民生设计的又一个层面，即普遍的关怀。设计要解决问题，也要体现对人的尊重，对普通使用者的尊重，甚至更进一步，对能力有缺陷的使用者也要给予同等的尊重。设计民主化顺应了社会发展的变化，设计逐步摆脱了精英意识，设计师的责任不是指导人们如何生活，而是如何更好地为人们的生活服务，指导生活是只有上帝才能做到的事情。这一角色的变化，不啻是设计师自身的一大解放，设计师不再沉迷于炫耀才华的奇思妙想，踏踏实实地在日常生活中寻找灵感，其作品也不再强迫使用者去适应设计成果，设计的构思也能更好地在使用中实现。传统上，社会对能力有缺陷的人往往施以歧视的目光，随着民主观念的深入，设计师对生活的观察和体验也更为细致，事实上大多数人都会面临自身能力有缺陷的状况，残疾人自不必言，儿童、老人、病人等等，人在不同的时间段内都会遭遇能力缺陷的尴尬。因此，首先是无障碍设计引起人们的讨论并付诸实施，然后这一观念更进一步发展为可及性与普适性设计。这些设计的主要原则是，设计成果应尽量使能力有缺陷者不依赖他人的帮助即可完成功能操作，并且对于健全人并没有带来不便，这样既便利了这些使用者，同时也维护了他们的尊严。2008年残奥会在北京举行，可以让我们对这一问题有更为直观和深刻的认识。正是由于这样的设计，更多的人可以自由地进入公共场所，享受公共生活，并取得良好的社会生存心态，进而有利于社会的整体和谐。

最后，由于民生设计关注的焦点是生活，那么设计师必然要细心体味生活的变动，积极地影响变化的方向，在变化中提升人们生活的品质，这也为设计师施展才能提供了无限可能的舞台。当城市尺度越来越大，人们出行必须依赖公共交通的时候，有人发明了折叠自行车，以弥补公共交通体系的不完备之处；能源危机来临的时候，人们积极开发探索新能源的应用；小学生的书包无可挽回地越来越重时，就让他们用两个肩膀来背书包；利用网络平台的电子邮件、

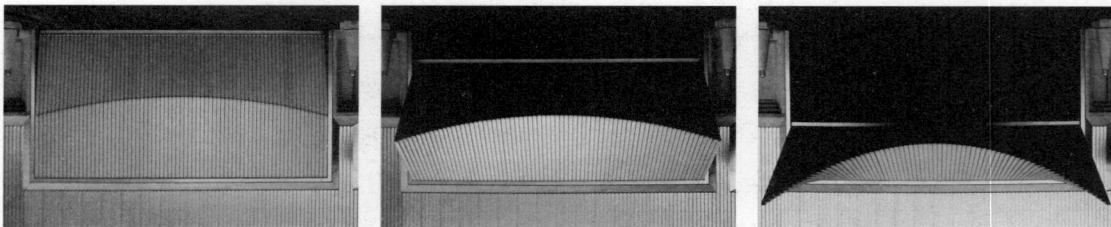

2~4. 西班牙设计师圣地亚哥·卡拉特拉瓦设计的厂房建筑局部。车间大门，从左至右是门由封闭至开启的过程中呈现的形态变化，简单的设计显示出的想象力可不简单。

5~8. 德国 Facklemann 品牌的蒸菜盘、苹果刀和瓶塞，小物件的精美设计造就了一家大公司。

即时通信等工具的设计，则适应了当下的工作节奏。事物的发展，一方面带来某个层面的利益，另一方面也会带来新的问题，人类就是在这样不断解决问题的过程中向前迈进，同时对问题的认识也不断深化。以今天的通信状况而言，无线通信、网络技术带来了沟通的便利和快捷，也让人在这个世界上几乎无所逃遁，甚至有人患上手机焦虑症，因此手机的功能设计也在不断调整。网络提供了海量信息，也让人在其中迷失，导致搜索引擎的重要性超过了内容供应商，甚至产生了"搜商"这样的新名词来表示人搜索信息的能力。设计师的机遇同时也蕴涵在这些不断提出的新的挑战之中。民生设计不是让设计师无所作为，而是大有可为。

民生设计的核心是为多数人服务、改善人们生活品质的设计价值观，设计师的桂冠上不一定刻写自己的名字，而是映射着人们发自内心的微笑和赞许。烟花的灿烂是短暂的，路边的街灯则默默地、长久地指引着回家的路。粗陋之议，只愿更多的设计师投身于日用民生的设计，中国人的生活只能由中国人自己创造，学习、借鉴能缓一时之急，却无法塑造我们理想的生活。宏伟的工程，也需要细节的精微。类似宜家这样的品牌，其强大的设计能力不是体现在哗众取宠的形式层面，而是通过细致的设计推敲来控制成本，为消费者提供价格低廉但品质有所保证的产品，毕竟经济因素也是民生问题的重要组成。设计师不是生活在真空中，民生问题也关乎每个个体自身的利益，从自己的专业出发，民生设计应是我们努力的一个重要方向。

本文原载《装饰》2008 年 10 期，总第 186 期

注释：

[1] Bernard Rudofsky, Architecture without architects: a short introduction to nonpedigreed architecture, Doubleday, New York, 1964。

[2] 赖德霖：《中国近代建筑史研究》，北京：清华大学出版社，2007，第 187-188 页。

[3]（日）坂茂："可再生的住所——纸管建筑"，《住区》，2008.4，第 51-55 页。

[4] Udo Kultermann, Architecture in the 20th century, Van Nostrand Reinhold, New York, 1993, P336。

筷子·时钟·奥运火炬

——伦理思考的文化立场

文化作为一种选择机制，它总是在进行选择，所谓选择就是取舍，决定取舍的是价值观。伦理也是一种选择机制，它规范我们的行为，也要取舍，决定取舍的同样是价值观。但伦理价值观中，它的标尺是利益，伦理规范是建立在人的自利本性基础上的，利他的最终目的也是自利。

筷子和刀叉几乎可以成为中西不同文化的代表。食色，性也。饮食文化可能集中了文化母体的多种元素，几乎可以看成是大文化中最根本的内容。餐具也是饮食文化的代表性内容，从中颇可看出一些深层的东西来。筷子强调的是人使用工具的能力，在能力的基础上，筷子具有很强的适应性，可分割食物、夹起食物以及准确地选择食物；刀叉的功能合起来基本同筷子相当，从设计的角度讲显得笨拙了一些，但刀叉在使用上更为便利，几乎不用训练。当然现实中，文雅地使用刀叉也是西方人礼仪学习的内容，难度在于使用时不要发出声音。

筷子和刀叉的对比牵涉几个方面：首先，是适用性和通用性；其次，是强调人使用工具的能力还是工具更便于人使用；最后，是服务于何种进餐方式的问题。前两个方面有很紧密的联系，强调适用性比较多地考虑人使用工具的便利问题，强调通用性则可能忽略工具对某一具体任务的针对性，必然会强化人使用工具的能力，使同一工具能完成不同的任务。最后一个问题反映的是文化问题，餐具不仅是为了将食物送进嘴巴这么简单，其中也包含了人对饮食本身的认识。

如果以现在西方的普适性原理来看待筷子的话，很难认为筷子是以人为本的，即使在普遍使用筷子的中国，仍有相当部分的人群不能正确使用筷子，在日常生活中经常可以看到某些人自嘲或被人嘲笑不会用筷子。这里的"不会"并不是指使用者不能用筷子将食物夹取，而是指使用者由于动作不正确导致夹取食物困难或者某些食物无法夹起。有时人们开玩笑，出一些题目难为使不好筷子的人，比如让人用塑料筷子夹凉粉或者花生米，相当于筷子考试。外国人到中国来，也都很愿意学习使用筷子，但短期内似乎不易学好，最后往往用筷子去戳食物，筷子又变成叉子了。相反，中国人到外国学习使用刀叉就没有这么困难，至少不会在进食上形成障碍（礼仪的掌握可能也需要一定的时间）。这些现象充分说明了使用筷子的难度门槛，以现在的眼光看，筷子并非最好的设计。

那么，从适用性的角度出发，筷子有无改进的余地呢？从设计原理来讲，筷子相当于人手指的延伸，筷子就是两个手指。对于其需要完成的主要任务来说，筷子的重要功能是夹。在完成夹的功能时，正确的使用方法是把中指放入两根筷子之间，形成一个转动轴，食指和无名指分别在两根筷子上用力。此时，很明显筷子形成了后方张大、前端向目标收拢的夹子，力量集中在前端的接触部位。对于使不好筷子的人来说，往往缺乏一个动作，即不能把中指放入两根筷子之间。由于缺乏中指这个空间，他们只能去使劲捏那两根筷子，大多数情况下是靠筷子和食物之间的摩擦力来取走食物，而此时筷子的形状由于前面有食物是前端张开、后部收拢，显然同正确使用筷子时所形成的关系正好相反，完成任务的难易程度马上就可判断出来。因此，通过上述分析，我们可以看出，若要改进大致可能有以下两条途径：一是增加筷子前端的摩擦力，这样对不同能力的人都有帮助，但这种帮助对使不好筷子的人来说效果不显著。第二条路就是从用不好筷子的人之所以用不好的关键部位入手，在两根筷子之间增加一个连接件和转动轴，那么筷子就天然地形成了夹子的形态。这样的话，使用筷子的难度就大大降低，实际上也就变成了使用夹子。从现代设计的伦理角度看，这样的改变是可取的。筷子作为一种大众日常使用的产品，其使用的便利性应该是首要考虑的指标。如果是一种新设计、新产品的话，它的使用还需要经过培训，那么它被接受的前景肯定不乐观。而作为一种传统形成的餐具，对它的伦理思考则必须站在一个文化的立场上进行。

文化是一个很难精确定义的概念，有很多种解释，我倾向于认为文化是一种选择机制。即非此不可的事物我们不能以文化来论，只有在有选择的条件下，我们才可从选择的结果上判断文化的特点。落实到这个话题，即人要进食这件事不能以文化来论，但人们如何进食就是一个文化问题。因为人有许多种进食方式可选择，餐具也是同理。现在仍有一些人要捍卫直接用手取食的饮食方式，并开设了专门的餐厅，对于拒绝使用餐具的食客，这的确也是一种文化立场。

从中国餐具的历史看，勺和刀是较早出现的，称为"匕匙"。至少从文物出土的情况看，筷子的出现较晚，但筷子一出现就一直延续到今天。有趣的是，在勺的进化过程中，也出现了类似叉子的餐具，但只是昙花一现，并未得到延续，个中缘由恐怕也只能以文化的选择来解释。考古学家从出土餐具的情况推演当时的饮食方式，认为我国早期是以煮的汤羹类食品为主，在这种饮食方式下，匕匙就正好合用，而筷子的出现则同炒菜有很大关系。块状食物混杂在一起，筷子在拣选食物方面就有很大的优势，拨、挑、夹、翻等动作，显示了筷子灵巧的特点。另外，筷子作为手的延伸，十分适于共餐制，刀叉的合作则更适于分餐制。从卫生角度分析，分餐制的优越性显而易见，国内也有人推广，包括一些高级餐厅也曾经试行过，但至少目前来看，大家仍然热衷于共餐制的进餐气氛而无视其在卫生方面的缺陷，这也是一个文化立场的问题。

因此，从文化立场的角度分析，则筷子几乎不可能有什么改进之道。筷子的形态同中国饮食文化的诸多方面紧密相连，其形态的变化将直接导致饮食文化的变化，甚至可以称为"革命"，而不会仅仅是变化。我们可以比较筷子和刀叉所反映的饮食文化的差异，使用筷子的人很少去戳食物，因此在我们的饮食中就有许多"有内容"的品种，比如包子、饺子之类，在外皮之内还有汤汁，一戳就露馅了。这一食物形态是十分有趣的，里面也包含了审美的态度，我们欣赏食物作为整体的状态，衍生出许多形象上的变化；同时，包子这种形态也同我们的其他文化产品形态有着同构关系，比如建筑中的院落式布局，外向封闭，内向开放，整个建筑也是一种"包"的姿态。"露馅"一词在中文里的含义之丰富显然也不局限于饮食。而多双筷子一起伸向食物的场面，可以有助于人们理解"同吃一碗饭"的意思。并且，在我们的文化中，把是否一起吃过饭作为衡量人际关系亲密程度的一把标尺。而西方的刀叉所承担的许多职能，在我们看来是嘴的功能的延伸，更适于享用食物而不是分配食物，很难想象几张嘴同时凑向食物的场景会是文明、有教养的。在西方的食品中也很少"包"的内容，叠加的手法用得更多一些，食品同工具之间的紧密关系在不同文化体系中是一致的。从审美上看，西方食品的外向性也是一以贯之。

抛开上述种种饮食文化方面的考虑，餐具的改良还可能引发一系列社会问题。比如，餐厅在准备餐具时，是布置改良后的餐具还是传统筷子？任何一种一刀切的做法都可能会引发不快，都使用改良筷子，对能用好筷子的人来说是一种多余的关心，甚至反而造成使用不便；都布置传统筷子的话，就使改良失去意义；也可假设仍然使用传统筷子，但顾客可以要求使用改良筷子，那么顾客是否会提出这一要求呢？更大的可能是不会，因为提出这一要求等于承认自己能力有缺陷，会使要求者难堪。这些情况是否也是伦理思考中必须关注的内容呢？我们把眼光投向我们的邻居日本，可以看到他们对传统餐具已有一些改良，我印象比较深刻的是，他们在汤勺的把上开了一个缺口，这个缺口的功能是可以把勺子挂在碗的边缘，而不至于滑下，生活中我们经常会遇到勺子滑进汤里，造成尴尬的状况。这样的勺在日式餐厅或日式面馆广泛使用，传入中国的时间也不算短了，但对我们几乎没有触动。我们仍然使用传统的勺，这是为什么呢？因为在我们的文化中，能容忍某些功能上的缺陷，而不能接受一把有缺口的勺，这是我们的审美着眼点不同于日本文化，也是一个文化立场的表现。

设计或产品的伦理思考无疑是现、当代社会的一个必然趋势，在物质匮乏走向物质丰裕的过程中，设计的伦理指向越来越受到人们的重视。但是，人们的伦理思考并非必然走向一个明晰的结果。在上个世纪末，世界饮料市场的霸主可口可乐公司做出了一个惊人的决定，他们决定推出新配方的可口可乐，并取消老配方的可口可乐，尽管可口可乐的配方一直被认为是该公司神秘的财富之源。这个决定的出发点是老配方的可口可乐含有许多对人的健康不利的成分，诸如过多的糖、咖啡因等。应该说这一决定的伦理指向是非常好的，同整个世界的健康观念也吻合，并无不妥之处。但这一决定的问世，在美国引发了一场轩然大波，众多的消费者抗议，甚至抢购老配方的可口可乐，舆论也给予了公司很大的压力。那么，这一反弹的来源是什么呢？原因在于一种饮料是否好，不完全在于它的成分，还要考虑口感；另外，美国人已经把可口可乐视为他们文化的象征，成为美国式民主的一个注脚，无论富人、穷人都喝可口可乐，在饮料层面，人与人

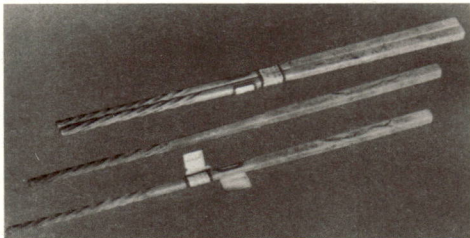

1. 明代象牙箸 山西太原征集
图片来源：《中国箸文化大观》
2. 专门为外国人设计的"筷子"

之间没有差异。因此，美国人不容许这一象征物有任何改变，哪怕这种改变在理性层面是好的。最后，公司决定新老配方的可口可乐共存（新配方可乐被称为健怡可乐），然后皆大欢喜，公司甚至赚取了更高的利润。也有人认为，整个事件是可口可乐公司的一个策划，是一种商业伎俩。无论公司是否有意如此，这都可视为伦理思考必须考虑文化立场的一个经典案例。文化立场本身也是伦理的重要内容，这也造成了伦理思辨时的复杂性。

同样可以引发我们思考的另一个例子是钟表。自 20 世纪 70 年代之后，电子技术的发展使得机械表受到极大冲击。在时间显示方式上，数字式的显示方式也比传统钟表的显示方式更直接，更易于读取，一度许多钟表都采用数字式方式。但随着时间的推移，传统的显示方式又重新占据了主流，尤其在手表上更为明显。这一现象颇可玩味，细细分析的话，原因有不少。现在的时间显示并不一定依赖于专门的钟表，电脑、手机、收音机、电话等许多物品都可附带报时功能，因此钟表的意义就不仅仅局限于报时或显示时间了。在这一背景下，钟表很多时候带有强烈的审美功能，成为一种饰物。从审美的角度看，传统的显示方式具有很好的形式感，比枯燥的数字显示要有意味得多。不同的时针长度代表不同的时间单位，时间的流逝同时针的空间位置发生关联，时间和空间的统一性在这种形式中有完美的表现。尽管如此，传统钟表的读取却是需要训练的，我在教儿子识读钟表时很费了一番功夫，数字式就没有这个问题。但是，从另外的角度看，传统的指针式钟表在表达时间的概念方面却有着更直观的优势，前提是先要学习接受这一概念。数字式钟表并没有消失，在要求精确计时的场所，它仍然是首选，比如运动员计时或科学实验时。而日常生活中，我们并不需要那么精确的计时，指针式钟表的模糊性，反而更贴近我们生活中的时间观念。

文化作为一种选择机制，它总是在进行选择，所谓选择就是取舍，决定取舍的是价值观。伦理也是一种选择机制，它规范我们的行为，也要取舍，决定取舍的同样是价值观。但伦理价值观中，

3. 传统的指针闹钟
4. 数字式电子钟表
5. 2008 年北京奥运火炬设计

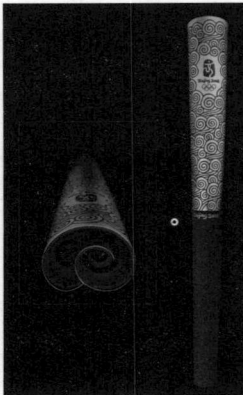

它的标尺是利益，伦理规范是建立在人的自利本性基础上的，利他的最终目的也是自利。包括目前讨论较多的生态伦理，其出发点是目前人类的活动极大地破坏了自然生态，并将或已经危及人类自身的生存和发展。而在决定文化取舍的价值观中，我们可以感受到某些非功利因素，往往是心理层面的，而非物理层面的。我们可以忍受筷子的某些不便、饮料中的不健康成分，或者勺子会滑下去这样的可能性，但我们不能接受对某些既成传统的些许改变。两种价值观在某些层面的冲突，可能值得我们在进行伦理思考时更多关注。

最后，笔者想就正在发生的案例谈一点个人的想法。奥运会倒计时一周年的活动已经进行过了，在近一年之中，有关奥运的设计纷纷出台，激起了很大的反响。笔者比较感兴趣的是奥运火炬的设计。火炬设计是通过竞标挑选出来，过程没有什么波折，对于设计成果，社会的各个方面都给予了很高的评价，应该说是一个优秀的设计。这个设计的优越处在于传统元素的融合，融合的手段比较巧妙。火炬的筒身来自纸卷的意象，把四大发明同现代奥运就关联起来了，祥云的云纹装饰了火炬的上半部，也符合造型的逻辑。这个火炬可能是奥运历史上最为华美的一个。但就个人而言，笔者却无法认同这个设计，其中可能也是文化立场的问题。以自身所受的教育进行设计思考的时候，奥运火炬的命题必然涉及两个方面的考量，一个是奥运精神，一个是主办地的文化。上述种种优秀的设计切入点，无不是围绕主办地的传统文化，因此，带来的问题是：奥运精神在这个产品上的显现点是什么呢？（设计师可能以简洁的外部形状来回答。）文化同传统文化是同一概念吗？

由此联想到奥运口号的变迁，最初的口号是：新北京，新奥运。（北京可以新，奥运需要新吗？）后来改成：同一个世界，同一个梦想。显然，现在的口号更能传达奥运的普世情怀。奥运会不论在哪个主办地举行，都需要宣扬奥林匹克运动的精神，主办地是舞台，真正的表演内容是奥林匹克运动。前一个口号明显把舞台的重要性压过了表演内容。奥运火炬设计是否也有同样的倾向呢？

从设计角度思考，火炬作为一个具体的物，必须同使用它的人合在一起方为一个整体。火炬的使用主体是谁呢？是运动员，因此火炬的设计应该考虑运动员的因素，也就是运动感。目前的火炬在这方面的表现不强，尽管看上去有点像金箍棒。云纹装饰使它华美，但并不轻盈，如果出现在《图兰朵》的表演现场，可能更为恰当。所有的这些讨论并不能否定奥运火炬作为一把漂亮的火炬的价值，并且它在表现地方文化方面也取得了成功。所有的问题来自于一个稍稍有差异的文化立场。

本文原载《装饰》2007 年 09 期，总第 173 期

设计的乔布斯定义

乔布斯的伟大不在于他是一盏灯，灯灭了周围一片黑暗；而在于他是一个火种，他的智慧唤醒了更多人的能量。

不久前，美国苹果公司的联合创始人史蒂夫·乔布斯走了，虽然早有征兆，但世界各国的人们仍然为之震惊，并以不同的方式表达了对他的敬意和哀悼。史蒂夫·乔布斯以他对消费电子产品的突出贡献，赢得了超越国界的影响力，成为许多人的精神偶像。

乔布斯在身前身后赢得了不少头衔：创新天才、财富英雄、杰出的管理者、发明家、思想家等等，但《纽约时报》的网络版刊文说："与其他公司 CEO 相比，乔布斯非常关注产品的设计和细节。相对于 CEO 的身份，乔布斯更多的是一名设计师。"苹果的所有一切都能透过设计来诠释。可以说，乔布斯赋予了"设计师"这个称谓前所未有的荣耀，乔布斯一生的努力对当代设计的走向有启示作用，尽管他并不是一位传统意义上的设计师。

设计的最大价值在于创新

乔纳森·艾维（Jonathan Ive）是苹果公司的首席设计师，是乔布斯心目中不可替代的人才和精神伴侣，但他曾经想要离开苹果。苹果在阿梅里奥当政时期，对设计毫无鉴赏力。"没有那种为产品注入心意的感觉，大家都想着怎样把利润最大化，"艾维说，"设计师的工作仅仅是设计外观，然后工程师努力把成本压到最低。我当时差点就辞职了。"这样的感受，想必能引起许多中国设计师的共鸣。作为商人的乔布斯，能赢得设计师的荣誉，在于他没有把赚钱放在第一位，他的理想是创造伟大的产品，运营伟大的公司，在人类历史上留下印迹。

乔布斯拥有与设计师一致的价值观，"在大多数人看来，设计就和镶嵌工艺差不多，但是对于我而言，设计二字绝无任何引申含义。设计理念是一个作品的核心灵魂，而外壳只是灵魂的表达。"这是乔布斯在重新接管苹果后对《财富》杂志说的话。乔布斯对设计理念的重视甚至超过了许多从业设计师。

正是基于设计是灵魂的认识，乔布斯赋予了设计师在其他公司没有的权利和地位。曾经是乔布斯游说来苹果的前 CEO 斯卡利（后来也是他把乔布斯赶出苹果），在去年接受采访时说了这么一个故事："去年，我的一个朋友在同一天到苹果和微软公司。他先进入苹果的会议室，这时苹果的设计师也走进会议室，所有的人停止交谈，因为设计师在苹果最受尊重。每个人都知道设计师可以代表史蒂夫，因为他们直接向史蒂夫汇报。只有在苹果，设计师才能直接向 CEO 汇报。"当然，设计师享有这样的权利的前提条件是，设计师能实现乔布斯最关心的核心价值——创新。

设计的创新路径

乔布斯被看作是创新的化身，创新是一个现在被说得有点滥情的词汇，但乔布斯对创新有清醒的认识，知道创新的边界，人不可能事事创新，更多的还是继承和享有前人的智慧，"我们只能用这种大多数人都掌握的方式去表达——因为我们不会写鲍勃·迪伦的歌或汤姆·斯托帕德的戏剧。我们试图用我们仅有的天分去表达我们深层的感受，去表达我们对前人所有贡献的感激，去为历史长河加上一点儿什么。"创新不是完全从无到有的创造，那是上帝干的事，人类走到今天，不是依赖某个个人的天才。对创新不恰当的追求事实上模糊了许多人的视线。透过乔布斯的实践，我们可以看到"整合"是创新的重要手段和路径，控制整合仍然需要天赋和洞察力，但更接近人的能力。

中国传统里有一句话，"文章本天成，妙手偶得之"。乔布斯对创新有类似的认识，他曾经拜访宝丽来相机的发明人，他崇拜的人物，两个人都有一种发现而不是发明产品的特长。他们都说产品其实一直存在，只是没人能发现它。宝丽来相机一直都存在，Macintosh 也一直都在，只是何时被发现的问题。

这种发现的能力来自对人性和生活的洞察力。在目前盛行的用户导向的设计方法论中，有一种说法是消费者想要什么就给他们什么。但乔布斯引用亨利·福特的话来反驳，"如果我最初问消费者他们想要什么，他们应该是会告诉我，'要一匹更快的马！'"乔布斯认为人们在你把产品摆到他们面前之前并不知道想要什么。"正因如此，我从不依靠市场研究。我们的任务是读懂还没落到纸面上的东西。"这一结论带有一点玄学色彩，但两者事实上并不完全对立，福特的比喻未必恰当，人们可能会说：我不知道想要什么，但我想要跑得更快。汽车只是让人拥有更快速度的一种手段，事实上别的手段也在帮助人们更有效率地生活。

设计创新的确有别于其他门类的创新，尤其是相对于工程技术的创新。乔布斯并不是技术天才，在这方面他远逊于另一位苹果的联合创始人斯蒂芬·沃兹尼亚。沃兹尼亚是技术狂人，不关心技术之外的任何事物，除了偶尔利用技术搞点小恶作剧，但乔布斯显然是事事处处都关心。在研制 APPLE Ⅱ 的时候，乔布斯认为去掉电风扇，降低电脑的噪声，电脑可以卖得更好，而沃兹尼亚对此漠不关心，于他而言电源实在是个小问题。乔布斯为了电源的设计专门请来了模拟电路的设计师霍尔特；基于同样的考虑，他也找来了产品设计师曼诺克设计机箱。在这样的过程中，乔布斯整合资源的能力和愿望日渐清晰，成为造就其事业成功的一贯路径，而产品的整体创新也源于这些点滴的积累。

伊利诺伊大学设计学院院长派崔克·惠特尼对 iPod 的产品战略分析可以让我们了解乔布斯如何发现产品的。以前设计发展的过程比较简单：分析 — 创造，看似很理性。而新的设计发展的模式是建立一个小矩阵，横轴还是分析 — 创造，纵轴则是抽象（abstract）— 现实（real），纵轴的内容带有一定的模糊性。以苹果的 iPod 为例，其原型显然是 MP3，但又不是对 MP3 的延续，设计的出发点进行了调整，调整的依据是对人需求的思考——消费者想要的并非一个新的 MP3，而是享受音乐。因此，设计的内容就不单纯是一个产品外观或功能的界定了，而是重新构架商业模式，服务方面提供了数字内容平台，保留部分 MP3 的功能同时精简了录音这样的功能，最终诞生 iPod 这样的产品。同时，iPod 的供应链也像产品本身的设计那样成熟，供应链面对的挑战除了用户设计，还有统一的标准，这些都是完全的创新。完全功能导向或者技术指引的设计发展路径行不通了，必须重新思考人们为什么想要这样的产品？

创新的起点和终点：用户体验

现在的生产商头疼的不是技术手段，而是拿这些技术去做出什么东西来。对乔布斯而言，设计创新的起点和终点都是用户体验。用户体验是一个越来越受到关注的设计词汇，更多的是被用来检验产品，而从乔布斯的实践来看，用户体验是其设计创新的重要切入点。用户体验容易理解，但不容易做好。关键在于，如何投入体验以及真正设身处地为用户着想。

乔纳森·艾维曾说："我一直都很欣赏手工制品的美。我开始意识到对产品付出的心血至关重要。我最无法忍受的就是从产品中感觉出草率的态度。"用户体验不仅需要对用户的功能体验进行设想，更重要的是需要一种人文情怀，设计的态度是能被直观感知的。因此，设计站在了科技与人文科学的交汇处。乔布斯的远见也正是体现在这里，在 20 世纪 80 年代初他就预见到电脑是一款消费类产品，同时在广告宣传的时候，他希望突出的不是产品的技术指标，而是品牌的文化形象。个人电脑不是大型电脑的缩小版，也不是游戏机，在乔布斯眼里电脑应该是"思想的自行车"，这个比喻就是一个兼具科技和人文情怀的想象。

拥有了人文情怀就有相应的审美要求，这种审美要求是广泛的，不仅仅局限于形式审美，许多设计师的误区恰在于对形式美的浅薄痴迷。在2005年斯坦福大学的演讲中，乔布斯谈到了他对设计的热衷来源于大学退学之后参加的一个书法课程，"我学习了有衬线字符和无衬线字符，学习了如何处理不同字符之间的间距，学习了如何使已经很好的字体更好。这关于美感、历史和艺术，是科学无法处理的问题，我认为这非常有趣。"构成事物的原理之中也包含了让人回味的美感，更抽象也更深沉。

乔布斯式的用户体验，不能简单地通过调研来完成，而是不断追问自己，对设计者的自身修养提出了极高的要求。乔布斯自己不能接受的产品，他决不会推向市场，一种自负而负责的态度，也是一种注重"真实"的人性态度。在苹果的产品中我们能感受到乔布斯的禅宗修习，产品拥有了灵魂，并能把这种精神物化地体现出来。这或许能解释为什么苹果拥有那么多坚定的支持者，因为通过苹果的产品，消费者们体验到了文化认同。

残酷的美学：系统性与细节

有人称乔布斯的美学为残酷的美学，透着一股决绝的味道，苛刻到不近人情，但这种不近人情正是脱胎于他对用户体验的坚持，完美的体验必须同时注重系统性与细节。系统性不仅在于单个产品的各个环节，更在于苹果产品之间形成的整体性。当乔布斯重返苹果后推出iPod的时候，人们怀疑甚至耻笑他，一个高科技公司转向了娱乐消费，并且是不起眼的小玩意儿；当iPhone面世的时候，人们已不敢小视了；当iPad上市的时候，竞争对手的感觉绝对是狼来了。乔布斯简直像撒豆成兵的神汉，真正威力无穷的是他对系统性的认识。完美的系统不仅在于事先的预想和设计，也在于过程中的控制和对已有事物的构造，乔布斯非常清楚由点及线的意义。

乔布斯是个高明的系统设计师，这可能得益于他是个极简主义者，系统的复杂性是不可回避的问题，而局部的简化可能是保证系统整体性的一种有益手段。当然，极简也是一种审美态度，不断做减法到最简单的层面，精简而不是单纯地使之简单，人们评价苹果的产品是个封闭的系统，不开放。这是因为乔布斯从系统的角度思考设计，并且坚持对整个系统进行管理和掌控。他认为，如果开放系统，就会有人为的改变，不可控的改变将会使用户体验大打折扣。从 Macintosh 开始，苹果就只推出完成的产品，技术发烧友会抱怨产品的封闭特性，而普通用户则省去了很多麻烦，并能得到更好的质量保障。

他的极简主义思想使他讨厌官僚主义，因此他的公司管理也有别于其他公司。官僚主义在于：许多人只有说"不"的权利，而没有说"是"的权利，所以生产出来的产品都经过妥协。乔布斯的哲学则是：最重要的决定是你决定不去做的事，而不是你决定去做的事。他的天赋在于，一方面做减法，一方面又能将新的发现理解之后融合到设计方法之中，一切都围绕设计。乔布斯本人是一个既封闭又开放的系统，背后起作用的是他的判断力。

系统的完美取决于细节的完美，两者紧密相关。苹果公司的历史上流传着许多乔布斯对细节关注的故事，他最早提出产品说明书的品质应该能让人愿意把它放到书架上。另一个典型例子是 MacBook 笔记本的睡眠指示灯，这是常用配置，但只有 MacBook 睡眠指示灯的闪烁频率与成年人正常呼吸频率一致——每分钟 12 次。

乔布斯 NEXT

当乔布斯离去的时候，许多人表达了他们的担忧，没有乔布斯的苹果会怎样？没有乔布斯的世界还有趣吗？其实，乔布斯以他一生的故事诠释的并不是个人的神奇，而是他构造的这个系统。20 世纪最伟大的发明不是汽车或飞机，而是组织。乔布斯用苹果公司为企业下了新的定义：企业是这样一个组织，发明了一个想法，然后发展它，使之对使用它和投入它的人产生利益。利润是企业运营的一个结果而非目标。成功的企业真正应该关注的是人之间的互动，最重要的是"同情心"，不是怜悯，而是感同身受，这正是用户体验最核心的要求。乔布斯的伟大不在于他是一盏灯，灯灭了周围一片黑暗；而在于他是一个火种，他的智慧唤醒了更多人的能量。巨人安息，路还在脚下，或许人们可以用自己的眼睛看得更清楚。

本文原载《装饰》2011 年 11 期，总第 223 期

极少主义的可能性

葡萄牙建筑师阿尔瓦罗·西扎既被认为是极少主义建筑的代表人物，也被认为在建筑的地域性表达方面有突出成就。本文从西扎最新在中国大陆落成的实联化工集团的水上办公楼入手，详尽分析了阿尔瓦罗·西扎建筑的设计手法和空间表现力，由此探讨极少主义作为一种形式语言的可能性；同时，也对地域性表达的有效手段进行了讨论，借助形式符号实现地域性的手段并非最佳选择。

化工厂中的办公楼

对一座化工厂中的办公楼可以有什么期待呢？这是笔者在收到邀请时，自然冒出的一个问题。邮件中，邀请者已经附上了几张建筑落成后的高质量照片，但照片无助于消解这样的疑问。尽管建筑优劣与类型无关，但是很少为一座化工厂中的办公楼举办落成揭幕仪式，而在各类奖项的评比中也很难见到工业建筑，类型的限制是不可言说的一个规则，业界中人早已心知肚明。同时，这个项目的区位也不是常见出彩的地区，既非现代化程度很高的都市，也非闭塞不开化的山区，而是位于一个发达省份的不发达城市——江苏省的淮安市工业园区。在这样的区位中，可以凭借的只是一般化的工业场景。唯一的异质条件是，这座办公楼建在一方原水净水池中，十万平方米的水池提供了一点想象的空间。因此，也不得不佩服建筑师阿尔瓦罗·西扎的勇气，这个项目的挑战性不言而喻。

1992 年普利兹克奖得主阿尔瓦罗·西扎的荣誉和职业声望无疑是大家争相前去观摩的最大理由。这是第一座在中国大陆地区落成的西扎先生的作品，在境外设计介入中国市场已不是新闻的今天，业主对于阿尔瓦罗·西扎先生的选择仍然显得另类，或许这也是西扎先生至此才有一座建筑落成在中国大陆的一个原因。在建筑师中，阿尔瓦罗·西扎是有独特个性的一位，他取得的成就使他不乏桂冠，但他没有大规模的事务所，也没有满世界地开拓市场；同时，他的设计语言也相对稳定，似乎是以不变应万变，与潮流无关，与时尚无关。然而，每一位委托其设计的业主都能讲出不同的故事，他们是如何找到大师，而大师又是如何接受委托的。在这个项目中，业主介绍是在专业智囊团的推荐下选择了西扎先生，但这只是故事的开始，之后是亲赴葡萄牙拜见大师，面对面的交流，再后面是西扎先生提出的两个条件：一是要有耐心等，等大师先完成手头正在进行的项目；二是，大师必须亲临现场，在实地感受是否有激情与灵感来进行这个项目。听着这样的故事，我们恍如回到了前现代时期，这显然不是工业化的生产方式，而是强调一对一的手工精神。

到淮安的交通并不那么便利，在地图上可以清楚地看出苏南苏北之间公路网密度的差异，路网密度与经济发展程度之间的关联显而易见。当来自各地的建筑界专家一路风尘地赶到当地，在新建筑前有一阵沉寂。阿尔瓦罗·西扎的建筑不是那种浅白而易感的建筑，一色的清水混凝土干净得有些许压迫感，建筑就在混凝土路面的尽头，周围是安静的水面，再远处就是平淡的乡村景色，另一边则是化工厂林立的巨大生产装置。迎向观者的、主入口所在的立面是上下两段弧形混凝土墙，底层的报告厅带来一点变化，强化了指向入口的形态，但总体仍然是简单得让人无从置评。每个人都能感受到一种沉静的力量，这确乎是很少能有的空间体验，不失中国传统文化中空境的意味。

此时，唯有想象西扎初临场地时，是如何看待这一场所的。在建筑师本人朴素的讲解中，没有太多的细节。与许多擅长与媒体交往的建筑师不同，阿尔瓦罗·西扎既不谈宏大的哲思，也没有俏皮的故事，只有简单明晰的设计推导逻辑，但仅凭这些逻辑，观者无法推演具体而微的无数细节，这又是西扎深邃的地方。站在现场，人们可以感受到这是一座管理水平很高的现代化工厂，干净、有序，巨大的生产装置甚至配上了夜间照明系统，整座工厂犹如一台动力十足的机器，工业化的力量尽显无遗。这可能是触动建筑师西扎的地方，他要做的不是进一步渲染这种力量，而是去调和这种工业化力量与周围乡村之间的冲突与对抗。与高耸的装置相对，他希望建筑是水平方向伸展的；与井然的秩序相对，他希望建筑是自由的；与厂区规整的格网布局相对，他希望建筑的平面是流畅的曲线。

业主在委托西扎先生设计之间，整个厂区的规划图中已经预留了水上办公楼的位置，并有一个四面围合的正方形合院的概念方案，但很明显，原有的概念无法平衡厂区与办公楼之间的落差，在此不得不佩服老建筑师的功力和敏感。就像建筑史上的经典案例雅典卫城一样，帕提农神庙与伊瑞克先神庙之间体量落差很大，分居场地的两端，如何平衡？最终是伊瑞克先以自己的娇巧来对抗帕提农的力量，异质化策略是一项重要的设计技巧。西扎在此也是运用此法，充分调动建筑的每个部分的体量，以自由舒展的线条对抗森严的机器丛林。

建筑师构造了一个东西走向的 U 字形平面，既可以线性安排各分区，充分保障各部分空间的物理条件和景观条件，又形成一定的围合感而不至于散漫。这是一个很有弹性的形式，既分又合，包容了多种空间趋势。底层设置了两个入口，主入口布置在 U 字的弧形端，位置居中，紧邻报告厅；同时设置了与厂区联系更便利的入口，也是消防通道。两翼之间有廊道相通，内部形成较为便利的环形流线，改善了线性布局的交通效率；报告厅一侧也有直接的坡道连接二层的董事长办公区。

这座办公楼的总体体量并不大，内容也很常规，包括了以下几个部分：一般的管

理部门办公（容纳一百多名员工）；容纳百人左右的报告厅（桥厅）；大会议室（龙厅）；贵宾接待室；厕所；咖啡厅休息区；食堂（也可作为宴会厅）及其厨房准备区；总经理办公区；以及董事长办公区。可能是为了塑造更为舒展的形态，建筑师仅将董事长办公区和总经理办公区放置在二层，其余功能都在一层展开。大部分空间都布置在等宽的线性空间中，唯有"龙厅"和"桥厅"挣脱了主体量的束缚，而自由地指向他处，增添了动感和空间区位。二层体量向内缩进，延续一层的形态，利用一层的屋顶种植草坪，进一步提升景观品质，也体现了空间的层级递进关系。

多与少、简与繁

在建筑物正式投入使用前能在其中尽情游走，无疑是一个难得的机会，可以最充分地体察建筑师的设计思想。阿尔瓦罗·西扎的建筑具有很强的整体性，内与外高度一致，这是其建筑感染力的一个重要来源，但更重要的还是在建筑内部感受其设计的精妙，处处妥帖又处处有个性。他的建筑提供了很好的极少主义设计样板，通过他的建筑，人们可以更好地理解多与少、简与繁的辩证关系。

在这座水上办公楼上，少体现在几个方面：

首先是材料的少。外观看只有三种材料——清水混凝土、金属和玻璃；室内材料要丰富一些，织物、地毯、地砖、石材、白色石膏板、木材、玻璃和金属，但每个空间中的材料种类仍得到严格控制，毕竟室内的空间类型更为多样，选材需要充分考虑与空间个性的匹配。

其次是色彩的少。外立面的主色调就是浅浅的灰白色和洞口；室内空间相对复杂，但主色调仍是灰色和白色，地面灰色，墙面和顶面以白色为主，局部有石材墙裙和金属栏杆。室内的办公家具也以白色为主，只在几个具有接待性质的空间中使用木质家具和白色灯罩。

第三是形式语言的少。外部除了最为基本的墙面和洞口之外，称得上形式手段的只有遮阳的挑檐和一些体积的穿插变化；室内也基本上排除了装饰性的手段，但遵循塑造体积的原则，

十分注重体量的对应关系，比如走廊部分的吊顶高度与室外挑檐的下底同高，形成室内到室外的延伸感；一层吊顶的形式，往往与二层形体的变化相对应。为了控制形式语言，建筑师希望照明尽可能采用间接照明，避免灯具形式产生干扰。与家具布置类似，只在几个特殊空间采用了有灯罩的灯具照明方式，配合塑造温暖亲切的空间氛围。

第四是洞口设置的少。对于西扎的建筑而言，洞口形式就是其建筑外立面的主要形式语言，但对于洞口的设置，可用惜墨如金来形容。最典型的例子是从一层通向二层董事长办公区的廊桥坡道，这条长达几十米的坡道上，建筑师只设置两处采光洞口，一个是坡道中部的椭圆形窗洞，另一个是二层转折处的天窗。同样针对这座飞桥的形式控制，建筑师只设置了一个桥墩在中间支撑，使得结构不得不采用厢式梁的方式来解决大跨度的问题（使得管道的意象更为鲜明）。

第五是平面布局的简明。这一点给人留下了深刻的印象，这座建筑的平面十分朴实，大的建筑走向上没有太多变化，只在入口和两个厅的部分做了体积和方向上的变化，除此以外似乎没有什么能称得上巧思的地方，中规中矩，就像一般的功能主义建筑师都能做到的那样。整座建筑的布局逻辑一以贯之，使得人在其中活动没有方向性问题的困扰。

上述种种可以说明这座水上办公楼是一座典型的极少主义建筑，而衡量一座极少主义建筑的优劣，并不是考察设计上怎么做到了少，少只是手段，而不是目的。密斯·凡·德·罗的名言"少就是多"揭示的正是这样一个道理，通过少，人们希望指向的仍是多，如何通过极少的手段，达成最大化的丰富性才是极少主义真正的精髓所在。那么，在这座水上办公楼中，多如何体现呢？

首先，与平面的简明相对应的是其剖面关系的复杂，剖面图的复杂反映了其内部空间的变化较多。这种复杂来自两个方面的原因：一是体量叠加的方式，二是针对不同空间的特殊设计。简单体量与简单体量的叠加只有在完全重复空间位置的时候，其结果是简单的，任意叠加都可能制造出复杂的空间关系。所以，形式语言层面的少并不意味着空间层面的单调。阿尔瓦罗·西扎为不同类型的空间设定了不同的空间净高，尤其几个大空间更为明显，如报告厅、龙厅、宴会厅。

其次，建筑师对于光的控制令人难忘。不同的空间分区有不同的采光策略，底层面积最大的办公区，除了临水一面的玻璃幕墙采光之外，来自二层侧窗的光线经室内白墙的反射，为靠近内侧的空间提供了柔和的漫反射光，同时也使得这一区域的自然采光更为平均。董事长办公室的北侧采用的是点窗，不仅考虑为室内留出一定的墙面布置家具，而且起到了框景的作用，透窗看到的正是化工厂林立的生产装置，犹如一幅随时变幻的风景画。而服务于首层几个大空间的厕所前室，建筑师引入了圆锥形的采光井，无疑是极富个性的处理，增加了些许调皮的气息，使得空间氛围更为轻快，尽管这是一种通常用于神圣空间的、很隆重的采光方式。

第三，是在建筑中游走时感受到的景观丰富性。这是西扎先生作为建筑师最让人感佩的地方，尤其这座建筑周边并没有常规意义上可资利用的优质景观资源。这一结果的达成，源于建筑师布局的精巧、视线控制的严密，以及对于景观的独特理解和敏锐判断。U 字形的平面创造了富于变化的视域，有收有放：内观是安静的水院，外望则有厂区生动的工业化景观、乡村恬淡的风貌以及建筑自身塑造的景观层次。一层通向二层董事长办公区的飞桥，在多个角度成为庭院景观的焦点，感受各不相同。

第四，是形态关系的丰富性。细细观察这座建筑，可以看到建筑中几乎没有孤立的元素，每个元素总是以一定的关系与其他元素相关联，从而构成一个小小的形态系统。在这方面，建筑师发挥了极大的想象力，付出了旁人难以体会的心血，在看似简单的结果中，蕴含着十分细腻的层次，这也是西扎先生的建筑独具个性的一个方面。他总是亲自画图，并做出大比尺的模型来推敲细节之间的关系，可谓精雕细琢。

有同行的建筑师感叹，这是一座教科书般的建筑，很好地阐释了建筑的本质，阐释了何为空间艺术。阿尔瓦罗·西扎先生在介绍自己的方案时，反复强调的三个关键词是：自由、开放和安静。安静可能是极少主义建筑最为关键的品质，形式上的克制，才能达成凝练的效果，在这个繁嚣的世界上，这是多么难能可贵的品质。

极少主义的魅力，看似在少，实则在多。材料和色彩方面的节制，有利于塑造空间的整体性，少与多在空间的不同层面实现。直观形式层面的少，并不妨碍实现空间丰富性和景观丰富性；当多变的空间与丰富的景观叠加在一起的时候，可以想象人在建筑中的感受。而形式层面的少，可以使人更为专注于体会空间和景观的变化，空间感染力因而更胜一筹。

极少主义与地域性

在评价阿尔瓦罗·西扎先生的建筑成就时，人们总是要提到他对于地域精神的准确把握和表达。作为一名极少主义的建筑师，这一评价似乎是矛盾的。形式上的克制往往导致使用一种通用的形式语言，并进而丧失个性，现代主义走向国际式的前车之鉴如何规避呢？面对疑问，年届八十高龄的建筑师波澜不惊地解释自己的建筑之道："建筑学的基本原则不会变，材料、语言都可以变，但设计应当建立在建筑师对场地理解的基础上。当我接受邀请的时候，不仅考虑场地，也要认真地与邀请者交流，业主是影响建筑品质的关键因素。"这一说法在业主那里得到验证，实联化工的董事长林伯实先生一再提到西扎的谦抑，谦抑的背后是尊重，对表达地域精神而言，这可能是比形式语言更重要的因素。

实联化工的这座水上办公楼，对于地域精神的变现来自几个方面：其一是对生产性空间的场所精神的解读；其二，是私人定制般的针对性设计，在草图中可以感受到局部推敲的过程，最终的妥帖来自于精工细作；其三是建筑师超凡的环境解

读能力，这是必得承认的无法理论化的一个因素；其四是就事论事的平易态度，地域精神很容易沦为又一种宏大叙事的口水，而此案就场所的特殊性展开，并不尝试给出普适的、有代表性的答案。建筑师没有尝试提出文化性的策略，因此也没有这方面的负担，这也是极少主义力量的一个来源。最终，建筑师通过高品质的空间塑造，给出了地域精神的答案，其中包括对场地的尊重，更重要的是建筑师对场地条件创造性的演绎，新建筑的介入才使得这一场所臻于完美。业主最后感叹的是，建筑师带来了一座具有博物馆品质的办公楼，而这仍然是一座非常实用的办公楼。

这座建筑的室内大量使用了玻璃隔断，使得视线的通透性十分优越，而现代的开放式办公使得这一手法的正当性得到保证。大量使用玻璃的原因是，实联化工属于台玻集团，玻璃正是其主要产品。在交流中，西扎先生谈到材料选择时，使用的一个概念是方便，他希望使用对于建筑所在地方便的材料，而对于方便的理解正可推论出地域的特殊性。

常规地谈论地域性，总是要涉及地方性的材料，地方性的形式语言，或者地方性的空间组织方式，不然又何以与地域性产生关联呢？然而，这种讨论容易走向历史主义，所谓地方性的材料、形式语言或空间组织方式只能在既往的经验中去寻找，某种程度上扼杀了新的可能性。尽管这种做法确实能在视觉上带来熟悉的亲切感，但是这种逻辑的延伸必然导致的一个结果是，小镇的人们可以穿改良的唐装，却永远无法穿上西装。偶然有一位外来的裁缝，他认真地裁剪，甚至为了此地人们身材、肤色以及喜好的不同仔细地调整了细节和款式，只是希望看到人们可以穿上妥帖的新衣。当人们穿上新衣后露出满意的笑容，他不仅有一份愉悦，更有对自己手艺的确信。渐渐地，小镇的人们开始自己裁剪新衣，不再重复过去的样子，但他们身上还是留着小镇淡淡的欲望。

通过这座水上办公楼，我们或许可以体会到在西扎先生独特的设计中，极少主义与地域性是如何达成统一的，地域性的表达有着更为丰富的可能性，极少主义作为一种形式语言也拥有更为开阔的发挥空间。以语言的选择来替代设计更本源层面的思考，或许是一种懒惰。面对美景，既可以写出好的格律诗，也可以写出白话诗，更不必限制外方的友人用他们的语言来歌咏美景，诗的好坏自有诗的标准，建筑亦然。

本文所有图片均由实联化工集团与学学文化创意基金会提供

摄影师费尔南多 · 圭拉（Fernando Guerra）

论主动设计

主动设计的提出，无意于新添一套系统的设计方法论或推翻既有的设计思维，而是提倡一种自省的精神，探索设计发展的新的可能性及其路径，是既有设计逻辑的发展。更进一步说，即设计师如何创造真正的主动性地位，使设计成为发动机，提供驱动力，而不是冗余的形式。

一、缘起：So Much Nothing To Do

设计作为一项有主动性的工作，主动本是题中应有之义，何来主动设计一说？设计与物的创造有关，设计与解决问题有关，设计与形式的创造有关，凡此种种，设计的创新指向是不言而喻的。这是问题的一个方面，问题的另一方面是，设计在大工业的生产体系中、在消费经济主导下的造物系统中，往往落在附庸的位置上，所谓主动性也就局限在一个很小的范围内。乔纳森·艾维（Jonathan Ive）是苹果公司的首席设计师，在进入苹果公司之前已是成名人物，但在阿梅里奥当政时期，仍然有强烈的无力感。阿梅里奥对设计毫无鉴赏力，艾维感到公司"没有那种为产品付出心血的感觉，因为我们都在努力扩大利润……这些高管只要求我们这些设计师设计产品的外观，然后工程师再把成本压到最低。我准备辞职了。"这样的感受，典型地反映了设计处于产业链末端的尴尬地位，当然也就谈不上什么主动性。

曾听有人对比艺术家与设计师，认为设计师容易形成"乙方人格"，而艺术家天然地要比设计师更有主动性。从现象上看，也不能否认这种说法有一定道理，但深究起来，这种泛泛而论总是很容易找到反例。艺术家在市场环境中未必真是主动的，迎合市场者有之，批发行活者有之，接受定制者亦不乏其人；设计师虽是接受委托而开展工作，但优秀的设计师无疑总是能够提供甲方要求之外的内容，不然设计师很难得到委托方的尊重。设计师未必真有乙方人格，但惯于接受委托，确实影响主动探讨问题，很多优秀的设计师之所以优秀，往往在于他们能在接受委托之前做好充分的准备。日本建筑师安藤忠雄看到一处特殊的地形，会自己做好方案去找地主谈，当时虽被置之不理，但等到地主想要开发时，自然会去找他，他的代表作之一六甲山集合住宅即由此而来。在制度层面，竞标和竞赛的机制不仅使新人有进入行业的机会，更重要的还是鼓励创新，并对设计师产生压力。在竞赛机制中生发的主动性，可理解为被动关系之中的主动性。

在消费文化的环境里，设计师会沉迷于当明星，似乎居于明星地位的设计师就能拥有更大的话语权，可以掌握主动权，这是另一种容易产生的错觉。诞生于电影业的明星制，制造了炫目的社会景观，明星的公众形象在资本的扶持下具有很强的表演性和欺骗性，其背后更本质的仍然是资本的营销策略。明星制夸大了个人的作用，在对个人才华或灵感的吹嘘中，商品得以销售，同时进一步刺激设计师对形式游戏的追逐。在这个制造明星的游戏中，设计师其实充当的是资本的玩偶，尽管表面上拥有耀眼的光芒。法国哲学家居伊·德波（Guy Debord）以"景观"概念来统摄消费时代的种种现象，既有人造物也有人为事件。在景观社会中，少数人制造景观，而沉默的大多数观看、消费景观，资本通过景观实现柔性统治。其中，设计师既是沉默的大多数，也是资本的附庸，从事景观生产。消费时代的另一特征是冗余，这种冗余既是数量上的，也是观念上的。冗余成为审美的一种趋势或标准，体现在设计上就是形式的冗余，在不改变核心功能和组件的前提下，在外观上极尽所能。通过冗余产生的丰富性实质上肤浅而乏味，但这确实提供了视觉上的满足，走进大型超市或购物中心，我们可以直观地感受到这种让人兴奋的冗余。英国皇家艺术学院的学生们在 2010 年米兰设计周的展位上打出这么一句标语"So Much Nothing To Do"（太多的无事可干），或许就是对设计师所面临的这种现实的一句反讽。

那么，设计真的就无所作为了吗？

二、何为主动设计？

主动设计的提出，无意于新添一套系统的设计方法论或推翻既有的设计思维，而是提倡一种自省的精神，探索设计发展的新的可能性及其路径，是既有设计逻辑的发展。更进一步说，即设计师如何创造真正的主动性地位，使设计成为发动机，提供驱动力，而不是冗余的形式。

主动设计首先是一种姿态。我们如何审视设计？如何界定设计师的社会角色？当下我们生活在一个高度人工化的环境中，为人造物所包围，设计的重要性自然显现。设计已是我们的日常生活无可回避的话题和内容，深刻地塑造了我们对于这个世界的认知。在这样一个物质产品极大丰富，同质化竞争越来越激烈的环境里，设计通常被认为是利于营销的一个策略，让人乐于消费的一个理由。显然，我们并不甘于附庸的地位，设计的价值显现依赖于设计对社会的实在贡献。设计与商业的紧密关联是一个事实，毋庸讳言，但设计的本质和目的并非仅仅服务于商业，设计是人类改善自身生存状态的自然选择，是我们追求更好生活的具体手段。设计有来自于利益的驱动力，也应有来自深层价值思考的驱动。设计具有很强的社会属性，在公共流通领域的产品，本身可以视为一种媒介，除了提供实用功能之外，它们也在无声地宣扬着各自的价值观，用当下的概念来界定的话，每个产品都是自媒体。基于这样的现实，我们可以清醒地看到，设计本身也是一种权力，设计师应当审慎而富有创造性地使用手中的权力，而不应在商业利益的裹挟中放弃权力，这是主动性的意义之一。

主动设计的提出，是既有设计逻辑的自然发展。设计的任务一直是解决问题，固有的观念是：问题已然在那里，设计师围绕问题展开工作。固有观念的缺省条件是，问题的提出者，通常就是设计任务的委托者。设计师的主动性往往是在接受问题的前提下，细化问题，或者提出衍生问题，进而寻求解决之道。在这个我们习惯的过程中，设计师放弃了主动提问的责任和权力。拥有解决问题能力的设计师，再往前走一步，主动提出问题，显然有助于提升社会的整体效率。在这个意义上，主动设计也意味着设计研究走向深入。提出问题是从事任何研究的第一步，当然这也是一种需要磨炼的能力，但设计师难道不具备这样的能力吗？在这个快速发展的社会中，设计师如果不能主动提问，那么等于丧失了自我发展的机会。既有的设计逻辑和惯例已经把设计师训练为优秀的生活观察者和问题的解决者，只要强化问题意识，设计师最有可能成为优秀提问者，主动发现问题，提出问题。

正是基于这样的现实，设计意识日益成为人们关注的话题。斯坦福大学设计学院（d. school）开设了一门具有广泛影响力的课程——设计思维（design thinking），其主旨是"通过设计思维的广度来加深各专业自身思考的深度"，可谓切中要害的立意。在这个现象中，我们可以感受到两种设计定义，一种是广义的设计，即对如何做事的具体谋划，没有明确的专业疆域和界限；而另一种是狭义的设计，即对外观或用户视觉界面的设计，直接同形式关联。但在具体的实践中，广义设计与狭义设计之间的分别并非截然，有设计师感叹，当下的许多设计都是非传统设计师在做。或许我们可以这么理解，设计这个概念在此分裂，一部分还是传统设计师所惯于从事的设计，另一部分则是完全没有边界的。如此则逼迫人们更多地从广义的层面来重新审视设计，进而提出具体的策略。因此，服务设计、流程设计、整体设计、交互设计等新名词不断涌现，这些都反映了对设计的再认识，设计如果仍然局限于对物的形态的塑造，将无助于解决问题。

如果宽泛地来定义设计，设计仍然是与造物有关，包括对物的使用方式。设计的一个特点是，始终需要思考终端产物，设计是对终端产品的界定，正是这个特点使得设计师容易聚焦于终端产品的形态而不及其余。设计思维的深化，自然需要追问物的目的是什么。造物显然是为了谋事，事可以是具体的功能需求，也可以是装点性的摆设，摆设也有具体的目的指向，或为表达审美情趣，或为宣示一种态度，并非无意义的呈现。设计即价值观的表达，抽象的价值观外化为具体的生活方式，再呈现为各类纷繁的物品及其使用方式。以喝茶而论，袋泡茶是高效便捷的方式，传统茶艺则所需甚多，且程序烦琐，但正是在一步步冲泡的过程中，饮者的内心渐渐沉静，更好的口感未必是真正的目的，由此获取的价值感也非单纯的效率可比拟。袋泡茶和传统茶艺所代表的是不同的价值取向，无所谓高下，只是不同的生活方式。而无论何种方式，都有展开深入设计的余地，都有继续优化或挖掘的价值点。追求效率者，如何兼顾口感？如何高效而不失优雅？追求心灵响应者，如何进一步提升体验感？从茶具入手，从温度控制入手，从环境营造入手，从文化表达入手，如此等等，不一而足。事情虽小，但设计可以施展的空间却十分广阔，这就是当代设计所呈现出的特点，也是设计得以不断生发的基础。

三、主动设计的可能性

现代设计的概念得以确立，与工业革命带来的大工业化生产方式密切相关，是社会分工细化的产物，有其积极意义，也带来了一定的羁绊。当时的积极意义在于分工协作提高了社会生产的效率，也使得设计这一专门化的技能能够迅速得到深入的发展，尤其是这种社会分工与专业教育结合，大规模的人才培养加上批量化的生产，为日常生活质量的提升作出了巨大贡献。然而，其羁绊之处在于，分工的细化带来思维的局限，渐渐表现为设计发展目标的异化。设计师专注并迷恋于形式创造，而迷失了造物的根本目的。在社会分工协作的体系中，设计师居于产业链的下游，导致主动性的丧失。设计师安于接受委托，减少了成本风险，但丧失了话语权。

随着生产力的提升，造物活动已不能以仅仅满足基本需求为目标，物质丰富的前提下，市场对消费品自然提出更高要求，个性化需求渐成主流。这是形势的一重变化，另一重变化在于诸如 3D 打印这样技术的普及，使得小批量生产成为可能，创新制造的成本能控制在一个可接受的范围内，使得设计与大工业化生产之间的依存关系弱化，设计师有能力向产业链的上游迈进。信息技术的迅猛发展，深刻地改变了既有的社会结构，传统商业模式面临巨大挑战，商业模式的创新已是不可回避的现实需求。在网络世界里，机构本身的体量不再是人们判断其实力的直观依据，消费心理和消费媒介发生了变化，为小型企业的运营提供了更好的可能性。同时，商品的传播渠道和营销渠道也随之发生变化，自媒体与网店的结合颠覆了传统的营销模式，个体开发者迎来了前所未有的机遇。信息、获取信息的有效方式、虚拟形态的物象等，这些并非实体的抽象存在都可以成为商品，注意力成为宝贵的商业资源，眼球经济应运而生。个体或小团队创新加风险投资的创业模式，使得主动设计成为当代创业的主流模式。

既有条件下，中国设计师如果依赖上游委托的话，比之国外同行多了一重不利因素，大量的生产型企业缺乏创新动力，满足于接受订单加工而无研发的愿望。从这个角度讲，中国的设计师更需具备主动设计的精神，守株待兔无法发展甚至维持自己的事业。与此同时，中国社会面临剧烈的转型，设计师们又多一重施展的空间。在转型时期，不可避免地产生大量新问题，政府制定宏观政策，通过顶层设计指明方向，但需要各个层面的具体设计去配合、落实，自上而下的开发模式往往不能及时应对现实问题的产生，决策效率与实施效率都趋低下，现实在呼唤主动设计。市场经济的一大要义是发挥个体的主动性，通过无数个体的主动作为，形成改革的合力。即使没有中国改革的宏观背景，设计对于现实生活与社会问题的主动介入也已渐成潮流，跳脱开具体的商业利益，通过设计有没有可能改善社会群体间的人际关系？设计能否为弱势群体服务？设计能否创造新的公益模式，提升公益事业的参与度和效率？主动设计意味着设计师由此走入更广阔的社会空间，创造新的可能性，并实现自身的社会价值。

四、可能的路径

微创新时代，主动设计是使新技术更好地转化为新产品的有效路径。创新是在多个层面展开的，有研究称，当前虽然新产品层出不穷，但在科技创新的宏观统计中，人类正在进入一个科技创新的低潮期，突破性的技术创新越来越难。这是否意味着设计创新也随之走入低潮呢？恰恰相反，这正是人类在应用层面完善创新的最好时机。技术创新所揭示的可能性，需要无数的后来者去具体拓展和优化，在应用层面的创新具有无比开阔的空间。以电的发明来说，当法拉第向公众展示他的发电机时，有位观众曾经发问，这究竟有什么用呢？法拉第的回答是，我也不知道这究竟有什么用。但随后持续地围绕电的使用的无数发明和创造无疑成就了人类文明史上的一大飞跃，今天我们已经须臾离不开电力系统的支撑。电子技术的每一个发展都深刻地影响了人类的日常生活，从电灯、电报到无线电收音机、电视，大规模集成电路技术的成熟，已经使电路设计进入纳米级的水平。信息技术的发展正是建立在这样的基础之上，信息化构成了人类文明史的一个新台阶，我们正身处在这个台阶之上，但还远未穷尽信息技术的可能性。信息的黏度正成为衡量新产品竞争力的核心指标，关于可穿戴设备的热议是具体表征。苹果的成功可以说是设计驱动型企业的范例，这点从苹果的发展轨迹中可以清楚地感受到。当乔布斯去世的时候，《纽约时报》的纪念文章称其为设计师，以此作为巨大的荣耀，既反映了社会对于创新的期待，也是对乔布斯所做贡献的恰当评价。乔布斯作为公司的创始人，却曾被扫地出门，可谓旧商业模式的典型现象，但苹果公司却一步步深陷泥潭，并没有取得好的业绩。无奈之下，再迎乔布斯回归，结果乔布斯提出的产品规划让世人大跌眼镜。首先推出的是技术含量不高的音乐播放器 iPod，人们质疑苹果的品牌形象遭到颠覆，一家高科技硬件制造商选择如此低端的产品，意欲何为？然而乔布斯的高明之处恰在此处，他认定电脑必然普及，普及之后娱乐的功能要大于工作的功能，高科技形象的颠覆没那么可怕，让人离不开的产品才是真正目的，这是对技术和人性的深刻洞察。随后相继推出的是 iTouch、iPhone 和 iPad，构造了一条苹果公司封闭的产品链，加上 iTunes Store 和 APP Store，形成一个小的生态系统，同时也是难以挑战的商业帝国，一时业绩如日中天。乔布斯只是一个符号，背后的实质是新的设计思维拯救了苹果，并开创了新的商业模式，启发了无数后来者，也迎来了一个人人争当设计师的时代。

在苹果推出 iPhone 之前，智能手机已经发展了一段时间，几家大的手机制造商也在积极投入研发，并占据了大部分市场，当乔布斯宣布苹果要做手机时，真正看好他的人并不多，因为手机已经形成一个较为稳定的市场格局，似乎后来者的机会并不大，当时的技术也相对成熟。后来的故事，大家耳熟能详，结果是原来的老大诺基亚破产出局，系统和平台的威力远大于单品技术的成熟。其实，苹果的产品每每推出都有瑕疵，恶评如潮，但仍挡不住其一路高歌猛进，原因在于苹果对于大趋势的把握远胜对手。乘着信息化技术的大潮向前涌动，顺势而为，将技术发展的成果很好地转化为日常生活中的实在产品，没有固有市场的牵制，竞争不在一个方向上，对手都找不到着力点。在 iPhone 真正占据市场之前，许多技术专家和企业家都在感慨，以他们当时掌握的技术，他们能生产出任何想得到的手机产品，但问题是不知道究竟应该生产什么样的产品。技术发展在某个阶段是有限的，技术应用的前景却要挑战想象力，此时，设计思维的重要性得以充分显露，能否将设计作为事业发展的驱动力成为这个时代衡量企业家格局的一把尺子。

面向日常生活永远是设计师寻找设计机会的不二法门。乔布斯生前，在 2010 年的苹果全球开发者大会上，夸赞了一款手机应用程序，名为"脉冲"（Pulse）的新闻阅读应用，为这款应用带来巨大的下载量。2013 年 4 月，领英（Linked In）公司以 9000 万美元的价格从两位创始人科塔里（Kothari）和古普塔（Gupta）手中购买了他们的公司。两位创始人在推出这款应用时，尚是斯坦福大学未毕业的学生，一位学的是机械工程，另一位是计算机专业，都非传统意义上的设计师，但促成他们完成此事的是斯坦福大学 d. school 的课程。这里的课程首先教会了他们与人交流的技巧，通过对他人生活方式的理解来寻找客户可能需要的产品。Pulse 来源于他们对咖啡馆的调查，咖啡馆中的人们抱怨需要从不同渠道来获取新闻资讯，这带来烦琐的操作和不便。如果可以让人们定制自己喜欢的新闻源，免去切换的麻烦，就能成为一个好的产品。事实证明这确实是一款好的应用，也验证了这所学院的办学宗旨。对客户需求的这种把握和发现能力成为设计师必备的重要能力，也是主动设计的重要路径。来源于日常生活的真实问题，是产生好设计的基础，也是好生意的基础。Good Design Is Good Business（好设计即好生意），这句消费时代的名言在新的时代背景下仍然成立，只是我们要调整一下思考的角度。

设计师提出问题，不完全依赖于市场调研，自我设问是基于经验和想象力的重要才能，在国际竞标中屡有斩获的 OMA 事务所可以给我们一些启示。2009 年 1 月，台北演艺中心国际竞标，OMA 的竞标方案从来自 24 个国家的 135 个竞争方案中胜出，成为实施方案，目前已完成结构部分施工。项目所在地为台北有名的士林夜市，要求容纳三个不同功能和观众容量的剧场。他们胜出的原因在于一句有力的发问：在新的时代背景下，剧院应如何与城市相处？艺术如何与市井生活相融合？传统剧院在城市中总是以黑盒子的面目出现，使得空间资源的利用低效，并且与环境不友好；内部剧场之间的资源各自独立，没有整合与灵活应用的可能性。

1. 台北演艺中心内景

2. 台北演艺中心内部结构剖面模型

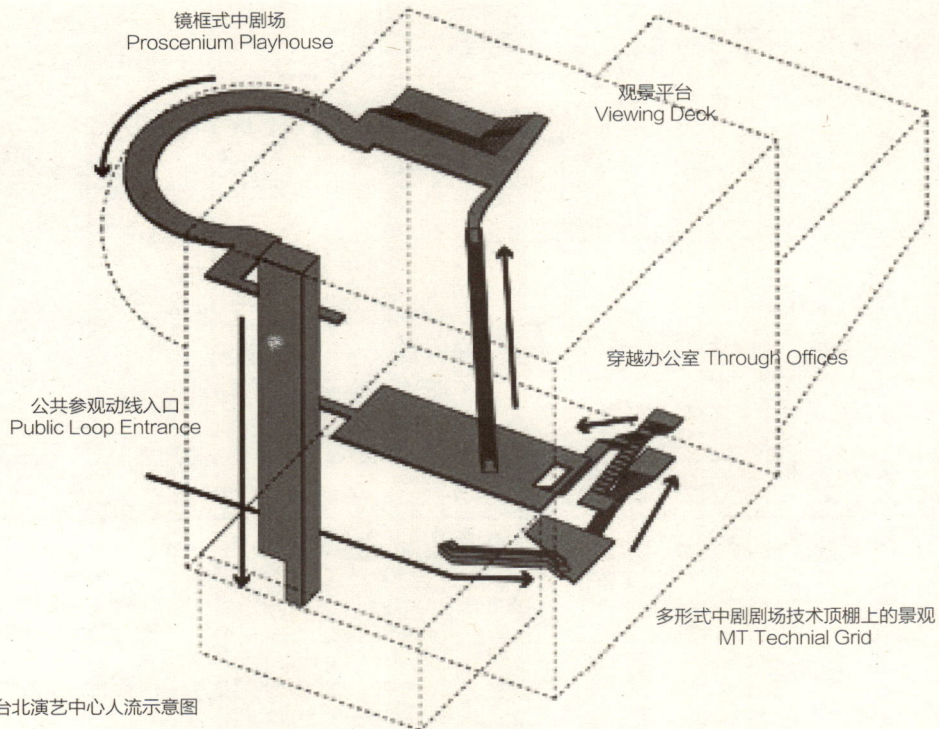

镜框式中剧场
Proscenium Playhouse

观景平台
Viewing Deck

穿越办公室 Through Offices

公共参观动线入口
Public Loop Entrance

多形式中剧剧场技术顶棚上的景观
MT Technial Grid

3. 台北演艺中心人流示意图

4. 台北演艺中心剖面示意图

5. 台北演艺中心局部实景照片

针对这些问题，设计师拿出来有说服力的方案：1. 建筑主体提升，尽可能压缩占地面积，地面层保持与周边街道的贯通，并设置公共流线，欢迎没有买票的访客进入。公共参观动线贯穿了一般隐藏的剧场内部制作区域，访客可一窥神秘的后台风光。借此，剧场产生了与城市生动的交流，访客的到来可以获取独特的体验，剧场也以润物无声的方式影响了普通公众。2. 整合三个剧场的后台空间，形成一个集中的中央体量，提升空间使用的效率，三个观众厅以悬挑的方式插入中央体块，总体上符合压缩占地面积的目标。3. 剧院建筑通常都有正面及背面，而台北艺术中心却没有刻意界定的正面，以此呼应多个方向的城市关系，形成生动不拘的城市意象。4. 每个剧场都可独立自主地运作，但有两个剧场之间的后台部分可以临时打开，形成贯通的超级大剧场，提供了丰富的可能性和高度的灵活性。

在当代，空间生产与社会公共生活的紧密联系已是不言而喻的事实，因此空间生产在改良社会关系、致力于社会创新方面的作为也是直观而可预期的。在公共空间的建设上，

6. 台北演艺中心远眺

好的项目可以振兴社区、改善邻里关系、提高安全性等等，显示了设计在社会创新方面大有可为。中国在经历了经济的高速发展之后，无论是政府还是民间，这种意识也经出现，成为实现主动设计的路径之一。深圳南山区的一个小项目——婚礼堂的建设，可作为一个典型案例来看待。项目位于南山区荔景公园的东北角，基地长约 100m，宽约 25m。区政府利用公共绿地，把民政局的婚姻登记职能独立出来，置入其中。此举看似小动作，却带来一系列社会关系的改善。现实中通常的婚姻登记处作为民政部门的一个办事机构，与其他机构无异，对人生具有重要意义的婚姻登记，因此变得刻板无趣，缺乏仪式感。同时，离婚手续与结婚手续在同一空间办理，也会带来不必要的相互影响。婚礼堂的建设首先使市民办理有关婚姻手续得到便利，大大改善了相关体验；其次是项目带动了这一公共空间的品质提升，为周边居民的日常生活提供了福利；最后，值得关注的一点是，政府以润物无声的方式塑造了新时代的婚礼文化，通过行政空间的重新设计，重新定义了政府机构与普通市民之间的关系，此举必然带来政府公共形象的提升以及官民关系的改善。这一项目是地方政府与设计师通力合作的示范，政府也是项目设计的重要参与者，只有这样完整的设计过程才能催生真正优秀的设计作品。此案对设计师而言是主动设计，对政府而言则是主动作为。

7. 深圳市南山区婚礼堂局部远眺
8. 深圳市南山区婚礼堂与游憩的市民

9. 深圳市南山区婚礼堂内部大厅
10. 深圳市南山区婚礼堂工作现场
11. 深圳市南山区婚礼堂新人举行仪式

结语

主动设计不是一句空洞的口号，或者作秀的姿态，主动设计是可以切实推动设计发展的一种
设计思维的基点，是设计思维走向更广阔的社会空间的一个切入点。设计强调实践智慧，设
计师的宝贵品质是对事物可能状态的预见性，以及使抽象概念具体化、现实化的实现能力，
主动设计呼唤设计师在拥有这种预见性和实现能力的基础上，主动设问，更深入地走进现实
生活，从而创造改善现实世界的有力产品。主动设计意味着一种更为积极和开放的设计研究
态度，设计师不是设计的边界，既有的设计门类不是设计的边界，设计思维应该遍及造物的
各个方面、各个阶段。尤其在转型期的中国，如何让设计成为产业升级的驱动力，让更多的
设计师成为产业发展的发动机，是刻不容缓的急务和要题，主动设计是可能的答案之一。设
计走向产业链的上游并非一厢情愿就可实现，也不可能一蹴而就，设计必须呈现出新的品质
才有说服力，主动设计只是一个开端，让我们就从这儿开始吧。

03

乡关何处：
超越图像的城市愿景

表象的景观世界一片喧闹，使得这个时代充斥了景观碎片，这些碎片自身不成系统同时更破坏了城市原有的整体性和连续性。在景观生产的狂热中，人们忘记了生存更为本原的追求是什么，从而堕入资本意志和权力意志的逻辑圈套之中难以自拔。

近日，乘飞机返回北京，坐在舷窗边看盘旋而下时的景象。夜色已深，北京城化为一片灯海，望着它犹如在端详一座活火山，似乎能看见跳跃的岩浆。想象着两千多万人在其中生活，北京是如此具体的存在，但又是如此抽象的一个名词。当城市的尺度越过直观认知的极限，就成为一头巨象，所有人都变成了瞎子。好奇的瞎子仍不禁自问：城市是什么？城市的意义何在？设计之于城市又当如何？

城市与规划

城市的出现是人类文明史上的重要里程碑，意味着生产力水平的极大提升，一部分人不事生产，却可以衣食无忧。正是城市提供了文明发展的更高平台，文学、艺术、各类研究以及工商业活动在这样一个解决了基础生存问题的环境中得以开展，并走向繁荣。不同的人从各自立场出发对城市下了形形色色的定义：政治家认为城市是一个政治集团；经济学家则把城市视为一系列相关市场的总和；军事家会把城市看作战略要地，一座堡垒；文学家则在其中感受到一种氛围，每座城市都有自身独特的氛围，以此形成彼此的区分。

明眼人自然知晓城市是个名利场，上述种种无不在渲染这个巨大名利场的作用。视觉是人们认识城市的开端，设计与城市的关系也就在此显现，即使在还没有设计师称谓的古代，城市也是有权力进行设计之人的舞台，是英雄故事的诞生地。古罗马暴君尼禄面对罗马城的大火并不慌张和哀伤，他反倒有点欣喜，一则可以看到壮观的景象，一则大火也为他提供了可建设的空间。改朝换代之际，后续一定伴随着轰轰烈烈的建设，城市也成为竞技场，积淀一代代的设计成果。

然而，一个吊诡的事实是，设计并未体现出全然的积极意义，尽管从理论上讲，设计天然地应当促进城市的发展，而大多数设计的出发点也都是建设性的。这方面最大的争议来自现代主义兴起之后的一段建设时期，国际式、功能主义成为人们诟病的主要对象。旅游业的发展，把人们的目光引向一批欧洲中世纪小城，这些城市往往不是规划的产物，而具有某种自然生长的特点。在这些城市里，人们可以强烈地感受到生活的气息和人性的显现，这提示我们关注城市更本质的一个属性：居住。居住是更基础的需求，在形形色色的演出之前，人首先要获得一个脱离自然的生存环境。

古希腊的希波丹姆率先提出了城乡比例问题和城市空间的分配原则，以及一种平均分配的城市格局。他将城市主要分成两个部分：一是公共生活中心，那里有市场、港口、政府建筑和大会堂等；另外则是由道路平均分割的居住单位；从而构成城市空间的两个层次，公共与私人。然而，欧洲却没有能将这种规划意识始终贯彻下去，这同政治格局有很大的关系。希腊是城邦制国家，城市是政治中心,古罗马帝国分崩离析之后,欧洲的封建制度使得政治中心往往并不在城市,而是在郊外的贵族城堡。

中国的城市历史与欧洲有很大的不同,城市始终是政治中心,并且城市的规模与其政治地位之间有着明确而强烈的对应关系。古代的中国城市普遍采用的是套城模式,统治者居于核心位置,而居民是作为从属得以居住在他们的周围,这或许也是后来的城乡二元结构的一个源头。在古代的中国城市中,更强调的并非一个适宜的环境,而是空间的等级呈现、权力空间的象征性,以及强烈的管理和防卫意识。在宋代之前,中国的城市一直实行"里坊制",晚上宵禁,普通居民的住宅不得向城市街道直接开门,里或者坊成为一个个大院,是城市的基本管理单位。即使在里坊制消失之后,这种空间结构仍然在形式上得以延续。直到今天,空间的等级观念还是禁锢我们走向更美好的城市生活的枷锁。

现代主义的兴起伴随着民主观念的深入人心,空间的民主形态成为学界探讨的焦点,效率优先、均好性、立体交通、重新定义的邻里关系等等,加上人类生产能力的极大提升,城市成为了一种空间生产的方式,城市规模极大扩展,城市人口的比例越来越高,城市成了人类的主要生存场所。设计只是这个大时代变革的助手,资本与生产才是真正的核心所在,但这并不妨碍设计师陶醉于这样的景象之中,现代都市成了形式上的英雄主义轻易实现的舞台。

作为景观的城市

城市总是被归约为一个个的画面,视觉层面的城市也就成为人们乐于谈论的话题,甚至把城市问题简化为视觉问题,设计师和建设者们很容易沉醉于视觉创造不能自拔。当查士丁尼大帝在公元 6 世纪重建并完成圣索菲亚大教堂之后,自豪地说:"所罗门王,我超过了你。"建筑成为建筑师或统治者的纪念碑,当然它们仍然可以成为城市记忆的一部分,成为公共文化的一部分,但是这种个人意志的公共化,在造物能力极度发达的今天会带来与过去完全不同的意义与问题。一座大教堂在古代需要几十年甚至几百年的时间来完成,而在今天只要几年甚至几个月的时间。空间生产速度与信息传播速度的加快,改变了很多事物的属性,城市成为一连串的景观。

摩天楼成为现代都市的新图腾,立交桥以壮观的尺度将传统城市空间轻易瓦解,迅速变幻的城市场景也可以是政治家赖以标榜的政绩。资本意志和权力意志成为城市景观的主宰者,城市意象并非由市民塑造。

消费文化是形成景观社会的一大推动力,塑造景观的终极目的并非为了审美,景观社会的终极目标是商业利益。旅游让城市景观成为消费对象，浅尝辄止的游走闲逛之后拍照留念，然后就奔赴下一个消费对象。人们丧失了对景观的辨别能力，只是一味地求新、求变、求壮观。工业革命催生了房地产，带来了发展商、业主和使用者的分离，原本空间生产所要考虑的种种对应关系不复存在，只有陈词滥调和廉价的拼凑、嫁接。与此同时，设计师在附庸的位置上心安理得。

正如法国思想家居伊·恩斯特·德波在《景观社会》一书中的批判，景观社会不仅仅停留在空间生产的层面，而是实现了对普通市民或消费者意志的软性统治。德波的景观不仅仅指狭义的空间景观，而是泛指一切以视觉呈现的公共性图像，他定义的景观是少数人的表演，多数人的观看。多数人毫无判断力地向景观膜拜，景观成为一种单向的逻辑。德波指出，景观已成为当今社会的主要生产。首先，今天的一切物品生产都已无法脱离炫耀和图利的背景；其次，景观造就了自身制造和生产的发达，景观生产已经成为现今最显要的经济部门；最后，景观对现行制度具有关键的表象和维系作用，景观就是当今最大的政治。

在景观社会中，其隐含的逻辑必然是：呈现的东西都是好的，好的东西才呈现出来。在这样的逻辑支配下，城市就是一种让人眼花目眩的景观秀。所以，德波说景观似乎就是它的目标，社会没有更为高远的目标，人们也丧失了对存在本身的思考，景观社会的逻辑就是不断生产新的景观，发展就是一切。今天，这样的逻辑已是我们无可回避的现实，城市就是无休止生产的庞大机器。

作为身份认同的城市

城市的意义在中国只有城市之外的人才能有更深刻地认识，城乡二元结构带来的巨大落差，使"城里人"具有令人艳羡的别样意味。我自小生长于城乡接合部，更确切地说是一块飞地，父母在国营大型工业企业中工作，企业的位置在远郊，但是职工的户籍属性为非农城镇户口。在居住地，我们被认为是城里人，而到了市区，则仍不能逃脱被视为乡下人的眼光。这样的成长经历逼迫我不断加深空间区位与身份等级相对应的认识，这绝非城市的本意，但也是城市自然产生的衍生物。年轻的白居易初入长安，被前辈告知，居长安，大不易。在城市站稳脚跟就意味着社会身份的转变，而社会制度的不平等结构，使得身份不仅仅是个抽象的概念或心理感受，而是具体而实在的生存条件的差异。

即使没有制度层面的不平等，城市仍然具有家园的意义，意味着价值层面的认同和精神上的归属。地域性的特征在此显现，不同的城市意味着不同的生活方式，且具有与地理、气候和历史文化的相关性。当德波最初对景观社会进行猛烈批判之时，我们还未曾进入到大工业化生产的轨道上，在我们这一代人的成长记忆中，城市的影像掩映在朦胧的诗意背后。而信息流通的障碍，使得那时的城市具有高度的稳定性，中国的城市之间也有强烈而明显的等级序列，从直辖市到省会城市、地级市和县级市，行政级别对应着城市的人口规模和空间规模，进而对应物资供应的方方面面。这种种限制，强化了当城市作为一种景观出现时的震撼力，以及人们对景观的饥渴。当房地产作为一个产业正式登场之后，欧陆风情、英伦小镇、罗马广场、托斯卡纳阳光等等词汇成为漫天飞舞的广告词，我们进入景观社会的进程似乎是在一夜之间完成。地产商也紧紧抓住景观与身份的虚拟对应关系，使得国人自认找到了一条迅速重新界定自我的捷径。

迁徙的故乡：移动时代的城市

中国近三十年的城市经历了前所未有的、世所罕见的发展过程，支撑城市高速扩张的是人口大规模迁徙。流动人口成为主力，当春节来临时，许多大城市出现了空城现象。造成空城的原因，一是大量从事服务性行业的流动人口回乡，二是大量城市居民外出度假旅游。空城现象深刻地反映了当代中国城市高速扩张所带来的问题，繁荣的景观背后是系统结构的失衡。

移动是这个时代的主要特征，移动的背后是分离或者说撕裂。城市化在人口大规模移动的过程中迅速实现，但城市作为家园的固有特性也在移动大潮中不断被稀释和改写。城市户籍制度的放松，为人口流动提供了可能性，大量的年轻人以及并不年轻的异乡人在城市中漂泊，寻找更好的发展机会。而发展的定义正被景观所垄断，视觉场景成为漂泊者心中的梦，所谓发展则是场景的不断更换。异乡无法成为漂泊者的故乡，而故乡也在迁徙的大潮中被改造，迁徙消解了传统的故乡，人们只能在景观中重新建构对家园的想象，然而景观的虚幻本质能否实现这一使命，殊可怀疑。

移动或许是这个时代普遍的特征，交通工具和信息工具的发展使得移动的便利性达到前所未有的高度。然而，移动的目的值得深思，移动如果是人群的重新集结，则不失为家园重构的一条路径，但这尚需时间的验证。

超越图像：不可见的设计

如果像查尔斯·詹克斯在《后现代建筑语言》中的戏剧性说法一样，将山崎实的高层住宅被炸掉作为现代主义死亡的节点，景观社会的终结或者说转折也可找到类似的事件。就在前不久，英国风头正劲的女建筑师扎哈·哈迪德中标的东京 2020 奥林匹克主场馆的方案遭到了日本一批建筑师的抗议，并最终被要求修改方案。此次抗议由 1993 年普利兹克建筑奖获得者槙文彦提出，随后，日本建筑师和各界学者纷纷前来响应，其中不乏伊东丰雄、藤本壮介、阵内秀信、古市彻雄等知名人物。他们成立了一个"研讨会"，抗议这个面积达 29 万 m² 的体育场的大小和规模。这个结果在国际建筑界是罕见的，槙文彦召集的研讨会不仅有建筑师，也包括了社会学家和历史学家，不仅质疑哈迪德的方案即中标结果，也质疑招标过程和标书的制定，整个事件可谓城市主体意识的觉醒。哈迪德的建筑设计是景观社会的典型产物，脱离环境，也切断历史，以自大的形态从天外飞来，降身于目标场地。无奈，这次超大尺度的形式游戏触动了日本社会的底线，在东京的核心地带，在代代木体育场边上，这一场馆显示了景观的傲慢。

与此次事件对应的是美国波士顿的大开挖（The Big Dig）项目。大开挖计划又称"中央干道 /隧道计划"，它在波士顿滨海地区约 13km 长的范围内，将一条 1959 年建成的高架干道拆除，把交通引入地下隧道，修复地面城市肌理。原因是这条 6 车道的高架路不但不能满足交通的需要，还割裂了城市空间。当初耗费巨资，拆迁 2 万居民建成的高架干道，如今又耗费巨资拆除，项目总投资 146 亿美元之巨，从动议到完成历时 30 年，如此决策在民主国家也是少见的。

当时的波士顿人对这条高架充满自豪，称其为空中高速公路，但高速路引来更多的交通，导致更大的拥堵。它如一堵墙嵌在波士顿的心脏里，将城市与海滨隔绝，有着 300 多年建城史的波士顿失去了滨海城市的风韵。高速路作为景观确实有其引人之处，上海的延安东路高架与外滩地面交通衔接处也曾建设了号称"亚洲第一弯"的匝道，但其寿命更短，二十年不到即被拆除，寄望于景观的荒谬之处得到充分的展示。

表象的景观世界一片喧闹，使得这个时代充斥了景观碎片，这些碎片自身不成系统同时更破坏了城市原有的整体性和连续性。在景观生产的狂热中，人们忘记了生存更为本原的追求是什么，从而堕入资本意志和权力意志的逻辑圈套之中难以自拔。上述案例可视为新的设计实践中对景观的消解，当然，新的景观也随之产生，绿地取代了高架路，但景观的指向以及景观生产的逻辑正在受到挑战并得以改变。

城市作为家园的意义正被重新认识，而家园要求我们有更为长远的思考，以及对自身历史逻辑的理解。正如波士顿市长托马斯·梅尼诺（Thomas M.Menino）所认识到的："一个城市的未来是它的过去合乎逻辑的延伸。"德波指出景观的破坏力来自毁灭历史，在不断求新的追逐中它让人们悄然忘却曾经存在的历史。人们在不知历史也不关心存在时，就能沉默地顺从于景观呈现给自己的虚假在场。与此相对，我们不难找出对策，即采用历史的逻辑来纠正景观的逻辑，这在今天中国的建设狂潮中更值得我们警醒。

城市空间边界设计的伦理思考

围墙的变动，虽然不是制度层面的深层改革，但带来的变化可谓立竿见影，一则城市面貌的确得到改善，二则体现了政府走向公开化、透明化的姿态。空间形式的设计，从来都不是单纯的形式游戏。

若干年前，某位政治人物在大连市展开了一系列治理措施，引起很大反响，其中最早的一个动作是拆围墙。所谓拆围墙，并不是把所有的围墙都拆了，而是把政府机关大院的围墙都置换成视线通透的金属栏杆式围墙，其拆围墙的口号是"还绿于民"。这个举动的确起到了四两拨千斤的作用，成为一段新政的序曲。围墙的变动，虽然不是制度层面的深层改革，但带来的变化可谓立竿见影，一则城市面貌的确得到改善，二则体现了政府走向公开化、透明化的姿态。空间形式的设计，从来都不是单纯的形式游戏。

边界的意义

边界是认识空间的起点。我们日常经验中的空间都是有限定的空间，空间的属性由限定空间的元素性质来决定。这些限定空间的元素就形成了不同的边界。我们看见一座建筑，往往先对建筑的立面形式有所判断，然后再进入建筑，感受其中具体的不同空间。这里，建筑的外墙就是边界。对于一片草地而言，材质变化形成了边界，或者草地边上的一排树也可形成边界。空间在认知上有点抽象和模糊，我们往往以无形的概念来看待它，但边界是清晰而可感的。人们在论述空间时往往会引上一段老子的话："合三十辐为一毂，当其无，有车之用；埏埴以为器，当其无，有器之用；凿户牖以为室，当其无，有室之用。故有之以为利，无之以为用。"[1] 尽管老子的本意不是谈论空间，但这段话很好地说明了边界与空间的关系，空间由边界构成，人们更容易看到边界的形式，而忘了边界形式背后的原始目的。由此，我们也可以知道，边界不仅是认识空间的起点，也是设计空间的起点。

墙作为边界是最习见的形式，无论中外，古代的城市都有一圈高高的城墙，有的甚至还不止一圈城墙，形成内城和外城。像北京城，从紫禁城（宫城）开始，渐次是皇城、内城和外城（没有完全包围内城），共有四圈城墙，层层城墙把一个"禁"字渲染得无以复加。城墙最重要的意义显而易见是防守，因此在出入口需要特别加强设计，除了高大的城门楼，还要建出瓮城和箭楼，而城墙上除了箭垛之外，也做出特别的马面形式，以利于防守。这些特点，决定了墙作为边界，一方面给内部的人以心理层面的安慰，另一方面对外人而言，也产生阻吓的效果。但随着战争手段的发展，城墙的防御功能逐渐消失，人们已经不再考虑以城墙来实现防守目的，新兴城市都告别了城墙，甚至一些老的城市因为交通的原因也把城墙拆除了。不过墙作为一种文化心理的存在，仍是一件长久的事。

中国的文化有人概括为墙的文化，意即强调内外之别。社会中存在着一些无形的墙，形成不同的圈子，圈子内部的人交往是一种态度，圈内人与圈外人交往又是另一番情形。也有人形容中国人的性格是热水瓶性格——外冷内热，不熟的时候可能表情冷淡，而熟悉之后则可能无话不谈，所谓熟与不熟，关键看你是否能突破那层坚硬的壳。这些大而化之的认识，其实在现实世界的空间中都可找到印证。中国古代城市内的建筑与城市之间有着明显的同构关系，以院落为单元组合而成。高墙深院是人们对中国古代建筑很直观的印象，对于大户人家，诸如王府之类，甚而可以小城视之。这些院落对外封闭，街道空间（商业街除外）十分冷漠，漫步所见除了门屋就是高墙和高窗，但院落内部则建筑立面十分开敞，自有一番天地，不乏鸟语花香的生活情趣。内外反差之大，既给人惊喜，也让人感叹。这还是中国古代城市制度废除"里坊制"之后的情形，如果在里坊制实行的时期，城市面貌则更为严苛。所谓里坊制最核心的内容是各住户（除特权阶层外）不得直接向街道开门，而只能在里坊内部开门，这一限制造成了城市街道上只有里坊的大门，当然也便于统治者进行管理。里坊制同时约束了城市居民的出行时间和范围，夜间实行宵禁，进行交易则到集中的"市"。这样的制度限制了城市居民的活动自由，也极大地影响了城市的活力，因此，其瓦解也是意料中事。从宋朝开始，就废弃了里坊制，才有《清明上河图》所描绘的一片繁盛景象。

边界是空间限定的必要形式，在中国古代城市中，墙内的是私有空间，墙外的是公共空间，墙作为边界承担了将空间私有化的职能。但边界的意义又并非这么简单，它也是对话与交流开始的地方。首先，边界形成了对外的形象，因此所谓面子工程的重点部位就在这里，中国文化传统上十分重视门的设计，"光大门楣"这样的词汇反映的绝不仅仅是建筑形象的变化。其次，边界的形式也就具有了一种特殊的意味，反映了空间主人对外的一种姿态，边界的材质和形式在时间积淀的过程中逐渐产生了符号化的意义。以大连政府大院的围墙改造为例，边界在视觉上的通透隐喻了政府办公程序的公开化与透明化，起码在姿态上有此指向。第三，边界的形式构成了城市公共空间的形象，某种程度上我们可以这么理解城市公共空间：它是由私有空间挤出来的"剩余空间"。在欧洲中世纪的小城中，确乎给人这种印象，当然这并不意味着一种实践层面的先后关系。从设计角度看，在新兴城市中完全可以先确定公共空间，再细分私有化的空间，但在认知层面，这是很自然的一个结果。在这个意义上，边界形式就不再是空间主人的单向选择，而必须考虑城市的整体利益。

边界与城市意象

美国学者凯文·林奇在《城市意象》一书中探讨了如何分析人们对城市认知的方法，提出了道路、边界、区域、节点、标志物五个概念。这五个概念被认为是城市意象中物质形态研究的五种元素。也可以这么理解：人们通过这五种元素形成了各自的城市意象。从他的分析中可以看出，人们对城市的认知，来自人们在城市中的活动，因此，道路是首要的元素，边界的重要性仅次于道路。[2]

在城市中，边界具有非常丰富的形式。人们对天安门广场的印象，除了广场自身的尺度之外，就是广场周围的建筑物，人民大会堂、国家博物馆、天安门城楼、毛主席纪念堂等建筑物的立面构成了广场的边界，也塑造了天安门广场的形象——威严、肃穆、崇高。而在王府井商业街，则是街两边的商业建筑构成了边界，产生繁华、热闹和跳动的节奏。如果走到老的住宅区，四合院封闭的外墙就构成了胡同的主要面貌。而除了建筑物与实体的墙之外，边界也可以是一片水域，一片林地或绿地，一片抬起或下降的场地。纽约洛克菲勒中心的下沉广场是现代城市空间设计中的经典案例，下沉的设计一方面保证了整个建筑群的整体观感，视觉上没有中断，另一方面也有效地区隔了人的活动与机动车交通，更重要的是下沉广场的边界不是封闭、冰冷的实体墙面，而是与城市职能相互贯通的功能空间，不然这就是一个坑，而不能成为一处有活力的城市空间。这里有商业空间可以服务于广场，也与地铁车站及周边的建筑物连通，由此形成了一个积极的，但又是闹中取静的城市意象。

自然元素形成的边界在城市中是宝贵的资源，水域更为可爱。近日看到杭州西湖及其周边环境整体成为世界文化遗产的消息，这个结果对于杭州或西湖来说可谓实至名归。西湖构成了杭州最为强烈的城市意象，而杭州市政府为了申遗目标的实现，早在十多年前就开始了西湖岸线的整治工作，拆除了大量建筑，为的就是优化西湖的边界，实现西湖景观价值的最大化。水域不仅提供了可亲近的水体，也提供了相对开阔的景观视野。以北京为例，最生动的城市景观来自两个地点，一个是金鳌玉蝀桥，一个是后海区域。金鳌玉蝀桥连接了老城内重要的东西向道路，将三海分割为北海与中南海两个部分，这一独特的设计为城市提供了一个穿越皇家园林的绝佳视角，其中尤以在桥上看北海的白塔为最佳。后海地区的商业繁荣完全得益于其独特的景观资源，尽管酒吧街的设置有点不伦不类，但这个地区的活力不容忽视，柔性而开放的空间边界对城市发展的积极意义在此表现得淋漓尽致。

1. 摄政大道至摄政公园的景观带，约翰·纳什规划。

正是看到了边界在形成城市意象中的重要作用，近代城市的建设中逐渐兴起了景观大道的做法。首开先河的是英国伦敦，1813年由约翰·纳什（John Nash）规划摄政大道至摄政公园的景观带，在 1820 年至 1830 年间完成。这条景观带覆盖的区域都是高级住宅[3]，与此同时，工业革命催生的大量工人却住在窘迫、拥挤并且极不卫生的贫民窟中，由此可知这完全是一种粉饰太平的城市建设手段，加深了城市生活中不同阶层的不平等，而丝毫无助于解决问题。而奥斯曼于 1851 年至 1870 年期间实施的巴黎改造计划，则将这一思路往前推进了一步，他在中世纪以来形成的杂乱的巴黎街道系统上，大刀阔斧地开辟并建立了一个新的城市交通系统，利用古老的或新建的纪念物作为节点，通过广场设置辐射状的道路，宽阔的林荫道直接连接重要节点，道路两旁的建筑物拥有统一的造型，赋予城市整齐划一的形象。这一改造不是针对某一区域或某一阶层的小打小闹，而是整体地更新了城市的面貌，成为当时不同国家竞相模仿的样板。[4]

边界设计的公共性与开放性

奥斯曼对巴黎改造的成功，不仅在于他梳理了交通系统，在视觉上赋予了城市有序的感受，更为重要的是为巴黎注入了一个连续性甚好的公共空间系统，使更多的人能够享受体面的城市生活。奥斯曼的巴黎改造也是一次对城市已有资源的有效整合，将纪念物和广场等城市公共景观和空间连成网络之后，不仅提高了城市空间的意象性和标识性，也使这些资源之间相互关联，产生更大效益。可资参照的另一个案例是文艺复兴时期佛罗伦萨城中的乌菲齐宫，其用地是美第奇家族的私有土地，但采用了一种非常规的方式来进行建设，在地块的中间开辟出了一条公共街道，乌菲齐宫分列街道两侧，这显然是不经济的设计，但这条街道开辟了一条新的城市视廊，连通了佛罗伦萨的市政厅广场与阿尔诺河两个开放空间，不仅极大提升了这一区域的空间品质，也确立了乌菲齐宫在城市生活中的地位。瓦萨里的这一设计被公认为具有城市意识的经典案例。[5]

城市是个复杂的综合体，最重要的特点是集聚。城市的出现意味着人类文明进入新的阶段，是生产力水平达到一定程度的象征，有一部分人可以不事生产而生存，因此，城市中的居民无法"独善其身"，而必须借助一个相互依赖的网络才能生存。城市生活的品质与其公共性的程度有关，公共性同时与空间的开放性有关。即使是封建时代的中国城市，也经历了不断开放城市空间的过程。公共性与开放性是两个既有关联又相互区别的概念，公共性是对空间参与者的界定，开放性则是对空间形态的界定，开放的空间是达成公共性的有利条件，但具有公共性的空间未必是开放的。

经历了工业革命的近现代城市，居住人口和空间尺度都急速增长，带来了一系列的城市问题，不同阶层在享有城市空间资源上的不平等也是显而易见的事实。尽管具有人文情怀的知识分子和有识之士早就开始呼吁，但真正让社会正视这一现实的还是瘟疫的流行，当疾病来临的时候，它抹平了阶层的差异，无论贫富都无法逃脱，也正是瘟疫让统治阶层意识到城市是所有人群生活的共同体，一部分人的痛苦可以转化为全体的痛苦。也正是在这样的背景下，影响后世城市规划的《健康法案》得以通过立法。公共性和开放性是基于城市全体居民的共同利益所必然提出的要求，城市公园、开放绿地这些新型空间形式都是顺应这一要求而诞生的，这些空间的存在便利了底层民众接触自然，改善了城市环境。

城市之中，私有空间的存在不可回避，但边界作为私有空间与公共空间发生关系的界面，其设计应有城市的视角，从公共性和开放性的角度切入思考，不仅可以提升城市环境的整体品质，也有利于所属空间自身的活力。在中国古代城市中，不乏这样的例子，值得一说的是苏州的沧浪亭。沧浪亭一反私家园林边界设计的常态，在边界处设计了双面廊，廊子串联起了亭子和水榭，一方面水面本身已经形成了隔离，另一方面这一设计也将公共水域的景观纳入了园林之中，既美化了城市视角的景观，

2. 奥斯曼在巴黎所作的最重要工作图示：黑色为新街道，交叉线处为新城区，城边两个大公园，（左：布洛涅森林公园，右：文赛娜森林公园）用斜线表示。

3. 奥斯曼的巴黎改造计划，新辟街道如何调整旧城肌理。

4. 沧浪亭的外围边界处理。

无形中又扩充了自身的疆域。中国园林的要义是小中见大，借景是常用的设计手法，但这种城市与园林互借的设计并不多见，也契合了园主人以沧浪为题的精神境界，直观地展现了豁达的胸襟。[6]

当前中国城市空间边界设计的思考

沧浪亭的边界设计手法无疑是富有启发性的，但这样的设计并没有在中国的城市建设中得到推广，不然，大连市拆围墙就不会产生那么大的反响。由于院落式建筑的传统，墙的心理在当前中国城市空间的建设中仍然顽强地存在着，单纯地改造围墙不是出路，不能从根本上解决城市空间私有化的问题。公共性和开放性的缺失在北京的城市建设中显得尤为突出，有学者戏称北京的城市文化为"大院文化"，可谓一语中的。大院的存在，一方面阻碍了城市交通体系的完善和发展，另一方面也给大院中生活的居民带来不便，而维持大院的最根本的诉求不外两点：一是管理上的方便，二是居民的安全感。这一认识，不仅在历史形成的大院中延续，在新建居住区项目中也在蔓延，而城市的公共空间由于开放性的缺失，导致效率低下，不能给城市带来积极的提升。[7]

学生们曾经调研了北京西直门外动物园区域，一方面现状给人喧嚣、杂乱的感觉，繁杂的交通是人们对这一区域的主要印象；另一方面，通过调查发现，这一区域存在着大量的公共空间，如北京展览馆、动物园、五塔寺、恐龙博物馆等，一条内河穿过这一区域，此外还有大学校园和星级宾馆。这些空间元素的存在本可塑造出一个舒适且有活力的城市区域，但由于各自为政，都圈在各个不同的大院之中，城市

公园实际边界
视觉渗透情况
行动渗透情况
公园中的禁入区域

5. 朝阳公园边界渗透性评估图（郝培晨绘制）。

空间支离破碎，大院的存在在人流和交通上产生的挤出效应，使这一区域在人们的印象中只有一个乱字。对于本身具有公共属性的空间，坚持不开放的做法，除了管理上的些许便利之外，剩下的就是各单位变相把空间私有化的小算盘。虽然这些大院的围墙在视觉上是通透的，但丝毫无助于城市环境的改善。

这种简单化管理的思维在大学校园围墙的存废上表现得尤为明显。国外有许多没有围墙的校园，但回到国内就碰到国情论。许多新校区，名义上不建设围墙，但最后都加上了护城河，在空间本质上毫无变化。北京大学甚至为了校外人员是否可以入校参观，而在社会上引起激烈的争论。理论上，公立大学的资源属于全民所有，校方有什么权力可以禁止校外人员进入校园呢？同时，这种管理措施既增加了管理成本，也给北京大学的成员带来不便。事实上，中国完全可以有没有围墙的大学，湖南大学是最好的例子。没有围墙既没有降低湖南大学的办学质量，也没有增加治安事件，相反公交线路的引入，既便利了大学师生，也完善了城市交通体系，附属其中的岳麓书院等文物保护单位不会丧失其社会属性，同时环境本身无言地塑造了师生开放的品格。管理只要落实到楼门就不会带来治安问题，事实上对于有校门管理的大学而言，楼门管理依然不可缺少，从这个角度看，开放反而降低了管理成本。

或许我们没有能力一下子使所有边界都能开放，也没有能力改变现有的管理模式，即便如此，我们还是有改善城市空间品质的余地。以北京在新中国建立后陆续建设的城市公园为例，其边界存在着很多不符现状发展要求的地方。众所周知，现今的大部分城市公园已经实行免票入园的政策，但公园在形态上还是围墙中的绿地。在建国初期的城市建设思想中，公园是为了丰富广大人民的业余生活所设置的一个专门场所，突出的是其功能色彩，尽管门票价格不高，但也使得去公园成为一项郑重其事的活动。在这样的思想指导下，公园设计并不重视其与城市之间的关系，而把重点放在内部空间的经营上。同时，中国的城市公园一部分由历史形成的名胜古迹、私家园林、皇家园林转化而来，一部分虽是新建，但在造园手法上取自传统园林，追求壶中天地、小中见大的效果，而总体呈现出外向封闭、内向开放的空间特点。这种局面造成了，除了在公园门口，人们很难在城市生活中感受到公园的存在。公园的边界形式，除了实墙，就是绿篱，或者是乔木、灌木组合形成的绿化带，总之就是要阻断公园内外的视线交流，以获取公园内部闹中取静的效果。

公园免票政策的意义在于，由此实现公园与城市生活的更好融合，它不是服务于某一部分人，而是指向所有人。门票无论多廉价，它的存在都是一道门槛，会阻挡住相当一部分人群。同理，边界形式不改变，出入方式的局限也是一道门槛，依然不能实现服务于全民的目标。从景观角度看，满园春色锁深墙，等于是景观资源的极大浪费，在城市空间日趋紧张的当下，墙式边界降低了公园应有的景观效益，也整体上影响了公园的社会效益。更有甚者，有的公园利用公园边界进行商业开发，餐饮一条街不仅封住了公园景观，而且把不雅观的后厨部分朝向公园，这种简单的商业开发模式给公园造成了双重损害。

结语

城市公园边界的种种问题，在设计上很容易进行调整，可以利用水体打开边界，使公园景观渗透到城市空间中，也可以把商业设施的形态由街墙式的改为梳状楔入或组团式的。但更为重要的是，我们究竟应该以什么样的角度来看待公园与城市的关系？公园应该是城市的有机组成，而不是其他功能空间挤出的剩余空间，也不是规划中一块华丽的补丁。公园之公应该成为设计者、建设者考虑的首要起点。从边界入手，站在城市整体利益的角度来思考，就是我们提升城市空间品质的一条捷径。让人们从地铁站出来，穿过公园，而不是绕过公园，走向各自的工作地点，这是多么美好的一幅生活场景。

本文原载《装饰》2011 年 07 期，总第 219 期

注释：

[1] 参见 Francis D.K.Ching, ARCHITECTURE: Forms, Space,and Order, Second EditionJohn Wiley & Sons, Inc.1996, P91.

[2]（美）凯文·林奇：《城市意象》，方益萍、何晓军译，北京：华夏出版社，2001，参见第 35、36、47-50 页。

[3]（意）L·贝纳沃罗著，《世界城市史》，薛钟灵等译，北京：科学出版社，2000，参见 P788。

[4] 同 [3]，参见第 834-847 页。

[5] Gloria Fossi, UFFIZI Gallery, Giunti Editore S.p.A, 2009，参见第 8 页。

[6] 方晓风主编：《中国园林艺术——历史·技艺·名园赏析》，北京：中国青年出版社，2009，参见第 124-135，第 206-210 页。

[7] 参见方晓风："房地产开发与城市危机"，《建筑风语》，北京：中国水利水电出版社，2007，第 218-229 页。

家园的批判与继承

——院落格局住宅的文化比较

长期以来，建筑尤其是住宅，一直被当成把人从自然中庇护出来的场所，强调的是如何与自然隔绝，创造一个物理条件优良的人工环境。但随着时代的发展，人工的创造物越来越强大，而使人们某种程度上忽略了自然，此时对自然尊重的设计或许是很好的反思。

1. 居住的诗意，来自安全感、自由和归属感

由于海德格尔的引用，荷尔德林的诗句被广为传诵："劬劳功烈，然而诗意地，人栖居在大地上。"[1] 这似乎是关于人类生存的最经典、最引人遐思的解读。诗意是价值理想的象征，栖居是人类生存的状态，大地是我们的母体，而诗意的前提是充满劳绩，因此诗句也被理解为一种价值观的阐述，反映了人劳有所获，因为劳绩而坦然面对所获的境界。围绕着这句诗的解释可谓汗牛充栋，诗是抽象的，如何实现这样的境界则从各人不同的经验出发有无数种可能。本文试图讨论的是，家园作为栖居的物质载体，本身就在实践着、营造着诗意地栖居这一现实。家园是人类栖居的象征和符号，同时也是人类生存智慧的结晶。

一、院落式住宅的适用性

纵览人类居住的历史，院落格局的住宅形式在不同的地区和民族中都得到了广泛的应用，除了靠近赤道的热带地区和极寒地带[2]。这是很有意思的一个现象，反映了院落格局在居住方面的适用性，也说明了人们居住理想中对环境的要求。从设计的技术角度分析，院落式布局具有以下几个方面的优点：

1. 院落格局在无法建造大进深单体建筑的时候，是面积效率较高的布局形式，也即建筑密度较大的一种做法，这就解释了除了在极寒和极热地区外，它得到广泛应用的原因，因为亚热带和温带的定居点相对而言人口密度都较大。

2. 院落格局在高密度的情况下，可以通过院落空间来组织自然通风和采光，在

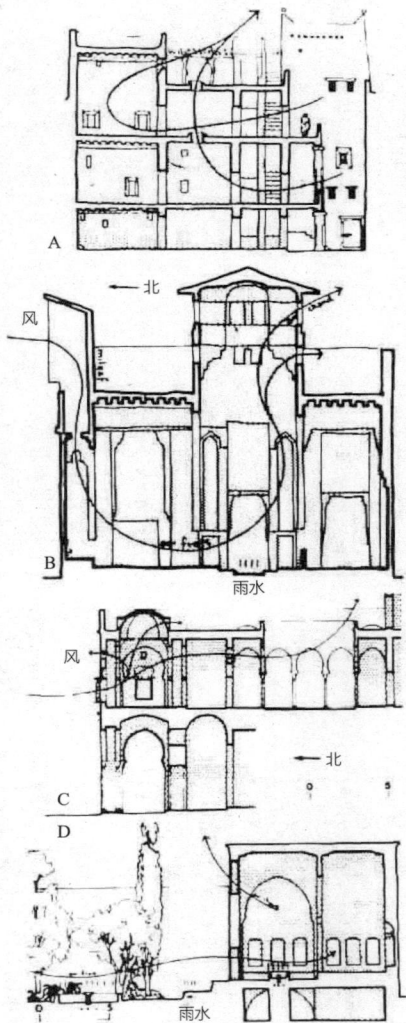

2. 沙漠地区住宅常用的有组织通风的设计

低技术条件下就能实现较好的适于居住的物理条件。

3. 院落格局在外向封闭的时候，能够实现一个排除外界干扰的自足小天地，在居住密度高的地区非常适用（前提条件是建筑高度受限，从而不影响院落采光），中国江南地区的民居是典型的案例。

4. 有的设计可以通过院落来改善当地的气候影响，实现空气的有组织流动，在气候炎热的地区得到广泛应用，比如我国新疆以及广东、福建等地区的民居，中东、北非、环地中海地区的民居多是如此，幽深的院子成为一个凉风井，经由院子凉风吹向各个房间。在气候寒冷的地区，院子也能成为不受冬季罡风影响的室外活动空间。

5. 外向封闭的院落也自然具有防卫的功能，城堡事实上就是一个尺度较大的院落。而聚族而居的福建客家土楼，在防卫性方面的表现予人深刻的印象。

6. 院落在复杂的平面关系中，便于人们的空间定位。院落的尺度总是大于房间的尺度，并且院落空间同其他空间的差异性，使其成为识别性很好的对象。正因为如此，在现在的大型公共建筑中，经常会使用院落布局来组织复杂的平面，如此较易完成不同空间等级的分区。

二、院落的精神意义

当然，从技术角度分析，院落式布局的缺陷也是明显的，最主要的问题是交通流线长，面积的使用效率相应地就低了；其次，在院落尺度不够大的时候，院内建筑之间的视线干扰问题也会存在。在世界进入工业化时代之后，效率问题摆到了首位，现代化的过程某种程度上也可理解为不断强调并提升效率的过程。同时，伴随着工业化进程的是城市化进程，城市人口的比例大幅度增长，城市住宅的发展趋势是向空中发展。此时，由于高度的变化，建筑转而追求视野和大尺度体量的雕塑感。现代主义运动之后，院落式布局的应用减少了。建筑技术的发展，某些地区的人们甚至广泛使用机械的有组织通风来代替自然通风。

但是，家园的意义绝不是技术层面所能涵盖的。在农耕社会里，家庭作为社会组成的单元，不仅是生活意义上的，也是生产意义上的。所谓家园是一个生产、生活合一的场所，家园就是人们赖以生存的全部。网络浏览器中，主页（home）的符号是一座有坡屋顶的小房子，直至今天人们仍然偏爱坡屋顶的住宅，究其原因乃是坡屋顶的形式给人以很强的庇护感，这种感觉久而久之固化成了符号化的形象。中国的许多城市也曾或正在轰轰烈烈地进行住宅的平改坡工程，出发点有差异，不能一概言之。但或多或少，这一举动还是有群众基础的。家是一个得到庇护的场所，这种庇护不仅限于室内空间，并进而扩展到室外空间，院落式布局正是在这个意义上具有显而易见的价值。

3. 徽州民居鸟瞰，显示了院落格局在高密度情况下的适用性。

4. 住宅内院可以是一个自足悠然的小天地。

美国建筑师波特曼在 20 世纪创造了一种巨型室内中庭的商业旅馆模式，称之为共享空间，取得了商业上的成功，并被广泛效仿，他认为人有看与被看的心理需求。这种需求可能在陌生人中可以更好地实现，巨型中庭追根究底不过是有顶盖的院子，当然，尺度的变化也带来了感受的差异。巨型中庭从效果上看，有利于塑造空间的整体形象，在单元式客房的旅馆中，显然比单纯的走廊更能使人产生归属感，同时也使宏大的气势渗透到了每一间客房。然而，在能源危机之后，这种旅馆模式又渐渐被放弃，原因是维护这样的巨型室内空间，能耗过大，不经济。

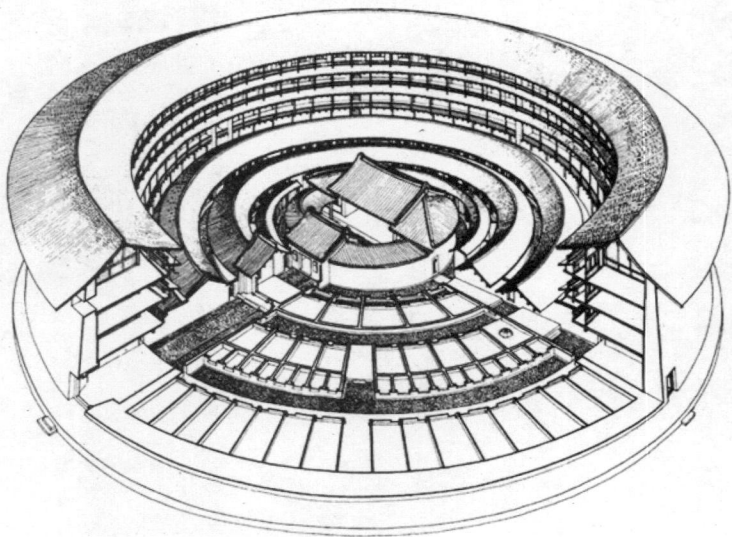

5. 福建土楼剖面示意图
6. 福建土楼建筑群鸟瞰

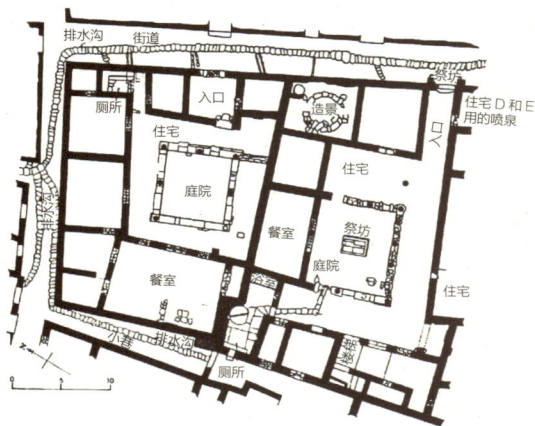

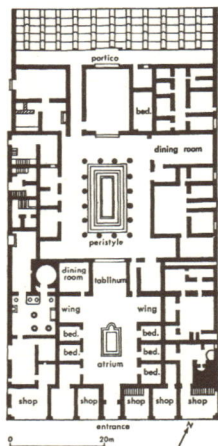

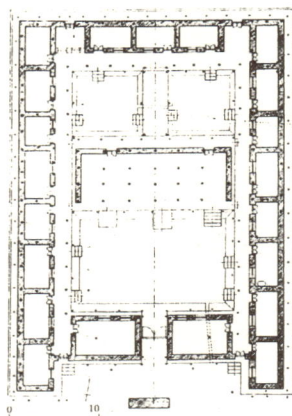

7. 古希腊提洛斯的住宅平面图

8. 庞贝出土的古罗马时期住宅平面图

9. 岐山凤雏先周宫室遗址复原平面图

10. 印度占西 – 奥查王宫的内院景观（摄影：周志）

院落式布局的空间意义主要在于围合，由围合而产生了向心的趋势。院落式住宅的院子往往成为一个建筑群组的核心空间，并具备了精神上的象征意义。古希腊的城市住宅采用院落格局，在连通入口的院子中，每家每户都设常年供奉的祭坛神位，尽管院落的形态未必规整[3]；从庞贝遗址中清理出来的古罗马时代的住宅，第一进院子多采用浅水池的做法，虽然没有神坛，但强烈的轴线序列的处理和规整的空间形态，无疑更为彰显了院子在整个空间体系中的重要性及象征性[4]。古希腊建筑在突出几何化的特征。在印度的伊斯兰国王的宫殿中，结合了印度本土文化的特点而有所变异，其最显著的特点是采用正方形的庭院，每个方向的立面都是相同的，这种形式形象地反映了印度文化的宇宙观，状如曼荼罗，高高低低的亭式建筑组成了错落而丰富的空间轮廓线，但这种丰富性就是不厌其烦的重复形成的[5]。

中国也是院落格局成熟很早的地区，至迟在西周早期即有多进院落的宫室建筑出现，但早期院落突出正房而无厢房，院子由廊庑围合而成。在形态上，除了轴线对称之外，中国的院落住宅还强调不同建筑体量的差异，决定建筑体量差异的是建筑使用功能所对应的社会等级，表现出宗法等级社会的特征。居住在一个院子中的往往并非一个小家庭，而是若干代同堂的一个家族。北京地区的四合院是这方面最为典型的案例，在世家长居住的正房的进深、开间宽度和总面宽都要大于其他建筑，子辈居住的厢房次之，如夫人居住的耳房则退在廊后。坡屋顶的屋顶高度同进深成正比关系，因此不同进深的建筑在高度上也显示出参差的序列。不仅如此，在建筑的台基高度上还有同样的等级规定。建筑形象地反映了人群中不同人物之间的关系，等级高的得到彰显，等级低的拱卫着核心。

由于中国的院落建筑对外封闭，所以外立面不生动，作为内外交通的门就显得尤其重要了。大门不仅是外立面上最有表现力的部分，而且在传统社会中也体现了住宅主人的社会等级，成为一种标志，一个等级符号。一般的民居，门只是墙上的一个洞口，稍微考究一点，就要做出门屋，门也是一个独立的小建筑，贵族的门可以比较宽大，王一级的可以有三间，一般的门屋都只有一开间。门的位置是有意思的细节，除了王府和官方建筑外，北京四合院的门都不开在中间，尽管整体上强调轴线对称。风水层面的解释是一方面，更为重要的是，门的位置直接影响到了宅院的外在气质，偏居一隅的门相较于居中的门要克制得多。在中国的等级秩序中，空间区位的对应性很强，中为贵。尤其在四合院中，门对应的就是随之展开的院落，大门对大院，偏门对应的就是较小的院落。当然，偏于一侧的门也有利于保护内部院落的私密性，而对于王府及官方建筑来说，中门大开也是因为其靠外的院落往往是具有公共或半公共属性的空间，是处理公务的场所。

11. 典型四合院主院正视效果
12. 典型四合院鸟瞰，建筑尺度同使用功能的等级密切相关

三、院落的文化性格

决定院落性格的另一个重要方面，是其外立面的开放程度。院落内部的开放性是
不言而喻的，因为围绕院落的各个空间都要通过院落来采光和通风，由于建造技
术的不同，这种开放性并不全然相同。但院落外立面的开放与否，同功能的需求
之间并无强烈的对应关系，而更多地反映了文化上的特征。中国的院落住宅，无
论是南北方都显示出对外封闭的特征，为了实现封闭，即使在采光有利的位置上
也选择内向的处理，比如四合院的倒座部分，有南向采光的条件而弃之不用，选
择北向的采光。

设计的选择就是文化的选择，对外封闭是一个明确的姿态，即不愿意有内外的交
流。而欧洲的城市住宅，在有内院的条件下，沿街立面仍然是开放的，相对来说，
建筑朝向内院的开放性倒是有所减弱，内院联系交通的意义以及植物景观更为突
出。为了保护住宅内部的私密性，其处理方式是控制对外窗口的高度，行人的视
线在窗台之下即可。欧洲由于砖石建造的传统，建筑大多需要基础处理，普遍有
地下室，因此首层地面的高度也设置得较高，通过垂直方向的划分，保证了住宅
内与外之间的分离。摆脱了内向采光限制的院落住宅，在性格上就同无内院的住
宅没有太大的区别，呈现出同城市街道融合的意味。

某种意义上说，住宅同城市街道之间的关系开放与否，是是否真正城市化的一个
标志。城市是一个强调交流和融合的大空间，城体现了防卫性，市体现的是交易。
随着军事技术的发展，城的防卫性日渐弱化，城市化更多体现的是商业的性格。
城的防卫性通过封闭来实现，但市则必须在一个开放的空间中才能进行。尽管在
实行里坊制的时代，市是在一个封闭的场所内，但场所内部无疑是充分开放的。
在中国封建社会晚期的明清两代，工商业的萌芽早已出现，城市和城市住宅的形
态也有日渐开放的趋势。北京四合院某种程度上看，是特殊的例子，清代汉人不
得居住在内城，四合院是贵族化的住宅形态，而北京作为政治中心的意义远大于
其商业的意义。在江南的市镇中，住宅同街道的关系已是相当开放，临街住宅往
往开设店铺，即使纯住宅也不再强调封闭了。乡村中的住宅仍然维持了既往的性
格，因为那里的生活和制度并没有改变。

可资比较的另一个例子是日本的传统住宅，同属东方文化，建筑的形象很类似，
但形态上有很大的差异。那里的院子不是通过建筑围合而成，而是直接通过围墙

实现，建筑上也不强调对称和轴线，而是采用自由组合的形式，甚至在皇宫中也是如此，桂离宫即为典型。同时，院墙并不高，虽能阻隔行人的视线，但不妨碍建筑中的视线，此时院墙作为空间界限的意义要远大于封闭一个空间的意义。建筑上强调对外交流的另一个重要特征，即有丰富的灰空间存在。中国的住宅建筑也有类似的廊下灰空间，但尺度和作用都要小得多。在日本的传统住宅中，廊下空间进深大，同庭院的关系密切，他们的庭院以观赏性的庭院居多，不强调人在其中活动，人在廊下面向庭院而坐成为生活中的重要内容。院子在这里是为城市中的人们提供了一方小小的可供交流的自然领地。韩国的住宅具有同日本类似的特点，韩国的气候更为寒冷，但对外开放的程度并无减弱，他们设计了用于室外空间取暖的设施来完善人在室外、半室外空间居停的感受。由此可见，开放与否，在此显然不绝对是气候的影响或功能的需求，它反映的是生活方式的特点，和文化性格的特征。

四、院落格局住宅的扬弃

近现代的发展进程改变了许多历时久远的事物，工业化造成了城市人口的极度膨胀，人们的居住形态在新的形势下不得不改变。院落格局的住宅从总体上看是越来越少了，集合式的公寓住宅成为主流。但在住宅建设的历程中，我们仍然可以不时看到对院落模式的研究和应用，家园作为精神上的追求一直在寻求一种具有归属感的模式，人们对理想家园的追求脚步从来没有停止过，无论现实的制约是如何情况。

对于土地条件不苛刻的案例，庭院的设计是个自然选择，这个情况并无太大的变化，矛盾突出的是用地条件紧张的城市住宅。有两个案例值得分析：一是上海的石库门住宅，二是日本建筑师安藤忠雄设计的住吉长屋。

上海的石库门住宅是江南传统的院落式住宅同西方的联排式住宅的结合物。江南民居的院落有退化成天井的趋势，同时多有两层楼的做法，这些都是提高建筑密度的有利条件，西方的联排住宅则强调住宅同城市街道的密切关系，行列式的规划布局可以提供朝向均好的住宅群，两种模式都有缩小面宽，扩大进深的手段，在城市中具有很好的适用性。石库门住宅采用砖木混合的结构形式，吸收了西方住宅功能划分的合理性，并通过错层设计降低北侧的建筑高度，利于排与排之间的密集布置，南向的天井保证了客厅的采光和舒畅感觉。石库门住宅是殖民地时代的一个典型案例，吸取了西方住宅的优点，同时在空间模式上保留了传统的记忆。

安藤忠雄的住吉长屋是他作为建筑师的成名作，规模很小，通面宽才 6m，进深 20m 左右，左右相邻的都是普通的日本城市民居，前后通透的模式，没有院落，对外开放。安藤设计了一个最为简约的院子，形如一个正常的房子被劈成前后两截，中间是庭院和楼梯、廊道。这个设计甚至带来了生活上的不便，餐厅和客厅隔了一个院子，主人从一个房间走到另一个房间必须经过室外空间，下雨天还要打伞。好在主人是建筑师的朋友，完全支持这个设计。安藤对此的解释是，都市人生活在一个喧嚣嘈杂的环境中，需要一个安静的场所来对抗，这个设计外向封闭，内向开放，并且在生活的过程中强制性地植入了自然元素，使人必须同自然接触。院落的手法在此并无新鲜之处，但后面的思考是很有意思的。长期以来，建筑尤其是住宅，一直被当成把人从自然中庇护出来的场所，强调的是如何与自然隔绝，创造一个物理条件优良的人工环境。但随着时代的发展，人工的创造物越来越强大，而使人们某种程度上忽略了自然，此时这样的一个设计或许是很好的反思。这个案例并没有普遍性，但其中的思考和精神诉求，深刻地反映了当下在城市中生活的人们的处境。同时，这个案例也在说明，院落格局的住宅在今天这个时代的可能性。

13. 斯文里单元平面
14. 斯文里立面
15. 斯文里剖面
16. 石库门住宅沿街立面
17. 石库门住宅鸟瞰，前后院关系清晰可辨

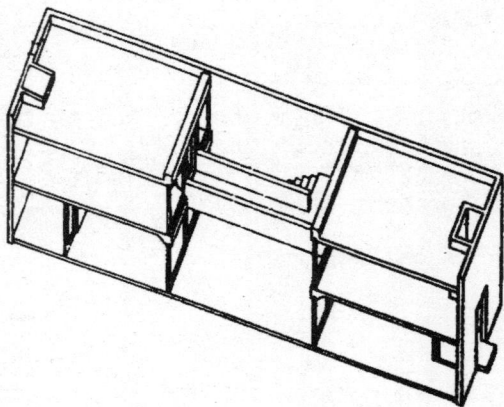

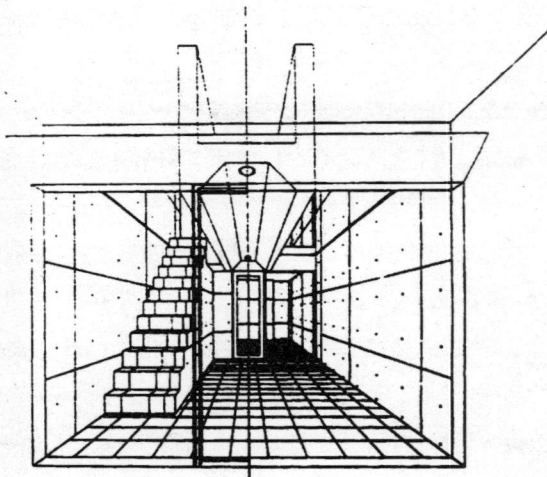

18. 安藤忠雄设计的住吉长屋轴测示意图

现代主义的兴起，带来了价值观的转变，效率、平等成为优先考虑的问题，从宏观层面看，这些转变既带来了积极的成果，同时也带来了问题。住宅规划中的行列式模式就是这个问题的直观反映，行列式以一种标准化的方式解决居住问题，效率很高，也充分重视了平等，然而这种机械化的居住方式也剥夺了人们对于家园的美好期许，从而饱受诟病。所谓诗意地栖居，必然意味着人们是带着审美的眼光来看待生活的。生活之美，难道就只是效率和平等吗？现在的住宅规划在充分考虑行列式布局优点的同时，也在积极思考如何营造家园。显然，今天的城市住宅不可能回到过去，基础条件已发生了巨大的变化，但人们可以设想更大尺度上的围合感和邻里氛围。建筑单体的院落格局可能不再广泛使用，不同住宅建筑进行围合的巨型院子，或有围合趋势的组合形式得到越来越多的应用。一个共享的环境，不仅为居住区的居民提供了一个交流和活动的场所，同时也营造了一个具有归属感的公共空间，这样的空间可以成为精神上有所寄托的场所。

结语

田园牧歌式的生活方式可能永远不能回归，作为生活在城市中的现代人，我们享受着交流和融合的便利，同时也在期待或谋求着自我的天地。现实的生活告诉我们，任何一种极端的方式不可行，人必须在克制中完成相互之间的和谐相处。

家园是人们诗意栖居的基础，家园并非只有一种形式，家园的理想也随着时势的

19. 英国伦敦格尔顿·兰尼小区，现代住宅区尝试更大尺度下的围合

变迁而发生着变化。理想家园也是人们在特定条件下的一种选择，所谓选择即是取舍。我们在历史经验的批判中完成价值的判断，在超越的实践过程中完成价值的继承。批判与继承也是我们的生活方式。院落格局只是居住形态中的一种，通过对它的分析和研究，或许可以明了我们对家园价值的认知。

本文原载《装饰》2008 年 03 期，总第 179 期

注释：

[1] 孙周兴选编，《海德格尔选集》，上海：三联书店，1996，第 1190-1204 页。"人之栖居"是海德格尔后期主要思考的问题，他由存在本身而入思栖居，栖居既是一种自由也是一种受到庇护的状态，从而揭示出栖居的本质就是栖居的真正困境；在对此困境的倾听中，海德格尔进而由栖居引入"筑造"。荷尔德林诗句选用的是陈维纲的译文。

[2]（意）L·贝纳沃罗：《世界城市史》，北京：科学出版社，2000，第 133 页。

[3]Alexander G.Mckay, Houses, Villas, and Palaces in the Roman World, The JohnHopkins University Press, BALTIMORE AND LONDON, 1998, P32-34.

[4] 同 [3]，P13。

[5] Norbert Schoenauer, 6000 YEARS OF HOUSING, NORTON, 2000，P186、187。

住区理想如何实现

每个人不同，每个人的理想住宅也不会相同，住宅是我们生活的反映，也是我们自身的写照。商品住宅可以有样板间，但理想的生活是没有样板的。在这个时代，我们的家园理想不能寄托在人人成为庄园主上面，城市就是我们的家园，这个家园需要更好的公共性。

在今天的中国，如果说还有信仰的话，对政府而言是 GDP，对普通百姓而言就是房子。两会期间，关于房价的争论成了当前最大的政治。本文想讨论的不是目前房价应该涨或者跌，也不是买房好还是租房好，更不是个人的理想住宅的形式是什么。上述这些问题都是随着人心而变的，心有多大，理想住宅的面积就可以多大，紫禁城里的核心家庭也就一户；心有多大，房价就可以多高，上亿的住宅也就占了一亩地；心有多大，一个人就可以买多少套房，现在的人好像都羞于说自己只有一套房，更不用说在租房住了。

如果我们的生活理想就是挣钱，买房子；然后再挣钱，买大房子；再挣钱，买房子……或者这里的房子涨了，赶紧卖掉，然后到另一处买，等着涨，再卖掉……那么，房价自然只能一路涨上去而不可能下跌，这就像全民储存黄金，不流通的话，有限资源的价格肯定如此。问题是，这样的生活看着不像是过日子了，而是全民在经营房地产。严格地讲，这不是生活理想，而是生意理想。

生活理想应该有些什么内容呢？宏观地看，应该考虑，准备要几个孩子；准备几代人一起住，还是分着过；住郊区还是住市区；住热闹的地方还是住清静的地方等这些问题。微观地看，则问题就多了：想看什么书？在什么环境下看书？想要多大的书架？钢琴放在哪里？晚上回家后是否还继续工作？厨房里需要什么设备，能够做自己心爱的食物？是否在家里接待客人，客人来了，大家如何在一起聊天？窗外能看见什么，希望看见什么？每天饭后同小孩到哪里转转，同小孩聊些什么？长辈们来了，该陪他们去哪里转转，或者让他们有什么消遣？老人病了，去哪家医院放心？是否每天锻炼身体，怎么锻炼？卧室是否要浪漫一些……如此等等。

比照上述的这些问题，可以推想自己理想的住宅应该是什么样。如果不考虑客人来家里，那么客厅可以很小，也不用考虑建筑或装修是否豪华（豪华都是给别人看的）；不爱做饭的，厨房可以很简单；不爱读书的，可以没有书房；爱靓的人，可以有专门的衣帽间；爱画画的，可以有画室；爱收藏的，就需要有陈列藏品的空间……因为每个人不同，每个人的理想住宅也不会相同，住宅是我们生活的反映，也是我们自身的写照。所以，这些问题都不是任何一个专家或学者可以回答的问题，也没有人能代替住宅的主人来回答。商品住宅可以有样板间，但理想的生活是没有样板的。

美国有个电视节目叫 Dream House（梦想家园），专门访问一些口碑好的私人住宅，同主人交谈，同建筑师交谈，也仔细地拍摄住宅的细节，很受欢迎。我在课上有时也放给学生们看，主要让他们看的并不是这房子如何如何好，用了什么什么材料或设备，或者设计如何精妙，而是看人们是如何对自己的生活展开想象，并为之付出的。受访的住宅有富商的，也有退休医生或普通老者的，面积大小不一，投入不同，但共同点是都生活得很认真。有的主人为了一份任务书，准备了三个月，能想到的要求都罗列上去，清单有几十页之长，而建筑师也不避琐碎地认真对待，事实上是建筑师要求房主这么做的，因为要求越具体，完成后满意度越高。虽然，住宅是否理想同经济条件有很大关系，但需要明白的是，理想生活是钱买不来的。

我因为职业的关系，看过不少的住宅，有古代的，也有当代的，主人的身份也各不相同。有些住宅一看之下就能让你感受到主人幸福的状态，不是因为面积大或设施好，而是生活的充实，以及家庭的和睦。那种除了大电视机，空空如也的客厅，你完全可以想象其生活是多么单调。我的一位前辈，是雕塑家和诗人，子女都事业成功，也有意让老人住新房，但他和老伴都不愿意离开早已熟悉的环境。家中操持得很干净、整洁，满屋的书架，以及书架上老人的雕塑作品，都是经过生活的颠簸幸存下来的，每一个作品都有故事，意味绵长，每次去拜访，都感觉是同老人的一生在交流。最近听说，那一片几十年的住宅区也面临拆迁的命运，因为那里属于 CBD 的范围。我们就不能让人在自己熟知的环境中终老一生吗？CBD 就容不下一片早已存在的住宅区吗？当然，不拆迁，GDP 从哪儿出呢，最微小的生活目标都逃不脱 GDP 的魔咒。

古代的私家园林也都是住宅，有条件造园的自然不会是穷困之家，但从园林品格来看，显然不是越富越好。私园之中，历来以文人园林为最，其道理即在好的园林不是建筑和景观素材的堆砌，而必须融汇诗情和画意，谋篇布局，取舍之间高下立判。官员的私园重气派，堂皇有余而情趣全无；富商的园林重豪奢，炫富耀贵，迷于奇巧而韵致不足。官员或富商自然也可请文人参与造园，但自身价值观绝对影响最后成果，所以《园冶》中说，造园七分主人，三分匠人。虽说"主人"可作"能主之人"解，但幕僚宾客能比主人更说了算吗？最后还是文人自己造园，虽财力有所不足，但因地制宜地从容经营，为人称道的还是这类园子。

我见过的最有意思的园子是苏州木渎的"羡园"，又名"严家花园"。这座园子有点名气，规模不小，慕名而去，看完之后却是无端的感慨。若是光看照片，的确也当得起名园，实地游览，只见一个个似曾相识的景点，往好里说是博采众长，集锦式的园林；往坏里说，则是一篇拙劣的习作，东抄一句，西抄一句，不知所云。留园、拙政园、环秀山庄等等名园的影子到处可见，总体氛围却是怎一个俗字了得。这是典型的商家园林，充分显露的是占有欲。虽然从技术层面看，不乏精到之处，但实在无法生出敬意，甚而觉得有点可笑。其主人之胸怀，之情趣，也就由此可见了。

不过，这种占有的欲望和手法确实是在我们的文化中有代表性的。现在的房地产广告中充满了"独享""专属""私家"这样的词汇。如果是严家花园这样的地主庄园还可以理解，可放在当代城市中，只能说是谬种流毒了。城市最重要的品质就是公共性，因为公共性才使得我们的生活以较小的代价而获得较高的品质。现在的孩子受教育是去学校而不是私塾，学校有图书馆、有操场、有游泳池、实验室，这些都要独享、专属的话，再大的富豪也要吃不消吧。就算富豪能负担，对这些资源来说也是极大的浪费。你爱看电影，不必家里有家庭影院，去电影院即可，你能有家庭影院，难不成把 IMAX 影院也搬回家。

每年学生在毕业离校前都有点惆怅，一方面是对校园生活的眷恋，一方面也有现实的考虑。他们知道从此要告别廉价的住宿和伙食，免费的图书阅览、网络、操场和专业咨询。如果要保持在校期间的生活品质，刚入社会的他们凭那点薪水可能还真有点困难。这个现象既说明了现在的学校在公共资源配置方面的优越，也说明了社会在公共资源方面配置的不足。但是，社会似乎对此并没有提出太多的要求。这是幸还是不幸？

不久前，我参加一个专业杂志组织的活动，讨论建筑师的非建筑阅读，题目很好，大家聊得也很尽兴，可是得出结论实在有点滑稽。席中有一位是中国建筑图书馆的馆长（我原来都不知道还有这么个图书馆），馆长很忧心地说，图书馆里的资源非常好，就是没有读者去，曾经疑惑中国的建筑师们都不读书吗？聊完之后才知道，建筑师们都爱自己买书，在家里建图书馆，因此没人去图书馆。建筑师这些年的确挣了钱，买书已经不是很大的负担，家里也宽敞了，尽可以摆书，但有建筑师也承认，书买了，未必看，家里的书真正看过的可能就不足十分之一。古人也有"书非借不能读"这样的感叹，占有书是容易的，掌握知识却需要付出更多（不是金钱）。并且建筑师们买的书中，有字的还不多，所以出版业繁荣的背后未必是文化的繁荣。

公共精神的缺失造成了我们的城市很不可爱。从上面的例子可以看出，这种缺失几乎是全方位的，政府把居住区的建设全部甩给了开发商，虽然有规划指标的限制，但具体执行起来，是要大打折扣的，更何况这些指标往往几十年如一，不与时俱进。开发商追求的是商业利益的最大化，同时从管理角度看，有限的公共性肯定比彻底的公共性更容易操作，况且鼓吹公共资源私有化更有一种让业主占了便宜的感觉，有利于销售。而广大的业主或居住者眼睛盯着自己的一亩三分地，刚开始占有物业的兴奋和满足，更长远的利益未曾虑及。商业的繁荣在某种程度上可以弥补公共性的缺失，但这是有限的。

我曾经调查了一处大型商业中心，位置不错，宣传也很着力。设计上采用了街道的形式来组织商铺，上上下下空间变化很多，立面处理颇有戏剧性，围合的中心广场，抬起的放大空间，有景观的边界……看上去都没有问题。不过所有的一切似乎都是为了拍照留念用的，里面很少休息空间，对于真正的街道而言，除了鳞次栉比的店铺，公共性的休憩空间也是增添活力必不可少的内容。因此，在这处商业中心逛了半天之后，只感觉商家希望你尽快消费，然后就拍屁股走人。当然，这是所谓利益最大化的一种手段，不过如此急赤白脸的做派，是否会赢得消费者的心呢？答案显然是否定的，此处开业三年以来，招商工作始终不顺，人气不足是主因。整个设计透露出的是一种典型的自恋狂心态，以为花拳绣腿地秀一番，大家就会趋之若鹜，然后掏腰包。所谓服务，不是只在你付钱的时候送上笑脸，而是营造一种舒服的氛围，让你有意愿消费。

有多少人放着大房子不住，而在小孩就学的好学校附近租个小房子住，为了方便；有多少人为了看病或孩子上大学而举家跑到大城市；有多少人希望工作地点离居住地近一点，而不要每天把时间都花在来回奔波上。一个人可以很富裕，但是他需要很多套房，一套房离工作地点近，一套房是为了小孩上学方便，一套房是为了老人就医方便，一套房是为了有个舒适的环境，赏心悦目……就算有了这么多套房，就有了幸福生活吗？理想住区并不在于房子的户型多好，多大，这些有个基本的条件就可以了。理想住区需要很好的公共资源来支撑，所谓地段好、成熟社区指的就是这些。当然这些不是靠开发商或建筑师就能提供的，需要整个社会对此有充分的认识，公共资源只有从公益层面来理解和运作才有可能走向完善，这里政府绝对不能缺位。我们现在所谓的地区差异，实质就是资源配置条件的差异，房价飞涨反映的是人们争夺资源的决心和动力很大，虽然从长远看这是不理性的，但在短时间内似乎也不无道理。

最后还想表达的一点是，每个人都应该有权利和自由建设自己的理想家园，而不是计划经济时代垄断在政府或单位手里的权力转移到房地产开发商手里。土地即使不能私有，也不意味着只能由开发商进行大宗开发这种单一模式。公共性的实现，其前提是不同个体的充分参与，没有这种参与，个体的差异性诉求无法得以体现，所谓公共性必然是臆想的而非实际的。在这个时代，我们的家园理想不能寄托在人人成为庄园主上面，城市就是我们的家园。这个家园需要更好的公共性，关于这一点曾在《住区》上写过《房地产开发与城市危机》一文，有所涉及，不再赘述。前几年的担忧，眼见得成为当下的现实，所谓书生论道，莫甚于此。

本文原载《住区》2011 年 01 期，总第 41 期

照照政府建筑这面镜子吧

国家倡导政府向服务型政府转变，实施可持续的科学发展战略。各级政府不妨从审视政府建筑开始，照照政府建筑这面镜子，看看它们传达了什么样的价值观；体现了什么样的官民关系。

政府建筑也可以是创新之路的一个起点。

改革开放三十年来，我国发生了很大变化，最直观的便是城市建设的面貌。其中，政府建筑往往成为引人瞩目的焦点，有成功的，也有许多招致非议，甚至引起大范围的声讨。种种现象背后，不乏引人深思之处。人们常说，建筑是文化的载体，确实如此，政府建筑直接反映了我们这个时代的政治文化。人们评判政府建筑的优劣，同时也在给执政者打分。

官员们或许会说，建筑好坏是建筑师的事，怎么给我们打分？熟悉建筑形成过程的话，就知道，建筑师的作用只是其中重要一环但并不是决定性的力量。简单说，形成建筑的决定力量就是出资者，无论何时，无论中外，都是如此。我国的建筑师长期以来一直在抱怨长官意志，尤其在改革开放前，大小工程都由长官左右。在政府建筑上，这一现象更为明显。因为，资金由官员筹集，建成后由官员使用，过程中官员如何能不发表意见？没有自己的判断和选择？即使在招投标过程中，主政者的意见也是不可忽视的。一定程度的长官意志并非全无道理，建筑师同样可能有偏颇之处。在大型公共工程的建设上，长官没有意志，也不是好事，绝对地所谓听从专家意见，是不负责任的行为，因为此时正是主政者展现政治智慧的时刻，相关决策是其职责范围内的本分，专家意见只是提供了专业层面的参考。现实中，不幸的是专家们未必恪守自己的职业操守，专家组意见沦为官员卸责的借口。

评判一件事物好坏，就要有标准，那么我们评判政府建筑的好坏用的是什么标准呢？基本的功能问题肯定是要考虑的，一定的审美标准也不可或缺，这些同其他类型的建筑并无不同，但政府建筑有其自身的特殊性，它相当于执政者的施政宣言，是官民关系的直接体现。看看舆论对于一些政府建筑的批评，就很清楚，人们不是批评这些建筑质量差或不美观，而是对这些建筑所表现的意识形态深恶痛绝。像前几年重庆忠县黄金镇的镇政府办公楼建得好似天安门城楼，便是一个典型而又极端的案例。说明此地的官员还有浓重的帝王意识，完全违背了当今这个时代对政府的要求，即使在封建时代都脱不了僭越之罪。

也有一些地方政府，频繁搬迁政府建筑，其出发点看起来也不错，因为政府建筑的兴建总能带动周边地区的建设，他们就利用这一特性，建一处，带动一处，再换个地方建一处。不能说不聪明，但看起来政府就像个大开发商，或房地产商的托儿，唯经济利益至上，事实上是在透支政府信用，如此搬迁两次之后，再搬迁还能有这种带动效应吗？政府的其他政策出台，地方的百姓又如何看待呢？这些都是价值观错乱带来的问题，更有迷信风水的，认为建筑格局会影响官员的升迁，如此作为看在人民的眼中，谁能寄望于这样的官员造福一方？

汉高祖刘邦平定天下之后也要兴建宫室，意欲追慕先贤，以茅茨土阶为之，萧何劝谏道，天子的宫室非壮丽无以重威。在那个时代要维系中央集权的统治，此话不无道理，历代宫室也没有真正尝试过茅茨土阶。但气象庄严的古代宫殿也注意装饰上的克制，并不以奢靡的细节来炫耀。

参观过北京故宫的人可能会感叹，这些宫殿建筑在装饰上绝对不如乔家大院更费心。但等级制保证了地方政府或平民之家，不可能比皇家建筑更宏大气派。

封建帝王哪怕出于违心，也要做出一番姿态，通过宫殿建筑宣示节俭、克制的政治伦理，现在的官员们不懂得这个道理吗？这里，政治生态也是一个重要因素，开国之君往往能体会水能载舟，亦能覆舟，后世帝王就渐趋靡费而不知敬畏。在今天这个时代，我们的政治生态应该能保证政府建筑得到健康的发展，窃以为只要引入监督机制，建设中的乱象自能克服，很简单，就像干部上岗前要向社会公示一样，在重要的政府建筑形成方案之后，也实行公示制度，不搞暗箱操作，恐怕许多极端的个案就要胎死腹中了。

古往今来，名垂青史的建筑中不乏政府建筑的身影，因为这些建筑往往集中体现了当时的文明程度，投入较高，采用先进技术手段，是文化上的集大成之作。小时候，随着父亲去银行，那是小镇上最漂亮的建筑，父亲解释说银行一定要建得好，不然人们就不来存钱了。同样的道理，政府建筑也有体现政府信用的作用，人们并不反对其建设标准高于普通建筑。政府建筑也是文化代言人，国家级的政府建筑代表了国家的文化形象，地方政府建筑则反映了一方的风情，同时这些建筑的存在也对所处的文化环境产生重大影响，有导向作用。

地方政府的建筑模仿北京的政府建筑，这一现象并不奇怪，尤其在高度集权的政治体系中，这种模仿也意味着政治正确。模仿是文化上不成熟的表现，不自信。美国的白宫、国会大厦等建筑建于独立之初，对一个刚刚摆脱殖民地历史的新生国家来说，模仿欧洲古典建筑成为自然的选择。而到二战结束之后，由美国政府主导在纽约建设联合国总部的办公大楼时，人们不会再选择古典建筑的样式了。联合国的成立，意味着一种新的国际关系的确立，现代主义建筑所代表的民主、平等、讲求效率的精神就成为有益的选择。美国也通过这一事件，塑造了这个国家的新形象。而某些地方政府建筑在今天模仿白宫，显然是对形式背后的意义缺乏判断力，令人啼笑皆非。

在今天倡导制度创新的大背景下来讨论政府建筑的问题是很有现实意义的，一定程度的模仿难以避免，世上也没有绝对的创新，模仿是学习的必由之路。但模仿什么，模仿谁仍然反映了模仿者的价值取向，为什么模仿的是白宫，而不是联合国大厦？模仿的同时，自身的文化立场如何体现？这些都是值得思考的。新中国成立十周年的北京十大建筑也有模仿的痕迹，但这些建筑同时也在探求如何表达新中国的形象，以人民大会堂为例，巨柱式是其主要形式语言，并非创新，但柱头的装饰就没有照搬任何一种已有样式，而是采用了图案化的麦穗，以此象征这是劳动人民的政府建筑；同样，琉璃瓦的使用标明了民族特征，在采用外来建造体系的同时没有忘记自己的文化立场。那批建筑至今看来仍然是自信而得体。尽管具体的创作手段还有可以商榷的地方，但价值取向是清晰而正确的。

了民族特征，在采用外来建造体系的同时没有忘记自己的文化立场。那批建筑至今看来仍然是自信而得体。尽管具体的创作手段还有可以商榷的地方，但价值取向是清晰而正确的。

模仿不能完善一国之文化，模仿也不能提升自身价值，在历史的长河中，政府建筑的创作也在推陈出新。恰可以同忠县黄金镇的办公楼作比较的是，芬兰建筑师阿尔瓦· 阿尔托 1952 年建成的珊纳特赛罗镇中心，其中包括了镇公所、图书馆、商店和会议室。小镇是座小岛，镇中心坐落在满是松林的坡地上。他把建筑围合成一个低矮的四合院，把这座建筑理解为一个港湾，给人受到庇护的安全感，也给人家的温暖感。尽管形式语言是现代的，但他使用了当地的木材和红砖，使这座新的镇中心不是一个天外来客，而是这片土地上自然生成的。小小的镇中心借此可以同那些庞然大物比肩，这就是创新的力量，也是真正值得自豪的文化成果。

澳大利亚的国会大厦则把自身的大部分都埋在绿色的山坡里，可以说是一座看不见的建筑，只有入口处有一定的建筑形象。高 81m，重 200t 的旗杆是主要的标志物，上面飘扬着澳大利亚国旗。但这仍然是一座壮观的建筑，不是指其规模，而是这种理念。在这里，建筑让位于自然，看这座建筑我们不难理解为什么澳大利亚的环保事业是世界第一的。同时，这又是一座开放的建筑，屋顶、草坪可以任由普通人徜徉其上。如果巧遇参众两院开会，参观者还可以坐在旁听席上听总理、部长们和反对党的辩论，政权和人民的距离如此之近。这是经由竞赛产生的方案，设计师是美国人，但人们更佩服的是澳大利亚这个国家及其领导者，他们有勇气，也有判断力。

上述是国外的例子，30 年来国内也有成功的政府建筑。上海市政府搬出位于外滩的前汇丰银行总部，落户人民广场一侧。一方面尊重历史文化遗产，另一方面也有利于塑造政府的新形象。新建筑形式简练，庄重而无骄纵之气，颇得好评，遗憾的是底层的开放性最终并未实现，但仍不失为佳作。2009 年开放的唐山城市规划展览馆虽不是政府办公建筑，但一改其他同类建筑的做派，利用历史建筑——80 年前的军火库，妥加改造，营造了一座令人耳目一新的展览馆。这座展览馆没有围墙，同周围的开放绿地融为一体，管理者也没有因为管理上的麻烦而自行修改方案。这样的建筑赢得市民的好评，也是意料中事。唐山这样的二级城市没有去攀比、跟风，充分利用自身资源，通过整合创造新的价值，城市历史与时代新风相互映衬，市民的自我认识都在潜移默化中得到改变。其中政府官员与建筑师的相互理解和通力合作尤为值得称道。

国家倡导政府向服务型政府转变，实施可持续的科学发展战略，这些要求如何不至于沦为空谈，而只是一句漂亮的口号，是对各级政府的考验。在明确了方向之后，行动是重要的。各级政府不妨从审视政府建筑开始，照照政府建筑这面镜子，看看它们传达了什么样的价值观，体现了什么样的官民关系。政府建筑也可以是创新之路的一个起点。

2009 年 4 月 19 日夜于清华园

当代中国建筑的语言危机

政府建筑充满了官员的自恋，对于权力的自恋和宣示；商业建筑充满了商人的自恋，对于财富的自恋和宣示；房地产商迎合市民对于占有的物欲自恋，豪华、尊贵的广告词铺天盖地；设计师沉醉在各自几样设计技巧的自恋中；整个社会就这样由这些各种欲望的物质碎片组成。自恋或许并非坏事，但如此的社会场景——画地为牢的自我表现——所导致的必然结果就是社会性的丧失，简而言之，社会性即公共性，这个社会缺乏一种公共精神，这是语言危机——交流障碍的最主要成因。

本文的标题似乎有耸人听闻的嫌疑，这是一个思维习惯的问题。中国文化对于危机一说向来抱有"杞人忧天"的看法，倒是西方人不停地提出危机说。关于语言危机早在 20 世纪的 60 年代即已在西方理论界被广泛提及，后现代的建筑实践正是这种意识的具体反映。值得思考的是，西方在危机意识中不断地修正自己的前进方向，进行积极有益的探索，而没有危机感的我们却正在日益陷入失去前进方向的困境中。在讨论这个命题的时候，需要明确几个隐含的前提：首先建筑是否可以用语言来类比；其次是我们是否存在危机；第三是我们能否探知危机是如何产生的；最后是我们有没有可能找到解除危机的路径。

一、建筑和语言的共同基础

以语言的角度来看待建筑并非一个新鲜的话题，设计同语言之间的类比由来已久。印象最深刻的可能是 20 世纪的两本书：查尔斯·詹克斯的《后现代建筑语言》和意大利的塞维所著的《现代建筑语言》。有趣的是，先有詹克斯的书然后才有塞维的关于现代建筑语言的阐述，可见对于建筑对应语言学的觉悟，并非现代主义建筑师的自觉，这一观念更多地来自后现代的思潮。追根溯源的话，"建筑语言的概念最早出现于 1745 年杰曼·博弗兰德的《论建筑篇》。这是用语言的规则性来比拟建筑各部分之间关系的精确性、规范性或比拟建筑形式的经典性的最早尝试。后来到了 1860 年，塞札·戴利把这种比拟关系更加直白化，进而提出'建筑是一种语言'的命题"[1]。建筑同语言的这种类比关系，即使没为每个建筑师或使用者认同，也业已取得了很大范围的共鸣。

建筑与语言类比的共同基础究竟是什么呢？这要从符号学说起，正是符号学使语言学成为 20 世纪的一门显学，甚至在哲学领域引起了震荡。符号学的创始人索绪尔认为"语言系统本质上就是这样一个形式系统"，"语言是形式而不是实质"[2]，"语言是所有（符号）体系中最重要的，但它不是唯一的。"[3] 索绪尔并进而强调，符号系统具有集体特性是社会产物，只有在社会之物中才能把握语言符号的本质。他提出了整体语言的说法，"整体语言最根本的所在在哪里呢？群体语言在个体中被认做整体语言；这是群体语言的能力；但只有个体绝不能达到整体语言的境地，整体语言绝对是社会之物。"[4] 建筑同语言进行类比的共同基础就是索绪尔的符号学，这是由于建筑作为一种实体的存在，天然地具有形式，并且在社会性方面同语言类似。建筑的存在绝不是作为个体的存在，这是建筑同其他艺术相比的重大区别。当弗兰克·盖里把自己的住宅改造成貌似垃圾场的时候，他的邻居们会群起攻之，如同他在大庭广众之下说了一句粗话一样，这是一种冒犯。而当社会认同盖里的作品时，他被请去设计古根海姆博物馆，同样的形式语言被理解为一种先锋的艺术趣味。盖里的表达之物，必须在社会中得到解释，并形成自己的内容。符号最初呈现的是任意性，在社会力量的集合作用下，消除了任意性。我想，盖里的建筑作为一个例子可以很好地说明这个问题。

二、中国当代建筑的语言危机

那么，中国当代建筑的语言危机在哪里呢？中国当代建筑的语言危机可能在于建筑自身，所谓语言危机包含了两个层面的内容：一是不会说，即不会表达或无法表达；二是可以表达，却无法形成交流。毕竟语言就是作为交流工具存在的。建筑作为一种存在之物，它天然地总是在表达，但问题在于就像某些人天生能发出声音一样，他可能还是不会说话，即表达之物是否能自如地表达他想要表达的东西，或者说他是否能按照自己的意愿表达。认真考察中国当代的建筑现象，我们或许可以发现危机在上述两个层面都有显现。

在会不会表达这个层面上，形成危机有几个方面的可能性：一种是无意表达，但由于天性却总是在表达；一种是有意表达，却不知如何表达，没有掌握表达的技巧和规则。严格地讲，这些都属于低级层面的危机，但这样的情况也是中国当代建筑的现状。目前对于当代建筑的批评在很大程度上都是出于基础审美的层面，即建筑不能达成基本的形式审美的要求。这种现象也可以称为建筑师的失语症。建筑的目标是什么？或者说，建筑的意义是什么？建筑如果只是满足物质功能的要求，为人类提供一个挣脱自然束缚的庇护所的话，现在的大部分建筑都能完成任务。但显然人们并不满足于这个层面的答案。从维特鲁威的标准看，建筑应当是实用、坚固和美观。这个说法虽然有不同的变异版本，但基本上道出了人们对建筑的要求。由此我们可以看出，建筑进行言说的第一任务即是对于美的表达。建筑的表达之物就是美，当建筑不能表达美为何物的时候，就是患上了失语症。

危机的第二个层面是，无法形成交流。这属于相对高级的层面，即说话的人是在正经说话，并且他的语言是正确的，是一个成系统的符号系统，但这个符号系统缺乏可以接受或理解他的社会环境，因此无法形成交流。日常生活中的例子就是外国人跑到中国来，他不会汉语，如果没有翻译的话，他就会陷入这个危机。中国当代建筑在这个层面正面临着日趋严重的危机。自进入 21 世纪以来，大量的境外设计大量涌入，包括学成归来的海归设计师，直接搬用国外的建筑模式和形式语言，初期大家还陶醉在一种异域文化的新鲜感之中，但久而久之我们体会到的是一种本土文化的沦丧。我们拥有大量会说外语的人才，他们可以自如地同外国人交流，但他们的中文基础却不敢恭维，同时他们也无法以外文进行优秀的写作，成为好的外文作家，并进而打动外国人。我们培养或引进了一大批翻译，但翻译的任务只是沟通中外交流，他们在进行本土文化的创造时，却毫无优势；同时他们还经常为了炫耀这种语言背景而故意在中文中夹杂外文单词，使"洋泾浜"在殖民时代之后成为一种时尚。

三、危机是如何形成的

上述危机的形成也需要分两个层面来进行分析。第一个层面的危机，属于表达的能力问题，其原因比较简单，主要是教育问题。造成这一现象当然也有社会根源，新中国成立后经历了若干次政治风浪，十年"文化大革命"更是使教育完全停摆，建筑教育也不能幸免。但更直接的原因是，近二十多年的建设高潮。我们的建设速度太快了，快到人才培养的速度跟不上的地步。看看新中国成立后的建设，包括"文革"后一段时间的建设，建筑的审美品质还是能保证的。尽管语言陈旧，形式上缺乏新意，技术上没有进步，但审美的品质却比现在的许多建筑要好，这是很能说明问题的。

造成第二个层面危机的原因要复杂得多。这个层面包括了语言生成、语言选择两方面的问题。从语言生成的角度分析，符号最初都是抽象的，无具体指向的，即符号的任意性。一种建筑形式，本身并不说明任何问题，建筑意义的生成需要社会一个约定俗成的过程。当代建筑的形成，最初只是出于建设的需求，人们甚少考虑其作为语言的意义。建筑的复杂性，决定了约束建筑的因素有很多，其中比较显性的有技术因素；人们迫切希望改善自身的生存环境，首先想到的就是技术环节。可资比较的是西方关于建筑的语言危机的分析，他们的危机源自现代主义运动。勒·柯布西耶在《走向新建筑》中写道，建筑师要向工程师学习，住宅是居住的机器，技术成了建筑的救世主。几十年过后，"现代建筑师已经毫无希望地变得连自己都不敢相信了。他回头看看工程师，把自己设想成是发明家，甚至把自己看成是人们生活的改良者，但却忘了自己是个建筑师。"[5] 这段话是有深意的。这里涉及的问题是，建筑师是什么？或者说建筑是否等同于机器？美国建筑师罗伯特·文丘里之所以写作《建筑的复杂性和矛盾性》以及《向拉斯韦加斯学习》，根本出发点即在于建筑还有交流的功能，这是它的天性，也不以人的意志为转移，而建筑师如果忽视这一点的话，必然会导致系统的混乱。

因此，当建筑出现之后，不管是否有意，社会都会赋予建筑意义。无所用心的建筑师在造就了无所用心的建筑之后，面对社会系统的这个过程，他已经无能为力了，只能任凭社会对建筑进行符号化的工作。在笔者在校学习建筑学的时候，老师反对设计坡屋顶，认为这是一种浪费，但到了我工作之后，却发现人们希望自己有个坡屋顶的家，坡屋顶是家的象征。房地产商们非常善于捕捉人们的心理，他们更进一步赋予坡屋顶建筑以富有、典雅的意义。平屋顶在社会系统中变成简陋的代名词，看看前一段时间全国各地的平改坡工程，即可明了这个问题。笔者并不认同平改坡这样的举动，但这个案例生动地说明了建筑师同社会环境之间，缺少一个共同的认知平台，无法交流，导致歧义的产生。

即使我们了解语言生成的过程，明白建筑的意义如何产生，还存在着语言选择的问题。由于信息交流的便利，我们身处的这个时代给予了我们以前任何时代都不可能拥有的条件，各种媒体在一个开放的环境中，不停地向我们进行信息轰炸。建筑师在学习的过程中，也绝不会只学习一种语言，这是同古典时代巨大的差异。这种便利也带来了问题，建筑师往往了解很多种语言，但并不明白各种不同语言的具体指向，更不容易明了语言的纯粹性意味着什么。他们沉浸在语言的形式之中，却不去思考语言形式的意味，从而使自己沦为摆弄形式语言的匠人。当代的建筑师能很轻易地使用各种不同历史时期的符号拼凑出一个形式上非常丰富、热闹的建筑形象，并以此为能事。

在谈论选择问题的时候，不可回避的另一个条件是价值观。在我们具备了语言的能力之后，如何运用这个能力，如何去表达，表达什么就成了关键问题。吉迪翁在 1967 年出版的《空间、时间和建筑》中写道：当代建筑的主要任务是"对于我们时代而言是可取的生活方式的诠释"[6]。诠释一词表明了语言的特性，可取的生活方式则是一种价值观的体现。目前的危机之一就是价值观的混乱。有人或许会以当代社会价值多元来搪塞这个问题，多元同混乱显然不是一回事。多元意味着价值认同，而混乱反映的是价值错乱。前几天中央台的新闻里还在报道国家级贫困县造起了豪华办公楼的事件，报道的同时，县政府对面正在建造县公安局的办公楼，几乎是采用同样的标准和形式语言。全国各地的政府部门都在热衷于建造所谓新古典的办公楼，采用巨柱式作为入口，配上高高的大台阶，甚至再加上一个大穹顶。[7] 中央电视台作为国家媒体单位，一定要占据 CBD 的要津，请来外国的设计师，在一大堆竞标方案中偏偏挑选出对环境最具破坏力的方案，虽然这话不是中国人说的，但这样的选择正反映了我们的价值取向，只不过是借用了一张外国的嘴。

只是用面子问题来批评这种现象，显然是避重就轻的做法。建筑是文化的载体，文化从某种意义上讲就是一种选择机制，文化也是一个意义系统，文化是具有符号意义的。符号要具有意义，必须具备差异性，在差异的参照中才能完成意义的表达 [8]。建筑显然也是一种选择机制，建筑绝非单纯的建造。从建筑的立项开始，就是一连串的选择：是否建造？如何建造（方案比较）？——从形式、材料、建造方式、建造技术以及管理和运行方式等等。由于建筑是一项耗费巨大的创造活动，我们有理由相信，这些选择的完成是经过一番思虑的。大量的建筑落成，都经历了一番论证过程，至少在形式上是如此。本身这个过程是建筑具备合理的社会性的基础，为什么近年来会有如此多的关于重大建筑项目的非议呢？问题的根源还是在于，这个选择过程，在机制上存在问题。这个过程中，往往是依据少数人的意志，而如果这部分人不具备社会性的认识的话，结果可想而知。政府建筑充满了官员的自恋，对于权力的自恋和宣示；商业建筑充满了商人的自恋，对于财富的自恋和宣示；房地产商迎合市民对于占有的物欲自恋，豪华、尊贵的广告词铺天盖地；设计师沉醉在各自几样设计技巧的自恋中；整个社会就这样由这些各种欲望的物质碎片组成。自恋或许并非坏事，但如此的社会场景——画地为牢的自我表现——所导致的必然结果就是社会性的丧失，简而言之，社会性即公共性，这个社会缺乏一种公共精神，这是语言危机——交流障碍的最主要成因。

四、危机的解脱之道

很久以前，人类要造一座通天塔，齐心协力地工作一段时间之后，颇有成效。上帝感受到了威胁，遂使人类各说各话，这一工程马上夭折。这个古老的西方故事很好地说明了语言的两重性，语言是交流的工具，语言作为一个符号系统也可以成为屏障。美军在二战时直接使用某个少数民族的语言作为通信语言，明码通信的效果甚至比密码通信还好。

结构主义者认为"事物的真正本质不在于事物本身，而在于我们在各种事物之间构造，然后又在它们之间感觉到的那种关系。"[9] 照此逻辑推理，当代中国建筑的语言危机就是建筑之间缺乏一种可以明确感知的关系，或者说关系紊乱无法形成一种关系的结构。从上文的分析可以看出，关系的结构得以形成必须借助社会的力量，建立一个社会性的基础，而社会性的达成则要求每个个体拥有一种公共精神。公共精神可能是化解语言危机的唯一途径。公共精神的丧失，已经成为当代中国建筑在语言层面的结构性问题，是深层的问题，而其他层面的危机作为浅层的问题相对较易解决，比如表达能力的问题，假以时日，只要建筑教育的质量进一步提高，则问题的解决可谓水到渠成。而深层的问题不解决，浅层的问题也不可能有什么好办法。

当代中国建筑从语系上说，完全是一种外来语，我们的建筑教育体系也基本上沿用西方的体系（原来我们就没有建筑教育体系，这套体系是近代国门开放之后逐步形成的）。现代主义建筑在西方得以立足，很大程度上要归功于中产阶级崛起所带来的价值观的变化，有它自身的文化土壤，尽管如此，西方人仍然在高呼西方建筑的语言危机。因为现代主义可以说是建立了一套全新的语言，以功能和技术为价值指向，追求一种普世的解决方案，造成了国际式的滥觞。与现代主义同时的另一事件是世界语的发明，单纯从交流的功能来考察，世界语是一个很好的想法，但结局并不理想，现在很难看到有人在看世界语的书。一门全新的语言无法推广，有语言学家分析道，世界语缺乏语言的生动性，世界各地的语言都有自己的成语、俗语、口头语，语言中有许多很微妙的成分，并且这些约定俗成的语言还有随时更新的可能性，也即各地的语言都有一个社会使用的基础，而凭空诞生的世界语却没有这样的社会应用基础，所以无法为人们接受。可资对比的是网络语言，没有人专门制定规则，却在网上得到普遍的认同和使用，这是可以用来解释结构主义的好例子。

当代中国建筑所借用的形式语言也是一种空降兵，国际式在其他地域受到的批评，同样适用于中国。但这个问题的解决却绝非地域主义这么简单。地域精神不是简单地依据一些形式就可以产生，形式只是精神的外化结果，贝聿铭（香山饭店）、波特曼（上海商城）以及 SOM 事务所（金茂大厦）的作品，尽管在应用地方传统形式方面得到好评，但仍无助于解决中国建筑的问题。地域精神的真正要点在于关注这个地域的问题，对地域文化的尊重，更重要的是要有在这个地域进行交流的意识和愿望。所以，这个话题的讨论并非是对中国建筑师的声讨，决定建筑命运的人们都应该思考这个问题。语言只有在群体中生成并得到认可才有意义，个体的改变并非没有意义，但必须把这种实践放入群体的社会环境之中去，在公共的层面上达成交流。

我们曾经在建筑上拥有自己的语言，它有自己清晰的结构和价值取向。传统的中国建筑以通用化的方式解决建筑作为容器的功能问题，同时在精神方面建筑的主要功用是表达社会等级的差序结构。建筑在某种程度上等同于青铜器，是"礼"的物化表现。时代的变迁，使得这套语言已经过时，丧失了现实的基础。我并不赞成以向传统致敬的方式，重树中国建筑语言的结构体系，现实的混乱有一部分就是来源于旧的意识形态的返潮。新的语言的建立需要借助外力，但不能只是依赖外力，外力只能作为借鉴，不能替代我们思考。我们只能选择一条艰难的路，语言的差异性原则决定了我们的语言必然不能是简单的搬用。

写于 2007 年 09 月 10 日

注释：

[1] 解丹著，"建筑语言评论模式的探讨"，《华中建筑》第 24 卷，2006 年 12 月，第 12 页。

[2] 皮鸿鸣著，"索绪尔语言观的理论层次"，《武汉大学学报》（社会科学版）1992 年第 2 期，p99。

[3] 索绪尔著，屠友祥译，《索绪尔第三次普通语言学教程》，上海人民出版社，2002，p12。

[4] 转引自屠友祥 著，"索绪尔'符号学'设想的缘起和意图"，《浙江大学学报》（人文社会科学版），第 35 卷第 5 期，2005 年 9 月，p36。

[5] （英）罗杰·斯克鲁顿 著，《建筑美学》，刘先觉译，北京：中国建筑工业出版社，2003，引言。

[6] Sigfried Giedion, Space, Time and Architecture, 5th ed. (Cambridge: Harvard University Press, 1974), p. xxxiii。

[7] 参见朱力著，"设计事小，面子事大"，《美术观察》2007 年第 4 期，p21。实则文中所描述的现象，绝非可以以面子而论的，实则反映了政府官员们在价值观上的错位，权力意识完全压倒了服务意识，是封建衙门文化的沉渣泛起。

[8] 参见佘碧平著，"解构之道：雅克·德里达思想研究"，《复旦学报》（社会科学版）1990 年第 1 期，p71~72。

[9] （英）霍克斯 著，《结构主义与符号学》，瞿铁鹏译，上海译文出版社，1987，第 8 页。

超越形式的设计思维

超越形式的设计思维，不是要设计师放弃形式，放弃形式思维，而是提示我们关注一个更本质的问题：设计与生活的关系。形式的审美品质仍是对于设计的基础性要求，但不可忽视新的审美范式的形成与发展。形式不应是设计的出发点，但形式会是最终的一个结果。这一思维也提示我们在判断的时候，不仅关注设计有形的部分，也能看到有形成果的背后无形的那部分。

形式是设计师不可回避的基础问题，但当形式成为设计师关注的核心问题时，设计的走向就发生了偏差。尤其对于空间设计而言，在依赖图纸判断预期成果的过程中，图纸的美观程度自然成为左右决策的一项重要因素，而如果设计师过度依赖图纸表现的时候，三维的空间设计有蜕化为二维的平面创作的危险。这些道理并不高深，但在高速发展中的中国的设计界仍然未得到足够的认识。其中很大一个原因在于，由于中国空间设计领域经历了一个相当长的空白期，导致在专业教育的过程中，我们曾极度依赖平面资料：图纸、照片、美术作品，这是个无奈的过程，但通过二维素材来体验三维（甚至四维）的成果，其中的问题不言而喻，对于克服这一缺陷的讨论也由来已久。

学科名称从室内设计转变为环境艺术设计，不仅是对实践内容的重新界定，也是一次设计价值标准的重新梳理。尽管这一变化的实质效果仍未有显著的体现，但意识层面的转向是深思熟虑的产物。现在我们已经习惯的建筑、室内和景观这样的设计分类，其历史并不长，是大工业化时代分工日益精细之后的产物。社会分工的精细化，其积极的一面不必多说，但其负面的影响也不能回避。分工细化，带来专业思维的变化，一方面在技术的深度上取得长足进展，另一方面设计思考的整体性逐渐削弱，甚至在学科发展的方向上，也日益体现出一种技术化的倾向，这使得设计一方面在世界范围内有一阵摧枯拉朽的技术普及，国际化成为热词，并最终导致对国际式的批判，而第一代现代主义的先驱们提出国际式的时候是满怀自信和豪情，并将这种趋同风格的普及作为一大成就。但自20世纪60年代以来的反思，不断质疑这种趋同的变化趋势，带来了一连串让人眼花缭乱的理论成果。其中最主要的成果在于两个方面，其一是对空间环境整体性的重视，其二是对空间所具有的文化属性的再认识。第一点针对的是专业化导致的知识割裂，第二点针对的是空间的精神需求。

环境艺术设计作为一个学科名称，也有其东方文化的背景，目前也是在亚洲几个国家有这样的学科名称，欧美的高校中并没有采用类似的命名。这一命名的变化，试图解决的问题是多个层面的，有实践层面的学科界定，也有观念层面的设计思维的转变，更为核心的是价值判断层面的价值观变迁。事实上，在设计领域，我们已经习惯于按实践对象来界定学科范畴，进行命名，不惟空间设计领域，在其他设计领域同样如此，平面设计、书籍装帧、产品设计、界面设计、室内设计、景观设计等等，不一而足。而提出环境艺术设计时，学科名称不再对应于具体的实践对象了，就像平面设计正逐渐被视觉传达所取代，在产品领域，用户体验成为新的热点。在这些名词变化的背后，不难发现某些共同点，即实践对象的区分不再是影响学科发展的主要因素，更重要的是我们究竟以何种观念或者价值标准来指引学科发展？当然，这种变化不是一蹴而就的，意识到问题是一个方面，如何逐步推进整个学科的转向是另一个方面。

传统的设计学科我们更关注的问题是形式审美，在社会公众的眼里，设计师更接近美工这一称呼。即使在发达国家如美国，苹果公司的首席设计师艾维在探讨为何他乐于为苹果工作时谈到，他以前的职业经历使他觉得设计师只能参与到项目的最后一个环节，而无法从起点开始介入产品的开发，在苹果就不一样。不一样的苹果让人们重新认识了设计的价值。在空间设计领域也有类似的问题，尤其是按照建造程序的先后，建筑师似乎优先于室内设计师和景观设计师来决定项目的基本走向。因此，有人呼吁景观先行，有人提倡由内而外的设计方法，不无道理，也有一定的可操作性，但都未触及问题真正的核心。程序的展开总有先后之分，这种谁先做谁说了算的思维方式，根本无助于问题的解决。真正要解决的问题是：为何处于流程不同位置的专业，在价值目标上会有如此重大的差异，以至于形成相互之间配合上的困难，都要争夺话语权。这一病兆的根源，多少与形式思维有关，当设计仅仅是设计师形式创造的成果时，这种分歧难以克服。

如果我们回顾人类的设计史，尤其是空间设计史，我们很容易把注意力放到风格变迁上去，而大量的设计史也是按照风格史的思路来整理的。形式创造也一直是人们谈论设计时的主要内容，在风格变迁的节点上，这种倾向会更加明显。更深层的历史是，形式变迁的背后是审美意识的变化，这一变化形成的原因是多方面而综合的。而我们身处的这个时代，正在形成新的审美标准，这是我们正在经历和可感受到的现象。技术带来的变化，文化带来的变化，价值观带来的变化，在这个剧烈变化的时代，似乎变化是永恒的主题，而设计一方面积极反映这种变化，一方面也在生产着这种变化，加剧变化的种类和深度。然而，我们始终无法回避的一个问题是，美的标准或者好的标准到底是什么？这一标准是否也在经历，或者已经经历了剧烈的变迁？这个问题不那么容易回答，对于柏拉图来说，形式不简单的是一种外观，而是理念的化身，是一种抽象的最高存在。这个看法，深刻地影响了西方文化体系。但是，对于东方文化而言，形式并不是值得追问的终极问题，形式对应的是个体，东方文化更关注的是整体的关系，以及一种左右万物生长的深层逻辑。

当代的发展，尤其是西方自后现代以来的种种理论，正在瓦解传统"理性"的概念，连带着附着于"理性"之上的"形式"。这种瓦解不能迅速产生积极的结果，也不意味着破坏之后的新的标准的建立，但疑问一旦产生，整座大厦已不再稳固。在这个过程中，对于东方文化的借鉴也成为可能的路径之一。相较而言，东方更注重发展面向现实生活的智慧。如果不执着于观念的世界，而走向日常生活的世界，以日常生活来考察我们的历史，尤其在空间领域，我们或许可以得到不同的结论。在纪念碑式的审美、表达权威的审美之外，在注重实用、咏唱诗歌的生活之中，有一种不同的审美范式，遵从不同的逻辑，并切实地推动着历史前行。这种审美更强调事物之间的关系，而非事物本身，美丽的风景是天地万物的奇妙组合，而非某一事物的特立独行。

尤其在我们经过了生产力突飞猛进、飞速扩张的阶段，物的生产同时意味着形式的生产。形式生产的快感，迅速消散于简单重复的节奏之中。生产能力不再是膜拜的对象，也就同时丧失了其审美基础。今天的世界面临的是一种过剩的形式生产能力，以至于有设计师扪心自问"设计还有意义吗？"在 2010 年的米兰设计周上，伦敦皇家艺术学院的展位上大写的一句话是 So Much Nothing To Do（太多的无事可干）。如果仍是从美工，或者形式生产的角度来看待设计的话，这句话不啻是振聋发聩。

在这个消费主导的经济社会中，设计的另一重危险是成为资本的附庸，对此法国思想家居伊·恩斯特·德波早在 20 世纪 60 年代的《景观社会》一书中就有充分的阐述。此书中的景观并非仅仅指向空间领域，而是包括了电影、电视、广播、广告、演出、事件等等一切可视的公共性图像，一种广义的社会景观。因此，景观社会实现了对普通市民或消费者意志的软性统治。德波定义的景观是少数人的表演，多数人的观看。多数人毫无判断力地向景观膜拜，景观成为一种单向的逻辑。德波指出，景观已成为当今社会的主要生产。首先，今天的一切物品生产都已无法脱离炫耀和图利的背景；其次，景观造就了自身制造和生产的发达，景观生产已经成为现今最显要的经济部门；最后，景观对现行制度具有关键的表象和维系作用，景观就是当今最大的政治。在景观社会中，其隐含的逻辑必然是：呈现的东西都是好的，好的东西才呈现出来。德波指出社会没有更为高远的目标，人们也丧失了对存在本身的思考，景观社会的逻辑就是不断生产新的景观，发展就是一切。今天，这样的逻辑已是我们无可回避的现实，在这个生产链条中，设计的位置在哪里？设计的价值和意义是什么？问题的答案已显而易见。

那么，设计如何走向对这一处境的超越呢？超越形式的设计思维可能是一条值得探索的有效路径。而一旦设计摆脱了形式的迷思，也为自身开拓了一片更为广阔的空间。还是就空间设计的范畴来谈，从已知的实践经验看，超越形式的设计思维可以从三个方面入手：首先是从形式审美走向环境审美，这是审美范式的转变；其次是实践内容的转变，设计的思维必须走向综合，操作层面的分工继续存在并有可能得到强化；最后是设计师在伦理层面的思考和作为，从形式创新走向社会创新。

葡萄牙建筑师阿尔瓦罗·西扎（Alvaro Siza）近来越来越受到学界的关注和研究，西扎的设计出发点不是建筑自身的秩序或者内部的一套几何化空间序列，而是建筑在环境中的关系，追求建筑嵌入环境的效果。有评论者以超越几何来评价其设计，或者可以说西扎的设计是超越常规的建筑形态思维或形式思维的产物。事实上，西扎所揭示的这种设计方法，并不是没有来由的凭空创造，而是根植于人们日常生活经验的一种回归。我们对于传统村落的赞叹，对于中世纪小城的迷恋，对于中国传统园林的陶醉，无不来源于空间环境整体关系的和谐。一旦我们谦抑地放低自我的姿态，摈弃形式创造的英雄主义情结，这一切就是自然而然的，不那么难以理解。西扎被归为地域主义的代表人物，然而他的具体形式语言，并不强调地域性，而是他的建筑无法剥离开其具体的场地环境来理解和欣赏，其地域性来自这种紧密的联系，而不是符号化的，这也为我们更好地理解地域性提供了一个参照。

中国传统园林也是环境整体思维的产物，由于中国传统园林中建筑的比例较高，长期以来的一个误解是，人们往往把园林建筑的分析取代了园林整体的认知，尽管园林建筑的设计中确实包含很多技巧，但更为关键的显然不是建筑本身。园林建筑的特色也是来源于其对于环境关系的诗意思考。如果对园林做更为全面的考察，可以看到园林建筑的大部分并不追求形式感，而是采用平常的策略，甚至园林建筑往往放弃了色彩上的表现（即使在皇家园林中也是如此），其原因也在于园林更重视整体性。园林之美，来自于建筑同花木的配合、同地形地貌的配合、同山水的关系、同时间的关系，这也是中国传统园林在理论层面仍需要深入研究的地方。

在当代，空间生产与社会公共生活的紧密联系已是不言而喻的事实，因此空间生产在改良社会关系、致力于社会创新方面的作为也是直观而可预期的。在公共空间的设计方面，国内外都积累了这方面相当多的案例，有振兴社区的，有改善邻里关系的，有提高安全性的，显示了设计在社会创新方面有着丰裕的施展空间。总体而言，这方面发达国家的实践更为丰富，中国在经历了经济的高速发展之后，无论是政府还是民间，这种意识也已经出现，虽未成为主流，但作为一种趋势已可感知。深圳南山区的一个小项目——婚礼堂的建设，可作为一个典型案例来看待。区政府利用南山区文化中心旁的公共绿地，把民政局的婚姻登记职能独立出来，置入绿地之中。此举看似小动作，却带来一系列社会关系的改善：首先是市民办理有关婚姻手续的便利以及相关体验的改善；其次是项目带动了这一公共空间的品质提升；最后，也是尤为值得关注的一点是，政府以润物无声的方式致力于当代中国婚礼文化的塑造，由此也可以想见，必然地带来政府公共形象的提升以及官民关系的改善。

超越形式的设计思维，不是要设计师放弃形式，放弃形式思维，而是提示我们关注一个更本质的问题：设计与生活的关系。形式的审美品质仍是对于设计的基础性要求，但不可忽视新的审美范式的形成与发展。形式不应是设计的出发点，但形式会是最终的一个结果。这一思维也提示我们在判断的时候，不仅关注设计有形的部分，也能看到有形成果的背后无形的那部分。从室内设计到环境艺术设计，从环境艺术设计又更名为环境设计，在二十年左右的时间段内，一个学科两度更名，那么在学科更名之后，我们不得不思考，以什么样的理论与实践去支撑学科名称的变化？早就有学者在谈到中国设计教育现状时呼吁，要设计，不要艺术设计，以此突出设计不仅仅关乎审美的学科内涵，此说不无道理，但名实相副是更要看重的一个问题。设计不仅仅关乎审美，但设计一定是以审美为基础，这也是不容忽视的另一个方面，窃以为设计思维的转化远比名称的更替更为重要，名称只是一个符号，或者也可谓是一种"形式"，我们永远要思考的是：我们到底想要什么？显然，我们要的不是一张漂亮的照片或者画，空间以其抽象而不定的面目，等待着我们的发现与塑造，所有的一切都不应去泯灭其无限的可能性。

设计教学的新模式

——美国斯坦福大学 d. school 访问侧记

设计学院的教学模式和特点法无常法，某种程度上也可以说没有模式可循。但好的设计学院又有一定的相似之处，即重视设计思维的训练，积极创造帮助学生融入实践领域的平台，整合资源，使学院成为整个社会创新系统的一环。设计教育的本质可能是让学生真正认识社会、认识生活，直面真问题。学生在解决真实问题的过程中理解设计的真谛。

设计作为以创新为核心的行业，在快速发展的时代背景下，自然也对设计教育提出了更高的要求。虽然没有完美或绝对理想的教学模式，但不同国家和地区的院校都在积极探索新的模式进行设计教育，以应对不断更新的社会环境。设计以实践为主，又是推动社会创新的重要力量，一方面深刻地塑造着时代文化，一方面也与巨大的商业利益相关。在当下，设计甚至可以影响一国经济之起落，韩国提出设计立国的口号是有其现实基础的。

笔者曾经走访过不少设计院校，留意各自的教学模式和特点，发现法无常法已是普遍现象，某种程度上也可以说没有模式可循。但好的设计院校又有一定的相似之处，即重视设计思维的训练，积极创造帮助学生融入实践领域的平台，整合资源，使学院成为整个社会创新系统的一环。设计教育的本质可能是让学生真正地认识社会、认识生活，直面真问题。学生在解决真实问题的过程中理解设计的真谛。

美国斯坦福大学的 d. school 创办于 2003 年，时间不长就赢得了很好的声誉，引起广泛关注，CNN、纽约时报、BBC 等知名媒体纷纷报道，成为设计教育界引人瞩目的焦点。笔者于 2014 年年初受邀在美国进行交流访问，在亚利桑那州立大学艺术博物馆馆长高登·诺克斯（Gordon Knox）的陪同下特意造访，一探究竟。诺克斯先生曾在斯坦福大学工作，与 d. school 的几位教授有同事之谊。

斯坦福大学是著名的综合性研究型大学，位于旧金山的郊区，与高科技公司云集的湾区相距不远，为美国的高科技产业输送了大量人才。整个旧金山地区都在酝

1、2. "暂停"（PAUSE）乔希·巴奇卢卡皮（Josh Bacigalupi）设计，盖尔建筑师事务所（Gehl Architects）协助制作及选址。

3. 斯坦福校园环境

4. d. school 外观

酿一种科技和创新的氛围。在旧金山市区的商业街上看到这么一组景观作品，名为"暂停"（PAUSE），是由政府推动的一项公共艺术计划的产物。尽管旧金山生活着很多科技创新人才，但在城区环境里几乎没有可视的、物理的信息来显现；因此，政府在其所辖的区域内推动含有技术信息的公共艺术作品。这组作品的用意十分简单，希望人们在繁忙的生活中可以稍作调整，停下来，倾听一下自己或他人的声音。在热闹的商业街上，如果你与朋友隔着人流坐在各自的座位上，你会惊奇地发现，你们可以毫不费力地进行对话。这是一个运用了声学原理设计的公共艺术作品，推出这样的作品也显示了一种积极创新的姿态。

空间印象

在斯坦福的校园里寻找 d. school，会发现相比于其他校园建筑，这幢建筑真是太不起眼了，体量很小，也没有特别的形式。但推门而入之后，就能强烈地感受到不同的氛围，整个空间都在渲染一种不羁和崇尚实干的精神。迎面的墙上都是学生头像，既是装饰，也形成了强烈的视觉冲击，同时点明了主题：学院的任务是培养创新者，而非关注创新成果，学生是主体，是真正值得关注的对象。

参观过程中不时可以看到这里的口号和招贴，比如这句"MAKE STANFORD WEIRD"（让斯坦福变得怪异），包括字体都在强调一点小小的疯狂。让人印象更深的是这句"THE ONLY WAY TO DO IT IS TO DO IT"（做事情的唯一方式就是去做）。还有"STAY FOCUSED & KEEP SHIPPING"（集中注意，保持前进），"NOTHING IS A MISTAKE. THERE IS NO WIN AND NO FAIL.

THERE IS ONLY MAKE"（没有什么是错的。没有赢或输。只有制造。）这些口号突出地表达了学院的价值观，那就是在实践中学习，心无旁骛，轻装上阵，不要患得患失。

这里的人都很忙，但为声名所累，来自世界各地的探访者甚众，应对措施是两种模式：一是在规定的时间内报名参观，有教授带领讲解；另一种是拿一份自助参观的指南，自己参观，所有空间都开放，不用与人交涉，参观完毕时还回指南手册。整个氛围十分开放，没有门禁和门卫，开放式的大办公室内，人们都在忙着处理业务，有相当一部分是研究生在兼职工作。我们选择的是第二种模式，碰到了来自日本一所大学的参观团队，院方也只是简单地招呼一下，没有繁文缛节的礼仪形式，直来直去。

整个一层都是公共性较强的空间，中庭是多功能的，所有空间都可与之联系，平时是约见、讨论的场所，也是举办讲座、搞活动的所在。在中庭的后半部分，学院创造了一个称为"车库"（garage，也是来自硅谷传统的文化符号了）的空间，

5. d. school 学院入口

6. 学院入口装饰墙

7. 招贴 "MAKE STANFORD WEIRD"（让斯坦福变得怪异）

8. 招贴 "THE ONLY WAY TO DO IT IS TO DO IT"（做事情的唯一方式就是去做）

9. 招贴 "STAY FOCUSED & KEEP SHIPPING"（集中注意，保持前进）

10. 招贴 "NOTING IS A MISTAKE.THERE IS NO WIN AND NO FAIL.THERE IS ONLY MAKE."（没有什么是错的。没有赢或输。只有制造。）

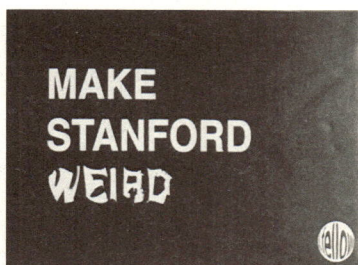

11. "车库"，学生工作空间
12. "车库"里停放的"概念车"
以及学生讨论空间

供学生们接入自己的设备，就地展开协作。在"车库"的确停放了一辆"概念车"，学生们很喜欢在这里进行头脑风暴，物质环境塑造了轻松而活跃的氛围。

通过中庭的大楼梯进入二层（建筑只有两个楼层），全部是教学空间和工房，大致分为第一工作室、第二工作室、海湾工作室、原型厅，以及全职教员的单元（刻意回避了办公室这一称谓）。第一和第二工作室的空间主要用于教学，前期的思维引导和训练在这些空间进行，也可用于开展项目；海湾工作室较大，用于展示想法和进行持续时间较长的项目。教师的单元与这些空间紧密相联，除了少数几件固定设备外，与其他空间看不出有太多区别，因为学院刻意消除教师和学生之间的差异，或许这也是激发创意的一个手段吧。

整个二层空间也几乎都是开敞的，除了工房有明确的墙体，其余空间的所谓划分全部是依靠大白板，梁架下有固定安装的轨道，便于悬挂和调整。学院在空间处理上强调两个特性：一是灵活性，都是可以快速调整的，连大部分桌子都是底部有轮子的；一是效率，这同灵活性有关，也同一种精神有关。与一楼车库相对松弛的氛围形成对比，这里的感觉是自然而然的紧张，空间紧凑，椅子少，工作台台面的高度都是适合站姿的。

最让人感动的是原型厅，是制作产品原型的地方，也是展示过往成果的地方，但毫无仪式感，不经意看的话很容易错过。这里就像一个典型的车间，仔细看才会注意到有一些玻璃展示柜，而其中的展品貌不惊人，都是历史上学生们制作的原

13. 海湾工作室

14. 原型厅

15. 教学空间及划分空间的白板

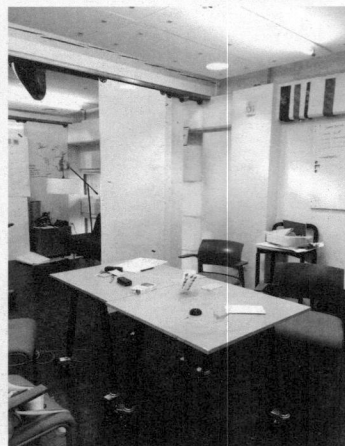

16. 教学空间，办公家具底部大多安装滚轮。

17~19. 二层的教师单元与外面的教学空间没有差异，包括家具都是一样的，充满了紧张的气氛。

型产品。看着一个个标签，你才会了解这些原型产品所蕴含的价值，其中不乏得奖作品和产生巨大社会效益的作品。通过这些朴素的原型，人们能够更深刻地理解设计的本质：面向真实的世界，解决真问题。

20. 大白板的中转站，这是为前一课程保留的白板，便于课程轮换时交接。

教学机制

学院的官方名称是斯坦福大学哈索·普拉特纳设计研究所（The Hasso Plattner Institute of Design at Stanford University），d. school 是不正式的小名，但大家更愿意用这个小名，包括在学院的所有空间中看到的标志也都是以小名来设计的。这个细节或许已经透露了这个机构的价值观，简写的称呼更有效率也更亲和。学院的教学机制也迥异于寻常机构，不提供学位教育，因此学院并没有常规意义上属于自己的学生。这里的课程向斯坦福大学的所有研究生开放（学生都有各自的专业背景和基础能力），强调跨院系的合作，宗旨是：以设计思维的广度来加深各专业学位教育的深度。跨学科合作这一目标早已为人熟知，但在操作层面困难重重，很多合作无疾而终，症结往往就在于本位思考不容易打破，d.school 的模式予人启发，所谓无我才能实现大我，或许就是这样的吧。

学院的创始人是美国著名的设计公司 IDEO 的创始人之一大卫·凯利（David Kelly），他确立的教学目标是教会学生"换位思考"，从小处入手，专注于思

21~24. 教学场景

考人们的真实需求，重新思考各个行业的边界。学院所有的教学课程都是项目驱动的，项目来自非政府组织和企业，这不仅保证了资金来源，也保证了选题的现实性。因此，从组织架构上，学院与这些机构建立了长期合作的伙伴关系，是其一大优越之处。由于这个特点，这里的课程并没有固定的模式，而是不断调整的，从学时长度到参与课程的学生人数和师资构成。但每门课程起码配备两名教师，多的可以到五名，这是为了满足学科交叉的要求（总是有一名来自本学院的教师，另外的教师可能来自其他学院，也可能来自企业和社会机构）。这构成了教学上的实验性，对管理者提出了很高的要求，也是教辅人员繁忙的原因所在。由于没有学位教育的要求，d.school 的教学模式不重视一般意义上的系统性，而是强调针对性和实用性，回归到了设计的实践属性。

基于上述模式，这里的课程名目繁多，斯坦福的学生们可以根据自己的兴趣和专长来选择。但是否能选上也要经过一定的竞争，因为有些课程的报名人数可能达到了课程容量的四倍以上，以往的成果是这所学院最好的广告。但这里的课程设置有一个特点，即项目目标并非商业目标，而是某个抽象的具体问题，比如第三世界国家的新生儿死亡率、小儿马蹄内翻足的治疗率、电力不足等问题，甚至有如何促进美国两党重新合作的选题。当然，通过解决这些具体问题，也可以获得商业利益，但显然商业利益不是首要考虑的问题。对于成熟的项目，或者有商业雄心的学生，也可以注册参加名为"发射台"（Launchpad）的项目，参加这个项目，学生必须签署保证书，同意在 10 周内推出一项产品或服务。这样的要求可谓设计的终极考试，好比少林寺的僧人要下山必须经过罗汉阵的考验一样，完全是实战的检验。

虽然课程的设置具有一定的灵活性，学院甚至允许学生一起参与到课程的具体设定之中，但是根据面向的学生群体的不同，也有不同的大的系列划分，主要区别在于对于设计的认识，以及基本设计技能的掌握。一大类属于普及性的设计思维训练，为进入其他课程打基础，称为 Pop-up Classes；第二类是提高技能的课程；最多的一类，即主体部分是迎接挑战的课程，称为 Tackle Big Challenges。其中 2014 年春季学期的课程有："与未来合作：推动大规模可持续的变革""为极限购买能力而设计""从游戏到创新""服务于公共政策创新者的设计思维""游戏设计：制造乐趣"等等十几门，包括"发射台"（Launchpad）项目，跨度非常大，但都根植于当下比较突出的现实问题。

成功案例

使 d. school 声名远播的是其一系列让人惊讶的教学成果，绝非一两个案例可概括。但限于篇幅，只能选择其中几个案例来说明，从这些案例中可以更详细地感受他们独特的教学模式和成效。

案例之一是从"发射台"项目中脱颖而出的一个设计成果，一款手机应用程序，名为"脉冲"（Pulse）的新闻阅读应用，在 2010 年的苹果全球开发者大会上被当时的首席执行官斯蒂夫·乔布斯所称赞；2013 年 4 月，领英（LinkedIn）公司以 9000 万美元的价格从两位创始人科塔里（Kothari）和古谱塔（Gupta）手中购买了他们的公司。这是一个颇为传奇的故事，两位年轻人一夜之间成为了财富英雄。科塔里本是一个电脑狂人，学的是机械工程，从未想过成为设计师，但在 2008 年选择了 d.school 的课程后，学会了与人交流，通过对他人生活方式的理解来寻找客户可能需要的产品。Pulse 来源于他们对咖啡馆中人们的调查，人们抱怨需要从不同渠道来获取新闻资讯，而这款应用可以让人们自己定制喜欢的新闻源，免去自己切换渠道的麻烦。而对于客户需求的这种把握和发现能力，正是源于这里的课程训练。

案例之二是源于"为极限购买能力而设计"（Design for Extreme Affordability）课程的"拥抱"（Embrace）。这一课程专门致力于为第三世界国家解决由于欠发达而带来的一系列问题，同时又要使成本控制在一个很低的范

25."脉冲"（Pulse）新闻阅读器成品。

26. 婴儿保温襁褓"拥抱"
（Embrace）成品，2007年。

围内，条件相当苛刻。"拥抱"是一款保温的婴儿襁褓，针对早产儿因体温过低而死亡的问题。学生原来认为解决方案可能是重新设计一下医院里的保温箱，但通过对尼泊尔乡村的调研，他们发现当地人最大的困难在于无法及时送婴儿到医院，因此他们需要重新定义产品的原型。通过新材料实验，他们找到了一种熔点为37摄氏度的蜡，以此作为保温介质可以很好地解决问题，放入热水吸热溶化，放入襁褓中慢慢释放热量并不会升温，一次可持续3~4个小时，经济性和实用性都很好实现了，而这一产品的成本不足20美元。"拥抱"的官方网站上介绍，这一产品已拯救了超过2万名婴儿的生命。而这些同学在毕业后就进入了创业模式，继续经营和发展这个产品及其相关的慈善事业。

同属这个课程另一个的项目也取得了巨大的成功，同学们通过调研发现了现有治疗小儿马蹄内翻足的产品价格过高，且使用不便和不美观。他们通过一系列探索，制作了超过30个原型产品，并投入使用对比，最后选出较为优胜的产品，并投入了市场，这一产品的成本也在20美元之内。这样的案例在d.school的成果中有很多，显示了这一新型教学模式的巨大潜力。

启示

27、28. 婴儿保温襁褓"拥抱"
（Embrace）原型品，d. school
收藏。

在召唤创新的时代，创新也可能是一个被神化的词汇，而围绕着创新展开的种种言论和实践，既让人激动，又干扰着人们的心态。大卫·凯利在谈到教学思想的

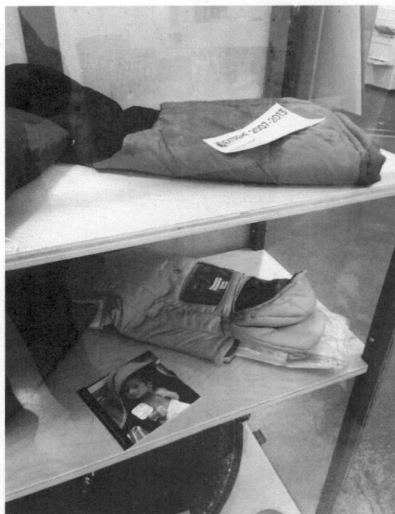

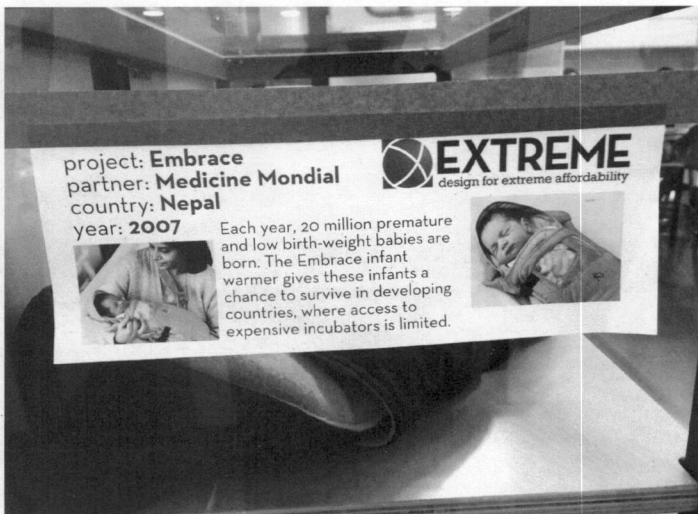

时候，刻意提到的一个词汇是"创造力自信心"，设计教育的核心目标是挖掘每个人身上潜伏的创造力，并赋予学生创造的自信，不断通过课程来感受成功的喜悦，并逐渐提升创造的能力。他认为这与教人弹钢琴是一回事。

通过对 d.school 的探访，我们经历了一个由表及里的了解过程，让人赞叹的是这个机构在可见与不可见的多个方面都贯彻了他们对于创新的理解和推动。这里以创新者的培养为核心，重视人；以现实世界的问题为导向，重视实际；以项目驱动的形式展开教学，强调实践及其相关的价值目标；破除传统思维中的界限，重视合作与交叉；而一个个能直接推向社会的产品和服务，则建立了创新者不可动摇的信心。创新在此不是不可捉摸的概念和愿景，而是实实在在的现实，它与生活直接相关，与人们的努力直接相关。创新的价值也在实践中得以清晰地展现，难怪有媒体在报道中惊呼 d. school 打败了 B School（商学院 Business School）。他山之石，可以攻玉，期待我们的设计教学也能走出自己的新路。

29、30. 小儿马蹄足内翻矫正器成品，2013 年。

31. 小儿马蹄足内翻矫正器原型品，d.school 收藏。

32、33. 原型厅成果展示柜中的原型品。

04

福建龙岩乡村的两座廊桥

我在感叹于如此美丽的乡村景色的同时，也油然而生忧惧。几千亩的良田如果都变成
了高尔夫球场，这可能是当地一个长远的噩梦。

2009 年 6 月曾去福建一次，飞机降落在厦门机场，降落时就发现厦门太美了，景观条件非常好，管理水平看得出来也很不错。以前曾去过福州，印象远不如厦门，省会城市而有这么大差距在中国也是少见的。当地朋友介绍是因为离台湾太近，以前属于边疆，战备考虑更多而影响了发展。

福建多山，往山里一走，交通就不那么便利了。现在通了高速公路，情况已大为改善，但从厦门机场出来到龙岩市要 2 个多小时，再往下到连城县还要 2 个多小时，这一天就都在路上了。中国现在往非枢纽城市走还是比较辛苦的，好在一路看山，景致很好。由于是往县里走，此行几天多在农村转，乡村的景色让人难以忘怀。山间的盆地是良田万顷，如图 1 所示，让人不由得爱这个国家。儿子曾有作业是写爱国的，他不知怎么去表达，我就跟他说，就以他所走过的地方来想，这个国家好不好？这么多好地方属于自己的国家，我们为什么不爱呢？当然，这也不能排遣不时可能遭遇的不如意。

这次是接受一家地产公司的邀请去考察他们的项目，希望提供些意见。几天下来，强烈地感受到他们想开发的急切心情，恨不得立马城市化，上高消费项目，而无视自己手里现有的资源的真正价值。我在感叹于如此美丽的乡村景色的同时，也油然而生忧惧。几千亩的良田如果都变成了高尔夫球场，这可能是当地一个长远的噩梦。开发商也不是全然没有想法，他们一方面担心自己的项目没特色，但同时又陷在已有的开发模式里不能自拔。他们理解的特色就全然是作为风格特色，

1. 福建龙岩连城县"冷泉"村边的农田。

也就是形式上的一点新奇而已。短短几天很难扭转他们的思路，把话说出来，似乎就仅限于这样的努力了。

这次看了很多当地的传统建筑、村落，有些还保存得很好，一路看来，收获颇丰。今天先把当地的两座廊桥整理出来，与大家共享。可能是受《廊桥遗梦》的影响，一说廊桥就有点浪漫的感觉。中外都有廊桥，所谓廊桥也就是在桥上盖房子，中国的建筑体系更轻巧一些，同桥相配，是很有韵味的，尤其在乡村的大背景下。本来只是去看玉龙桥的，但到了四堡乡之后，当地的干部极力推荐玉沙桥，就先去看了玉沙桥。据说原来河里的沙子都是白色的，因此而得名，现在已看不到玉沙，但桥的秀美，还是值得观赏。

写于 2009 年 08 月 12 日

2. 福建龙岩连城县四堡乡的廊桥——玉沙桥。桥旁的几颗大樟树构造了良好的小环境。

3. 走上桥，里面的空间感很好，外面看着累赘的遮阳板，在里面看就很有道理了，采光通风都兼顾。下部的搁板是供人休息的座凳，也有农民躺在上面，此处午睡很凉快。

4. 古时修桥也要仰赖众人努力，属于有功德的行为，这个牌匾道出了这层意思。

5. 桥不大，显得灵秀，如果河里是白沙的话，这个景色该多美啊。

7. 长长的桥身，犹如肯定而有力的一笔，在环境中起了主导作用。

6. 云龙桥是规模大得多的廊桥，给人震撼的感觉。初见玉沙桥颇有惊艳的感觉，暗想再看一座廊桥又能如何？实际就跟看房子一样，基本技术就这些，尺度、规模、环境等等方面的差异带来的直观感受迥然不同。此桥周围很开阔，因此造型的气势就更为张扬，桥头是个牌坊式的立面，檐下的遮光板有两层，看上去像个威武的武士，身披铠甲。桥头的牌匾，三个大字遒劲有力，同桥的气质很吻合。中国的民间真是藏龙卧虎，不知名处也往往有让人惊叹的宝贝，旅游先把国内走明白了也不易。

8. 由左至右：一、登阁的楼梯，比较陡；二、阁上所望对岸的一线天；三、过桥后下行的小路，山势的险峻在此表现得很充分。

9. 进入一线天前回望云龙桥。

10. 中间的重檐屋顶和升起的小阁，打破了长桥造型上的单调感，极富景观意义。

11. 此桥的另一绝妙处在于选址和构思，桥直接通向一座绝壁，过桥后折而下行，穿过两块巨石间的石缝——一线天，就又是一片坦途了。整个配置，形成了一种很有张力的局面，不得不赞叹当时造桥人的巧思，可谓神来之笔，增添了很多戏剧性的元素到其中，值得学习。并且，完全可以想象那是一批颇有情趣的人，比之现在的某些设计师不知高明了多少。

12. 桥内空间宏敞，维护得也好。

13. 此桥比之玉沙桥，因为长，就增加了空间和造型的变化，中间有一段抬起的屋顶，在中间设置了神龛，供奉神灵，保佑平安。这部分的木构架增加了木雕装饰。

14. 往前走一段，又有 2 层的小阁，此图为登阁后所见。

无序的秩序和有组织的混乱

——印度游后所记

印度，整个国家不富裕，人民生活贫困，但印度对遗产地的珍惜让人佩服。我想，那些遗产地能保持那么好的状态，还是同整个国家对文化的尊重有关，真正的尊重，人们能真正理解文化的价值到底在哪里，而不是什么东西都只用钱这把尺子去量。

今天有点兴致，刚写了一篇，好不容易写就再写一篇。这篇属于酝酿了很长时间，但因为太懒，就没有下手。2008年过春节前，与系里的同事们一道去了趟印度，文明古国的名声和魅力吸引了大家，整个过程可谓悲喜交加，感触颇多，回来后一直想写点什么，头绪很多，经过大半年的沉淀，我想把印象最深的事情写出来，也算一个记录，不至于时间长了之后，一片茫然，白去一趟。

在印度的行程，可谓步步高，第一印象的确是把大家有点吓着了。这趟旅程一开始就不顺，东方航空的航班先是误点，后来报故障，实际是把飞机调给别的旅客了，在上海浦东机场耽误了一天。所以一到印度的德里不能休息，马上就要上火车去瓦拉纳西。德里的机场正在装修，比较破败，一出机场也很乱，置身于这样一个陌生的环境，大家都很紧张，都绷着。然后当地的导游来把大家引上大巴车，感觉稍好，没多长时间就去火车站，感觉比国内县城里的火车站还差，停车点是个货运场地，劳工或乞丐围坐一起点了几个火堆取暖，那景象让人印象深刻。一路拥挤地进入火车站，上了车，铺位也很拥挤，最醒目的是蟑螂们自由地在上下铺之间游荡，我想女同志们的感受肯定不会好。好在大家实在太累了，都能睡着。

瓦拉纳西有点圣城的意思，在恒河边上，宗教的氛围较浓厚，尤其是每天晚上在恒河边上的祭祀仪式，举行时的肃穆让人感动。清晨则有人来看日出，沐浴。早晨的恒河更让人感动，河面平静、开阔，似乎能消化人世间所有的东西。我们也看到了火葬之后的河葬，没有生命消失的悲切，也很平静。据说有人专门跑到这里，等死，然后可以享用这样的葬礼，有种大彻大悟的感觉。而背景是乱哄哄的街市，离开河边到街区里面就完全是另一个世界，人之多超乎想象。嘈杂，混乱，但这个混乱是一种表象的混乱，并没有出什么事，就是人多，大家各行其是，行人、自行车、机动车、牛、狗、羊、猴子平等地在大街上行走，街道也不宽，那场面可以想象一下，不到那里还真不太好想象。但在印度不怎么看见公家人，警察什么的很少看见，那种生活的秩序是靠大家维持住一个底线，不是井然有序，但也不是毫无秩序。事实上，瓦拉纳西在印度也属于比

较传统的城市，以后的行程中也没有再遇见类似的场景，这么多人，在中国也不多见。说实话，我的感觉是，有点头疼，不太适应，坐在三轮车上，大家感觉很刺激，但神经高度紧张，可能时间长了就好了。

在印度自然也要去那些世界文化遗产地参观游览，只要买票的地方，进入大门之后就完全是另一个世界。非常的干净和有序，没有兜售商品的人，如果不是旅游的身份，真想在里面好好徜徉一番，也没有看见什么管理人员，除了一些能进入的建筑物，有人看管，其他的空间都是没有太多人管理的。这是我印象非常深的地方，也是印度给人震撼的地方。进了遗产地，连卖水的地方都没有，很圣洁，没有丝毫的商业气息。很奇怪他们是怎么做到这一点的。

回到国内之后，我有时带着儿子也出去转转。近的就在北京郊外，比如八大处这样的地方，每一处进去之后都有什么扔硬币的，打锣的，敲鼓的，都是要钱的，来一下多少钱，把这些风景名胜的氛围搞得很恶俗，实在让人头疼。而所有这些行为还都是官方行为，都是管理处的人自己在那里经营着这些生意。如此经营，把景区的品质下降了，也不见得有多少收入。因此，我把这种现象称之为有组织的混乱。这种混乱更可怕，因为它有官方背景，合法的破坏，就无药可治了。联想起社会上的很多事情，都有这种味道在里面。管理者太想挣钱了，就直接利用所管理的一亩三分地，手段高不高明也不管，多少挣点再说，管理者对被保护的对象毫无感情，也没有价值上的认同感，这样下去，我国的这些文化遗产会是什么命运，可想而知。哪天真破败了，就打个报告，申请下钱来重新盖一个，心里觉得这下更体面了，挣钱更有说头了。文化也就这么沦丧了。

印度，很多人还是很轻视这个国家，面上看看，的确也有许多不怎么样的地方。整个国家也不富裕，人民生活贫困，但就这一点很让我佩服，我想，那些遗产地能保持那么好的状态，还是同整个国家对文化的尊重有关，真正的尊重，人们能真正理解文化的价值到底在哪里，而不是什么东西都只用钱这把尺子去量。我还会接着把其他的一些感受写下来，今天就到这里吧。

莲花教堂的启示

——印度游后所记

印度是一个多民族，多宗教的国家，民族矛盾和宗教冲突纠缠在一起，是治理国家中遇到的一大难题，几乎像个死结。而莲花教堂把所有宗教之间的差异都抹平了，让人只保留崇敬之心，认真倾听来自上苍的声音，几分钟之后参观者就秩序井然而沉默地离开这里，真像受了一次洗礼。从这个意义讲，这座建筑是成功的。

接着回忆印度一游的感受。行程在转了一大圈之后，又回到了德里。然后看了印度门等景点。其中有一站是很负盛名的莲花教堂。学建筑的可能都有所耳闻，不过这个盛名不全然是好的，因为这座建筑有点像悉尼歌剧院，形式上也是圆弧状的壳体组合而成，悉尼歌剧院更自由一些，而莲花教堂是个全对称的形，喻意上不太一样。我在几年前，听到过印度的建筑系老师说，看了之后很失望，感觉印度的建筑还是粗糙，与悉尼歌剧院相比，相去甚远。我没去过澳大利亚，所以无从比较。当时听到的这段评论，给我留下挺深的印象，我比较看重那位老师，以至于我到了印度，都不太想去参观莲花教堂。

后来想想，来一趟不容易，还是去看看吧。莲花教堂所占据的场地很大，在开阔的用地中，远远看去这座建筑的形态还是很有意味的。这天天气不太好，天空有点阴，拍出照片来不是很好，但现场的感受还是不太一样。这座建筑的尺度肯定远小于悉尼歌剧院，从设计的角度看，既没有宏大的气势，也没有特别新颖的技术手段，以今天中国人的眼界来说，也可谓乏善可陈。

随着人流往前走，参观的人不少，可见知名度还是真的很高。在离建筑有上百米距离的地方就开始有许多志愿者管理，要求排队，不要喧哗，进入之前要脱鞋，进到室内之后不能说话，等里面的客人走了之后才能下一批客人进去，总之是要求大家怀有一种对圣地尊重的态度入内参观。这些志愿者是真正的志愿者，有些志愿者就是来自游客之中，被这里的氛围所感召，就留下来当一天志愿者。所以，志愿者中有不同人种的人，不同的志愿者能讲不同的语言，也有讲中文的。我就是问了他之后，才知道志愿者的情况。这是很让人感动的地方。

莲花教堂，不属于任何宗教，教堂之名并非确切，但那种氛围可能使大家觉得叫教堂也很自然。及至进入内部，每个人都找个座位坐下，低头凝思。我宗教精神不足，又是学建筑的，不免好好打量一番这座建筑，里面可以说什么也没有，同所有的宗教场所都不同。这是一个很纯净的地方，没有偶像，没有其他仪式和陈设，但室内空间很好地反映了外部空间造型的意义，建筑的整体感特别好，光线来自上方和侧面的莲瓣。所有的内容就是自然光，我想这一点悉尼歌剧院是比不上莲花教堂的。当然，室内也不允许拍照。我赞同这种限制，保证了室内这种无法估价的良好氛围。印度是一个多民族，多宗教的国家，民族矛盾和宗教冲突纠缠在一起，是治理国家中遇到的一大难题，几乎像个死结。而这里把所有宗教之间的差异都抹平了，让人只保留崇敬之心，认真倾听来自上苍的声音，几分钟之后参观者就秩序井然而沉默地离开这里。真像受了一次洗礼，虽然我不是任何宗教的教徒，但我有这种感觉，人纯净了许多。从这个意义讲，这座建筑是成功的，非常成功，不是完全建筑学意义上的，即使从建筑学的角度看，也是成功的。因为，它的形式很好地服务于它的精神目的。我想那位建筑系的老师，没有看懂这座建筑，以一种只关注技术的眼光来看建筑，就显得有点浅薄了。

建筑外面还有一圈水，配合莲花这个意象。莲花在印度文化中也是圣洁的意思，中国人谓之出淤泥而不染，这座教堂的建设很能反映出这种意蕴。整个项目的构思就非常独特，切合了印度的现实，反映了人类求大同，要和平的愿望。似乎资金来自一个慈善机构，而日常的维护则全靠志愿者和捐赠。我的描述未必能很全面地反映状况，但我基本把我的感受写出来了。个人还是很感动于这样的设计，这里面包含着大智慧，这种智慧很综合，能感受到西方的因素，也能感受到印度本土文化的因素，甚至有中国禅宗的味道在里面，事实上它的确反映了人类共同的一些渴求。并且，我同样感动于这么多游人都能按照指示，怀着敬畏之心完成参观，印度绝不是一个落后的国家，她的崛起只是时间问题。

写于 2008 年 08 月 08 日

永远的游击队员：
安藤忠雄

这种主动出击的意识，在建筑师中也是少见的。其中关键的一点在于，不怕吃亏，不怕失败，顽强的生命意识支配了安藤忠雄的职业行为。"一开始尽是不尽如人意的事情，想尝试些什么，大多以失败告终。尽管如此，我还是赌上仅存的可能，在阴影中一心前进，抓住一个机会，就继续朝下一个目标迈进……我的人生就是这样，抓住微小的希望之光，拼命地活下去。"

安藤忠雄是位颇富传奇色彩的建筑师，做过拳击手的他没有受过科班训练而一路成为获得建筑界最高荣誉普利兹克奖的国际知名建筑师。这样的身世注定是引人关注的，关于他的出版物很难确切统计数量了。作为研习建筑的教师，笔者很早就看到了安藤忠雄的作品和相关言论，但自传还是第一次看到。《建筑家安藤忠雄》"记载了我选择做一名建筑家以来，四十年职业生涯中所积累的一些感受和领悟"[1]，书中没有过多地谈论建筑理论，对自身作品的介绍也是不求全面，重在思路，但全书的每一句话都显示了作者独特的个性，阅读这本书犹如跟随作者经历了一次职业人生的精神之旅，既亲切又颇多启发。全书 400 多页的体量，给人一定的畏惧感，但阅读起来就会发现，这是一趟轻松的旅行。

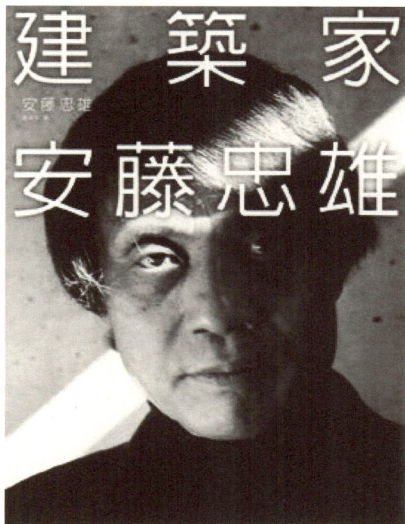

作为非科班出身的建筑名家，很多人希望作者对于如何学习建筑有所揭秘，书中有一些披露，但即使是科班出身的建筑家，其学习的"秘诀"恐怕也无法为外人道，或者很难为他人所模仿、套用。安藤忠雄的整个职业生涯都是独具特色的，不唯其自学建筑的经历。某刊访问完安藤之后发表时用的标题是《安藤忠雄——用恐怖感来教育》，而他本人看后也很中意，其个性可见一斑。建筑师若想承接大一点的项目就不可能单枪匹马地工作，必须有自己的团队，而团队如何管理也是各有心得。安藤忠雄很明确地要以"游击队"的姿态来经营自己的团队，这与大多数人试图建立"正规军"的目标大异其趣。安藤对游击队的定义是："一些怀着共同理想、信念和身负职责的个人，以自我为赌注为了生存而组成"。切·格瓦拉是其精神导师，"为了实现小国的自主与人类自由、平等的理想，始终以单一的个人为据点，选择与既存社会对抗的人生。"[2] 看着这些很愤青的语言，不要轻易怀疑安藤忠雄的冷静和理智，在安藤平白的叙述中，

我们可以感受到他缜密的思路和坚决的态度。安藤从办公空间的安排到具体的工作制度，都有明确的指导思想：他与员工坚持一对一的单纯关系，不要中间环节，这样保证了沟通的效率和质量，同时也使每个员工都必须承担自己的责任，不然作为拳击手出身的安藤可能会拳脚相加，这就是恐怖感的来历。为了维持游击队的效率，安藤忠雄事务所的工作人员不超过 25 人，因为人多了，他就无法直接控制了，对商业建筑师而言，这份决绝是让人感叹的。最有意思的是安藤的办公空间布局，其事务所改建于他本人早期的一个作品，有五层通高的一个空间，与其他事务所截然不同的是，老板不是躲在自己的办公室里，而是坐在这个共享空间里，所有人都无法脱离他的视线，因此成了事务所最忙碌的人，并且他的位置正对出入口，也是最不舒适的位置。没有一颗游击队员的心，恐怕很难做到这些吧。

游历是安藤忠雄学习建筑的重要途径，但并非漫无目的的旅游闲逛，从他日后讲学的内容看，他对建筑史

很熟悉，并且对名作的专程探访加深了对建筑的理解。从他的作品中也可以看出早期现代主义大师勒·柯布西耶的影响，安藤曾经带着朝圣的心情去寻找柯布西耶的建筑足迹。因为在他20岁无缘正规学习建筑时，正是通过柯布西耶的书来进行学习，甚至到了熟记每张图的程度。相合的是，柯布西耶也不是科班出身，并且在其身后人们发现了大量的游历速写，他作品中的许多细部都能在这些速写中找到原型。安藤认为设计就是战斗的精神与柯布西耶也颇为相似，两人都频频参加设计竞赛，也都经历许多失败。如此看来，安藤可谓东方的柯布西耶。

通过游历学习建筑，看到的不是教条和已有的评论，而是自己切身的真实体验，这是课堂教学无法比拟的地方。通过游历，安藤不仅看到了建筑，也看到了当地的风土人情和自然环境，这使他对于建筑的理解有更为开阔的背景。曾经听到有其他的日本建筑师对安藤有所批评，认为他是设计的下手，这种评论并非毫无来由，安藤与主流的日本当代建筑师相比，许多地方的确失之细腻，这可能是非科班出身的短处，但他对建筑陈规的突破，其勇气和坚持，可能也同非科班出身有关。游历的学习方式，系统性上肯定有问题，但也提供了一种没有太多框框的好处。建筑设计说到底反映的是建筑师对于生活的理解，而不仅仅是设计技巧的表现。

"游击队"的职业生存必然是艰难的，尤其在起步的时候，许多年轻的建筑师都熬不过起步时的孤独和贫困。安腾的战略是做竞赛和设计小住宅。无名建筑师要想为人所知，竞赛可能是最好的途径，通过公平的竞赛可以看清自己的实力，竞赛也意味着比委托设计更大的挑战。在《安藤忠雄连战连败》[3]一书中，安藤详细地回顾了自己的竞赛生涯，这种状态一直延续到成

名之后。"建筑即战斗"，最直观地就反映在竞赛这种方式上，竞赛也意味着失败的可能性，即使对于成名建筑师而言，这种可能性也是远大于成功的可能性。竞赛也不能保证每次都公平，因此参与者的确需要一颗强大的心。纵观安藤的一生，用连战连败来形容参加竞赛的结果并不为过。但即使是失败的竞赛也为建筑师的下一个方案储备了想法和设计策略，竞赛的失败并不意味着努力的白费。年轻建筑师想要获得大型项目的机会，除了竞赛可能别无二途。通常人们在媒体上看到的是年轻建筑师一战成名，通过竞赛一步登天的传奇故事，但这毕竟是少数。安藤的自述呈现了更为真实而残酷的现实。

住吉的长屋是安藤忠雄的出道作品，也是其代表作之一。这是个被许多人批评为"偏执"的项目，在参评吉田五十八奖时，作为评委的建筑大师村野藤吾亲自到现场察看，仔细看完之后说："姑且不论建筑的好坏，在这个狭窄的空间里经营着生活，令我深受感动。应该给住户颁个奖吧！"[4]这家住户在建筑落成后一直住在那里，某种意义上也可说是他们造就了安藤忠雄的事业，起码是一种信任和认同。如果住宅落成后即被弃置，这样的建筑无论如何是不能成为名作的。住吉的长屋有许多打破常规的地方，在基地面积已经很小的情况下，牺牲掉许多功能而一定要在建筑内部构造出一个小小的庭院。由于庭院的存在，建筑可以不必向街道开口，而通过庭院实现采光和通风（这同中国传统的院落式住宅如出一辙），形成一个不依赖外部环境的、自足的小世界。但建筑的立面就是清冷的混凝土墙，体现了对周边城市环境的些许敌意，这或许就是安腾所谓的"对抗都市的游击队"的含义吧。即使是这样的一种态度，也必须承认，安藤忠雄的确是对都市环境有认真解读的，解决问题的路径不是唯一的，住吉的长屋是一个答案，建筑上也还会有其他

的答案。

豪宅的成功往往没有太大价值，那是在各方面都很优裕的条件下实现的，而一座普通的平民住宅，在窘迫的条件下能有如此作为，在业界引起关注是必然的，住户与建筑师一起实现了一件伟大的作品，村野藤吾的话还是中肯的。

对抗都市作为一种姿态，在安藤的实践中并不是到处挑起纷争、制造对立，而是他把建筑作为一种交流的手段，以此来同强大的都市文化进行对话，并且这种对话是在彼此尊重的前提下进行的。表参道之丘是另一类建筑的代表，商业建筑很少能够名垂青史，因为其设计往往为利益所左右，但安藤能在此类建筑中坚持自己的理想是让人敬佩的。在这个项目中，对场地历史的尊重，与环境的关系，在谈判中争取客户的认可，几个方面都不乏人们可资学习的地方。笔者曾经到访这座建筑，建筑内部沿用了外部街道的坡度，形成各层连续的空间，对其构思之精妙与内外空间的整体性、连续性，留下深刻印象。

合格的游击队员与正规军军人的不同点在于，游击队员必须自己掌握自己的命运，没有可依靠的庞大机器，因此需要更强的责任感和把握机会的能力。安藤忠雄作为老游击队员的另一过人之处在于能够自己找寻战场，创造机会。诸如六甲山集合住宅这样的项目，起初既无委托也无竞赛，但安藤觉得里面有设计机会就自行先做研究和方案，方案成熟后找可能的开发商去交流。这种主动出击的意识，在建筑师中也是少见的。其中关键的一点在于，不怕吃亏，不怕失败，顽强的生命意识支配了他的职业行为。"一开始尽是不尽如人意的事情，想尝试些什么，大多以失败告终。尽管如此，我还是赌上仅存的可能，在阴影中一心前进，抓住一个机会，就继续朝下一个目标迈进……我的人生就是这样，抓住微小的希望之光，拼命地活下去。"[5]

安藤忠雄总是不忘自己大阪人的身份，来自其成长环境与年代的影响也是不可忽视的因素。在他的青春期，亲眼目睹了安保运动的群众场面，其中的激情感染了他 他的第二次欧洲旅行，正逢法国五月革命最高潮时，安腾自述也曾偶然地参与其中。"我们这一代的社会意识与生存方式，不就是在此时此刻被决定了吗？"安藤的游击队情结即来源于此。像任何国家都存在不同城市间的个性差异一样，大阪人与东京人不同，被认为是有反抗精神的人。这些可能都是我们在理解建筑师时，除了他的建筑作品之外也需要关注的地方。

安藤忠雄其人一如其建筑，坚韧是我看完此书之后的最大感受。

写于 2011 年 08 月 19 日

注释：

[1] 安藤忠雄 著，龙国英 译，《建筑家安藤忠雄》，北京：中信出版社，2011，中文版自序。

[2] 同 1，第 8 页。

[3] 安藤忠雄著，张建，蔡军译，《安藤忠雄连战连败》，北京：中国建筑工业出版社，2004。参见书中第一讲：建筑即战斗，第 28 至 65 页。

[4] 同 1，第 75 页。

[5] 同 1，第 394 页。

秩序与活力的平衡

——评《城市视觉重构——宏观视野下的户外广告规划》

在城市空间中，商业并不可怕，从经济学的角度看，城市就是抽象与具象兼具的一系列交易市场的集合体，商业是城市活力的基础，但是，商业性的视觉元素并不能仅仅以商业利益为标准随意呈现在城市的公共空间系统中，这是问题的关键。

"经营城市"在中国近二十年的高速城市化进程中成为一个显要的概念，这一概念的核心是如何利用城市资源谋取城市发展的机会，把政府放到一个经营者的地位去考虑城市建设，本身不无可取之处。但这个经念歪的话，容易形成这样的格局：城市空间的管理者直接把城市空间资源换取立即可兑现的经济利益，整个城市成为拍卖各类空间的大自由市场，管理者成为经营者，造成事实上的管理者缺位。中国有句老话经常被挂在嘴上，叫做"一抓就死，一放就乱"。以中国城市近半个多世纪的建设过程来对照，颇可验证此说。

城市景观问题是典型的发展中产生的问题。在中国的经济建设高潮还未来临之际，城市景观并未得到社会的广泛关注，当时城市建设量也很小，除了北京作为首都在不同时期都有一定的建设外，其他城市几乎没有大规模的城市建设，这同经济发展水平低的现实状况也是吻合的。当时对城市景观的关注点主要在于：一是城市面貌破旧，贫困写在脸上；二是城市缺乏活力，死气沉沉，大部分城市既无发达的商业空间系统，也无高品质的开放的城市公共空间系统；三是基础设施建设明显滞后，城市基本职能的运转受到影响。在这样的情况下，乱还没有成为城市景观的主要问题，事实上也的确不乱，城市面貌在低水平上较为统一。

当经济建设的高潮来临之后，尤其是房地产作为支柱产业得到大力发展之后，中国的城市景观系统发生了深刻而影响久远的变化。在这轮高速的城市化发展过程中，不仅出现了许多新兴城市，几乎所有原有城市的规模都扩大了，大都市的规模更是呈几何级数速度的增长。在这一过程中，城市的活力得到增强，广场、公园、公共建筑和基础设施等公共系统的建设成就引人注目，城市面貌得到更新，但新的问题也随之产生。房地产的兴起，刺激了国人久受压抑的欲望，起初只是改善基础条件，渐渐地发展成占有欲和表现欲，欲望的适度表现无可厚非，但走向极端是可怕的。房地产成为富裕生活的象征，经济发展的指标，导致的结果颇为荒诞，这从地产项目的命名就可看出端倪：罗马花园、加勒比海公寓、左岸公社、曼哈顿酒店、纳帕溪谷、普罗旺斯、剑桥小镇……如此等等，不一而足。不仅名字如此，包括建筑风格都是各显神通，如果这些项目汇集一处还真是颇为壮观，恍如世界公园，其中还有白宫式的政府办公楼，希腊神庙式的银行，当然也有现代风格的神勇之作。此时开始，关于城市面貌的秩序问题就逐渐成为社会热点的讨论话题。

但问题的讨论并没有导向人们期望的结果，房地产是伴随着中国整体经济改革走

城市视觉重构
宏观视野下的户外广告规划
Visual Reconstruction of the City
Outdoor Advertisement Planning from Integral Vision

马泉 著

当代中国首部户外广告规划专著

突破学科壁垒
直指城市乱象
构建城市视觉秩序
开启户外广告规划的宏阔视野

《城市视觉重构——宏观视
野下的户外广告规划》
作者：马泉
出版社：人民美术出版社
出版时间：2012 年 4 月

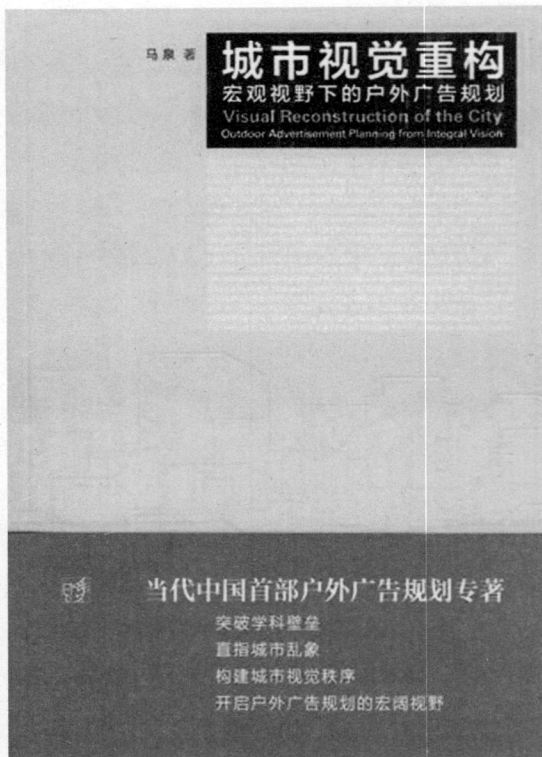

向市场化的过程一起发展的。整个社会对商品经济的特性都处在摸着石头过河的状态中，许多认识也是逐步清晰的。"经营城市"这样的口号也是在房地产开发进行到较为深入的阶段时才开始提出的，这一口号更加明确了城市空间的商品属性，空间即为可转换的商业利益，商品化的进程进一步得到加强。户外广告的问题也由此激化，从极端的角度看，城市空间内每一寸墙面都有其潜在的商业价值，建筑可以是另一种形式的公共媒体。美国的建筑理论家罗伯特·文丘里提出过信息建筑的理论，他本人曾写作过《向拉斯维加斯学习》一书，提出作为媒体存在的建筑的价值，这也是基于商品社会现实的一个观察。文丘里先生曾作为清华美院教学楼建筑竞赛方案的评委访问清华大学并作了专题演讲，内容即作为信息媒介的建筑，其中特别提到了东方都市东京和香港，认为这样的城市充满活力，是未来都市发展的一个方向。演讲中还介绍了一些完全由电子信息屏幕构成建筑立面的实例，引发了不小的争论。

这当然只是他的一家之言，人们对城市的期待显然并不统一。但在中国快速城市化的进程中，城市的视觉秩序究竟该如何建立；甚至更基本的问题——我们想要什么样的城市视觉形象，都是我们亟待探讨并需要达成共识的议题，不然城市面貌的乱象可能愈演愈烈，我们将付出极高的经济成本和社会成本来收恰残局。

近日拿到马泉教授的新著《城市视觉重构——宏观视野下的户外广告规划》一书颇为欣喜。此书是在作者博士论文的基础上进一步补充材料、梳理线索、集合案例而成，包含了作者十分真切而现实的思考。正如书名所显示的，主要内容是从户外广告规划这一设计实践切入的，但反映的问题绝不仅限于此，而是关注城市整体的视觉秩序，可谓大处着眼，小处入手的典型。作者在后记中写道：2008 年北京奥运会之前全国许多城市都借机整治市容，北京曾大面积拆除户外广告并重新规划，在此期间作者参与了部分区的户外广告规划设计的指导与评审工作，"但总体上感觉，没有解决主要问题，很多地方在视觉上依然很乱，特别是城市各物件之间的视觉存在状态，这是为什么呢？我想一定不是单一问题，城市是一个由各种物件与人共同组合的集合空间，它的混乱问题绝不会仅仅是户外广告单独造成的，也不是任何单一城市元素可以造成的。"

笔者与作者是一个学院的同事，有幸见证此书的孕育过程，也曾相互交流过意见和看法，因此看到成书分外亲切，此书确实是作者近年来深思熟虑之后的成果，凝聚了很多的心血。作者很早就意识到，户外广告的规划问题不能仅就户外广告本身着眼去探寻解决之道，而是必须以更为开阔的视野去考察城市视觉形象系统。正是带着这样的思考和问题，作者利用每一次出访的机会，用专业的眼睛去观察，在更宏大的城市整体视觉秩序中思考寻求答案的可能路径。作者先后实地考察了纽约、芝加哥、东京、首尔、巴黎、伦敦、佛罗伦萨、米兰、苏黎世等世界名城，结合我国自己的国情和城市实际发展现状，特别是从城市视觉体验的角度进行包括规划、建筑、文化层面的思考。作者走出自身专业领域的勇气和实际行动是这一研究结出硕果的重要条件，同时，作者固有的视觉传达设计领域的修养与实践经验，也使得这样的考察拥有了有别于其他各领域专家研究城市问题的视角，从而使这一研究具备了独特的价值。

长期以来，我国的建筑、规划专业都划分在工科体系下，而现代主义对理性的强调似乎也赋予了这种划分合理性，但久而久之，其弊端也日益显现。城市规划并不是宏观数据分析就能解决问题的，如此庞大的可视物体系统的规划如果缺乏审美意识和审美眼光，其结果一定是悲剧性的。而在审美意识方面，艺术类院校的专家显然具有更为敏锐的感知能力。正如作者体会到的：在看到乱象之后简单的整治手段就是拆除，但拆除并不能解决问题，因为城市空间需要一定的商业元素来支持其运行，这些商业元素的消失会导致空间活力的下降以及城市面貌的呆板，如此则又陷入所谓一抓就死，一放就乱的死循环。作者考察各大知名城市的基点是：这些城市的整体视觉形象如何？其中商业元素的视觉形象如何规划？城市空间的活力如何体现？城市整体的视觉秩序如何达成？书中大量精彩的照片都是作者实地感知后，敏锐地捕捉到的局部答案。在城市空间中，商业并不可怕，从经济学的角度看，城市就是抽象与具象兼具的一系列交易市场的集合体，商业是城市活力的基础，但是，商业性的视觉元素并不能仅仅以商业利益为标准随意呈现在城市的公共空间系统中，这是问题的关键。作者不仅考察这些城市的商业街区，也关注非商业街区的视觉形象，通过比较能更为准确地把握不同区域的视觉形象特征，因此，阅读此书可以接收到作者对城市问题多层面的体悟。

此书写作的另一特点是作者的设计师身份，这不是一本从概念到概念的所谓纯理论著作，而是建立在作者实践经验基础上的专业沉思录。作者呈现的是对具体问题求解的过程。这种实践者的角度使得此书的专业性很强，而语言很平实，并且论述的过程也更切合设计师的思维方式。作者以语言的角度分析城市的视觉元素，提出了"视觉之城"的概念，把城市视觉元素进行了动态和静态的区分，其中对动态元素的思考扩展了对城市视觉系统考察的惯常领域，启发性很强。这一划分也符合现在户外广告载体形式的变化，是作者敏锐感觉的体现。在此基础上，作者进而提出了"作为城市视觉元素的户外广告"这一命题，这是此书最为重要的立足点，也是作者对户外广告规划最有价值的理论贡献。

由于户外广告的特殊属性——在公共空间中、极强的视觉冲击力、不可回避的视觉焦点——乱的时候可能被贬为"城市牛皮癣"，但一旦处理好，又可以成为构建城市视觉秩序的重要元素，甚至可以视为公共艺术的一种形式。因此，作者顺势提出了"户外广告重构城市视觉秩序"的战略构想，颇有四两拨千斤的意味。这一构想在中国当代快速城市化的语境中具有重要的现实意义。中国城市视觉秩序的混乱不仅仅是由于户外广告的失范造成的，正如前文所述，涉及规划、建筑的多个环节都存在着快速发展带来的问题，而这些硬件的更新是不可能在短时间内完成的，经济成本和社会成本都不允许，但合理利用户外广告的整治机会，确实可以较低的成本完成城市视觉秩序的有效调整。作者在论述户外广告规划的具体原则同时也附上了自己实际完成的户外广告规划案例——重庆解放碑中央商务区户外广告规划设计，对于读者来说正可以此参酌前面的理论论述，检验作者的理论与实践之间的契合程度。

作为读者，作为关心中国城市建设的社会成员，笔者内心十分盼望有更多关于城市视觉品质与文化形象的专业讨论和研究，读罢此书，稍有遗憾的地方在于，书中有大量西方城市的研究和探讨，但缺少对中国内地自身城市文化传统的探讨。尤其在讨论东京、香港这样的东方城市时，如能对东方文化中城市商业空间的视觉特征进行更为详尽的研究，则其现实意义会更强。这可能是过于苛刻的期待，城市化被视为现代化的一个体征，而现代化的样板在西方，但是作为后发国家在学习的过程中多一分对自身文化语境的探究还是有其必要性的，以此期许与作者马泉教授共勉。

本文原载《装饰》2012 年 09 期，总第 233 期

园林史中的生活史

——评《北京私家园林志》

北京私家园林中的许多手法和空间效果可能无法与江南私园媲美，反而别具一种拙味，不那么俏丽，但有端庄娴静的气质，结合北方的气候与物种条件，在理水和花木配置上总结出了一套成体系的做法，即使在今天依然有参考和学习的价值。

《北京私家园林志》
作者：贾珺
出版社：清华大学出版社
出版时间：2009 年 12 月

得知《北京私家园林志》一书获得第三届"中国建筑图书奖"时，丝毫没有意外，因为笔者与作者贾珺先生有同门之谊，对成书过程有更多的了解，可谓作者此项研究的一个见证者。在获奖的十六种图书中，《北京私家园林志》属于最佳建筑史学图书，尽管每本好书背后都有自己的故事，但史学著作的写作相对要更多一份艰辛，此书是十年磨一剑的典型。

作者对北京私家园林的研究始于攻读博士学位阶段，可谓眼光独到，嗅觉敏锐。犹忆当年，我们共同从事导师郭黛姮教授指导的北京宫廷建筑的研究，贾珺即有意整理和收集北京私家园林的相关资料和信息，每有所得都会相互交流，并且绝不放过一点线索，集腋成裘，终成巨制。相较于北京宫廷建筑的研究，北京私家园林作为研究对象并非建筑史学领域中的显学，其原因在于，就造园技艺和成就而言，无疑江南私家园林更胜；就开展研究所需的资料而言，私家园林没有宫廷建筑那么多的档案文献，其困难可想而知。在研究之初，谁也无法预见其确切的成果究竟如何。

然而，从另一个角度来看，北京私家园林的研究也具有独特的有利条件：首先，民国乃至明清时期的私园，毕竟年代不远，还有迹可循，虽缺乏系统的资料，但见之于名人诗文、掌故旧闻以及个案研究的零星线索为数不少；其次，北地园林虽总体上无法与江南园林争胜，但作为设计研究的对象，也揭示了不少独特的技巧具有很强的地域性，其因地制宜的策略在今天看来仍有很好的参考价值；第三，此项研究既非显学，也就是待开发的领域，一旦有成，即有开创之功；第四，对于学者而言，针对本地的研究永远是首选项，这意味着诸多的便利和可能性，异地研究往往意味着极高的成本；最后，也是最重要的，当我们从文化史或生活史的角度去看待北京私家园林的时候，会发现这一对象是绝好的研究题材。京城是人文荟萃之地，不仅有皇亲国戚、达官贵人，也多饱学之士、俊杰豪客。园林建设不同于常规住宅或公门建筑，其一大特点即为反映主人的心性与品格，园如其人并非文饰之词。中国建筑史学研究的历史并不长，一直以来首重技术方面的研究，这并非有过，但从更全面的角度来理解，建筑史学的研究跨向文化史与生活史的领域也是自然的趋势，建筑本身就不仅仅关乎技术，见物见人永远是建筑史学研究的目标。

该书体例分为上下两卷，上卷为综合研究，包括了北京私家园林的历史线索梳理、对其造园意匠的总结、园居生活的描述、其中的社会文化内涵以及北京私家园林的保护问题；下卷为实例汇编，从庭园到大型园林，依据规模大小逐次呈现。而附录的"故园钩沉"，实在也可视为一卷，或者说是第三部分，粗看是相关史料的汇编，然作者所付心力可见一斑。这部分内容并非史料的简单罗列，而是

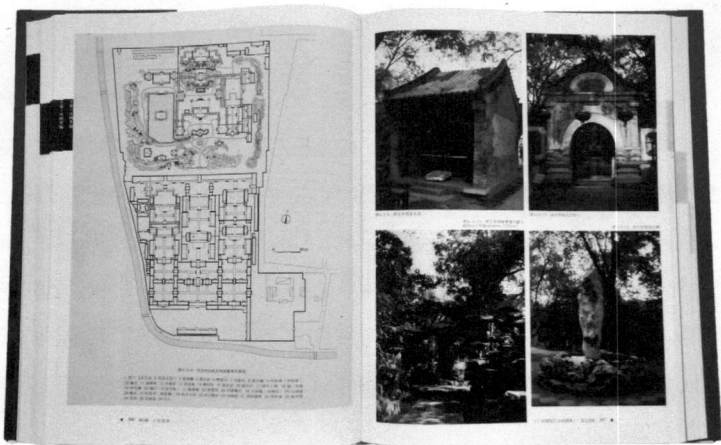

作者经过精心组织和挑选的内容，只是有些案例囿于条件无法如下卷中的案例那样完整地呈现而一并集中于此，作者尽可能地把多种不同来源的相关史料一起呈现（所涉史料范围之广，给人留下深刻印象），不仅加深了读者对史料的理解，也为后续可能的研究者提供了一条捷径。

上卷的综合研究，视野开阔，其成果完全是建立在下卷和附录所反映的研究成果的基础之上，其中具有的开创性成果是对北京私家园林造园意匠的总结，以及对园居生活和社会文化内涵的解读，造园意匠与后两者的关系密不可分。作者总结北京私园不同于江南私园的"文气"和岭南私园的"财气"，而是具有浓重的"官气"。"官气"一则来自于园主人的身份；一则来自于园林格局，北京私家园林往往是在四合院的基础上构建，格局较为方正，建筑形态也较为沉重，包括色彩，由于北地风沙较大，色彩也趋向浓烈以抵抗尘土的侵扰；同时，园中的匾额楹联也往往取自儒家经典，有说教和自我标榜的意味；北方由于气候的原因，在花木种植方面也比南方有更多限制，植物形态自然也更凝重一些；这些因素综合起来，造就了普遍的"官气"，但"官气"之外，雅致的品格仍处处可见。

在建筑史学研究上，要达成见物见人的目标绝非易事，这不仅仅是采取什么研究视角这么简单的事情，而是需要综合的学术素养，既要具备考据功夫、史料的搜索能力，也要熟悉专业知识，能把人与物的关系很好地衔接起来，更要有很好的呈现方式，将问题说明白、说清楚。作者搜索文献的视野十分开阔，涉及大量诗文随笔、笔记杂说甚至在华西方人的回忆，在文字资料的基础上配合图像资料，

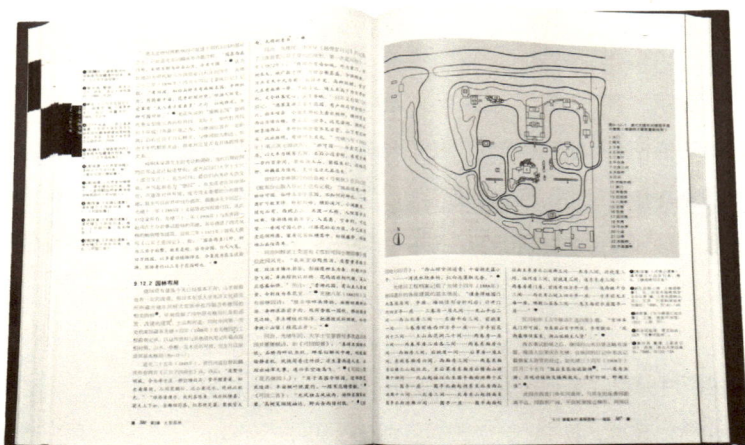

一一印证，以现代的专业绘图方式和图文表格加以呈现，整个过程严谨缜密，成果一目了然。如在园居生活部分中述及英和的依绿园被抄没后改赐寿恩公主，作者根据样式房的档案和其他文献资料，重新绘制了承泽园平面示意图，并对建筑功能作了标注，配合表格"清代承泽园建筑功能分布"，将每座建筑的规模与功能都详细地予以说明（参见此书第 118-119 页），再辅以书画作品中相近内容的图像展示，不仅有严格的论证，亦有生动的场景，作者在其中倾注的心力让人感叹。而当读者看到书中对"卧游"的解释，不禁有会心一笑，北地苦寒，冬季漫长，"卧游"一说既显露了慵懒闲适的姿态，也透着一份无奈和自嘲，一地的风尚和文化如何与地理条件相关，此可谓一例。

作者由于对北京私家园林全面而深入的研究，对这些园林在时代变迁中的存废情况十分了然，尽管语言平静，但字里行间仍可感受到其切肤之痛。园林留存殊非易事，因花木山水不比建筑有较为固定的形态，而匠心往往就隐含在丰富的细节和微妙的相互关系之中，但就现状而言，能留住一些躯壳已不可求，更枉论匠心了。保护的基础是研究，正由于北京私家园林长期以来未得到系统的研究，其价值被低估或者说被忽视了，导致了大量的私家园林在不知不觉中悄然消匿。这些情况从反面说明了此项研究的价值所在，作者不仅大声呼吁保护这些园林，而且身体力行，从基础研究做起，其精神让人感佩。

此书的下卷为实例汇编，以规模为分类依据，由小及大，渐次道来，这一部分可视为全书最有价值的部分，也是作者用力最深的地方。这一部分的案例有三十六座，每座园子都严格地按历史沿革、园林布局和意匠分析三个方面来进行介绍和论述。这种体例可以说是作者为自己套上了框框，稍有欠缺即不能收录其中，正是这种严谨求实的治学态度，保证了研究的质量，当然，这从另一个侧面反映了作者全面的历史研究素养和能力。作者用"实例萃编"来命名这一部分，可谓用心良苦，"萃"字既说明了所选案例的精彩，也反映了研究成果的呈现是经过筛选的，筛选的标准就是资料齐全，特点鲜明。书中的图像资料来源甚广，但大部分的图纸都是作者自绘，下卷中的案例，作者都提供了按现代专业标准绘制的复原平面图，这部分工作就是不小的工程，无论是专家还是普通读者，都可受惠于作者的这些工作。

作者在后记中谈到了自己研究北京私家园林的缘起，从儿时的耳濡目染，到求学过程中的逐步了解，其中的一个关键节点是对可园的研究。当时作者是作为辅导教师指导本科生的测绘实习，测绘对象即为可园，在测绘过程中产生了兴趣，而随后的相关阅读却让作者发现不少错讹之处，从而引发了独立的研究，由此开端，一发而不可收。作者对可园、半亩园等园林的研究可视为历史研究的一个范例，多种史料相互印证，使得历史钩沉线索清晰，平面复原切实可信，对意匠的分析也褒贬有度，切中肯綮。尤为难得的是，这部分园林，作者都能亲身踏勘，实地调研，像贝家花园这样远处阳台山东麓，既非景点，又被占用单位弃置，探访之不易可想而知，但由此所获取的第一手资料，保证了作者研究的品质，现场感受决定了意匠分析的可靠性。北京私家园林中的许多手法和空间效果可能无法与江南私园媲美，反而别具一种拙味，不那么俏丽，但有端庄娴静的气质，结合北方的气候与物种条件，在理水和花木配置上总结出了一套成体系的做法，即使在今天依然有参考和学习的价值。

作者以"志"来命名出版其研究成果，表现了一种谦虚的态度，一方面留待未来更为完善的系统研究，一方面是向前辈学人致敬。童寯先生早年曾有《江南园林志》的撰述，在当时的条件下十分难得，影响深远；贾珺的《北京私家园林志》在研究的完备性方面已是超越了先贤，以这样的著作来致敬，可以告慰前辈。园林一道在中国的文化体系中位置独特，其重要性不言而喻，但系统的研究仍不可称善，尤其是如何以现代的知识体系摄造园所及的各类思想与技艺，其中的意匠往往在历史的变迁中成为不易察觉的遗产，稍不留意便断了传承。以今天的文化环境而论，亟待扎实的基础研究，夯实文化理解的基础，不然空留一些照猫画虎的技艺，实非时代之幸。笔者也从事园林相关的教学和研究工作，读罢此书，掩卷而思，既感振奋，又觉惭愧；写此书评，也可视为对自己的一种鞭策。

本文原载《装饰》2012 年 12 期，总第 236 期

带着问题研究历史

激烈的社会变迁带来了物质生活从形态到具体成果的巨大变化。之所以近代设计史让今日的人们有惊艳的感觉，乃在于在这段历史中看到了今日依然困扰着我们的问题：中国设计如何走向现代化？

近日，拿着刚刚出版的《范式革命：中国现代书籍设计的发端（1862—1937）》一书，以先睹为快的心情，快速地看了两遍。之所以有这样的心情，乃在于此书作者是优秀的书籍设计师赵健先生，其作品曾获"世界最美的书"称号。爱书的朋友对赵健的作品可能并不陌生，他一直致力于在设计中表现中国传统文化的文人味，质朴冲淡而不尚炫技。由好的设计师来写作的设计史，自有其独特的视角，这是让人期待的一个方面。另一方面，从书名即可看出，这是一本关于书籍设计的中国近代设计史，这一题材在学术界还未得到高度的重视，然而对于今天的中国设计而言，这段历史有其得到关注的充分理由。

笔者是学习建筑史出身，深知在建筑历史的研究中，中国近代史部分的研究起步相当晚。原因在于，许多人认为中国近代建筑史没有太大的研究价值，理由是中国近代建筑以学习西方建筑技术和风格为主，没有形成自己独特的风格，成就不高。即使这个理由成立的话，即中国近代建筑成就不高，那么是否就应当认为这段历史的研究价值也不高了呢？这里就牵涉到历史观的问题了：历史应当怎样书写？历史的价值是什么？其中不乏争论，先不论各自短长，有一点情况是类似的，即中国近代设计史的研究也有相似的遭遇。

史学家克罗齐有句名言："一切历史都是当代史"。意即历史的书写往往反映的是书写者的立场和价值观，人们无法还原历史的全貌，形成文本的历史必然是经过拣选的素材以及书写者价值判断的评述，不可能有绝对或者完全客观的历史。中国设计史研究选题的厚此薄彼某种程度上反映了文化上的自卑心理，当面对西方现代文明的强势地位时，我们只有拿出古代成就才能找到平衡。然而，历史的真正价值显然不是为了寻找心理的慰藉，回望来路是为了更好地前行，哪怕来路走得并不平顺，也不能回避。然而，吊诡的是在中国经历了三十多年突飞猛进式的改革开放之后，重新审视近代中国的设计成果，无论在审美上还是在文化意识层面，都不乏让人惊艳之处。

中国古代设计史或工艺美术史研究同中国近代设计史研究的立场是会有所不同的，古代史研究是对中国文化传统的梳理，由于中国古代社会相对稳定的状态，古代史研究的重点是对古代物质文明的解读。在古代史的研究中，几千年积淀下来的文明成果无比辉煌且自成体系，使得一部中国古代工艺美术史成为民族文化自信的基石。而中国近代设计史研究的格局则截然不同，激烈的社会变迁带来了物质生活从形态到具体成果的巨大变化。之所以近代设计史让今日的人们有惊艳的感觉，乃在于在这段历史中看到了今日依然困扰着我们的问题：中国设计如何走向现代化？

范式革命

中国现代书籍设计的发端（1862－1937）

The Beginning of
Chinese Modern Book Design Paradigm（1862-1937）

赵健 著

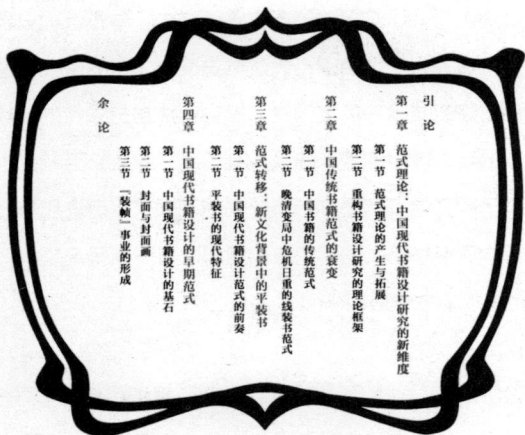

人民美术出版社

1.《范式革命：中国现代书籍设计
的发端（1862-1937）》
作者：赵健
出版社：人民美术出版社
出版时间：2011 年

中国的现代化如何实现这一问题长久以来并未得到充分的重视，原因在于对现代化的简单化认识。在许多人看来，现代化只是一个学习的过程，心中埋藏着"现代化＝西方化"的公式，所谓现代化成了不断推进西化的过程。在这样的思路下，中国近代设计史就是学生堆积习作的历史，的确无甚研究价值。从现象上看，此说不无道理，尤其在技术层面。船坚炮利的西方文明直观地显现了中西之间的差距，但是文化层面的问题是否如此简单呢？"师夷长技以制夷"是一种策略，"中学为体，西学为用"又是一种姿态，然而体用之间的关系不是那么截然的，只拿技术而不涉及文化的交流和引进，只能是"稳赚不赔"的臆想。以书籍的封面而论，"传统书籍的封面形式长期以简朴的满足保护和识别为基本功能的形式存在……西方现代书籍事业是在'知识就是力量'的时代中，随着工业革命一同发展而成为的一项庞大的出版工业……封面便自然成为宣传书籍本身、增强商品竞争力的重要部分……"（该书 165 页）可见封面形式的变化，背后隐含的是更大范围的制度、运作体系及使用目的的变化。用之变，不可能不涉及体之变，书籍形态的变化，折射的是更为宏大的社会形态的变革，这也是作者以"范式革命"来命题的用意所在。

今日之人回过头来再看这段历史是颇为耐人寻味的，书籍形态如果看作是形式，所要传播的信息就是内容，形式要与内容匹配，这似乎是不言自明的道理，然而形式的可适应性是有很大余地的。即使在今天，也还有人热衷于出版线装书，完全采用传统的工艺，并非绝然不可行。现实是，中国近代经历了书籍形态的重大变化，传统的线装书几乎完全被"洋装书"淘汰，这背后也不简单是形式与内容的关系问题。以"范式革命"来描述这段历史，可以有更为宏阔的视野。作者以瓶与酒的关系来描述这一历史演变的过程，先是旧瓶装新酒，这一实践早在明代的《奇器图说》即已开始（参见该书 62~65 页），单就表达而言，旧瓶还堪装新酒；第二阶段则是旧瓶装不了新酒了，这种不适应并非全然是技术层面的，实则是社会大变局的表现，"这样的变局之所以有如此大的震动，从根本上看是它超出了中国人以往的经验认识。"（该书 73 页）因此，新学兴起就是意料中事了。新学之兴，导致了传统印刷术的全面崩盘，机器印刷、铅活字等技术的应用，带来了效率的巨大提升，书的目的也发生了不可逆转的转移。"发生于晚清社会大变局中的传统线装书的危机，其根源并非表面的'线装'技术和形态，而是中国传统书籍范式本身。"（该书 85 页）

考察这段书籍形态演变的历史，不得不提的另一个事实可能会挫伤我们的自尊心，即：虽然中国人率先发明了活字印刷术，但这一技术未在中国人手里发挥其威力，在古代中国一直没有得到广泛应用（参见该书 47~52 页），活字技术的普及实则受的是西方技术的影响，尤其是金属活字的应用（参见该书 139 页）。冷静思之，也没有必要沮丧，每种技术都有其对应的优劣之处，古代中国长期使用雕版印刷所表露的中国传统文化的独特韵味，自有其值得回味之处。铅活字一旦引入，就带来一系列影响深远的变化。"字迹变小了，传统版面上的线面格局、鱼尾纹和象鼻等都已不适用，取而代之的是由铅条形成的直线或花边。"（该书 142 页）由此带来的还有一项重大变化是竖排向横排的演变。这一变化的渊源在于中西文混排，混排带来了诸多矛盾，最后"让中文来适应西文的排列习惯，在中国社会整体西方化的趋势中，似乎是必然的选择，但是在今天看来，我们应该把这当做是中文的排版又多了一种方式，尽管它已经普及化了，但是我们也没有必要由此而完全放弃或淡忘了传统方式。"（该书 150 页）作者的后半句话别有一番深意，也是文化立场的一种显现，其中的苦涩反映的正是现代化过程中民族传统在大规模西方化的背景下何以自处的问题。

看到这里，基本可以理解中国近代设计史研究的价值了，同时引出了另一个问题：设计史

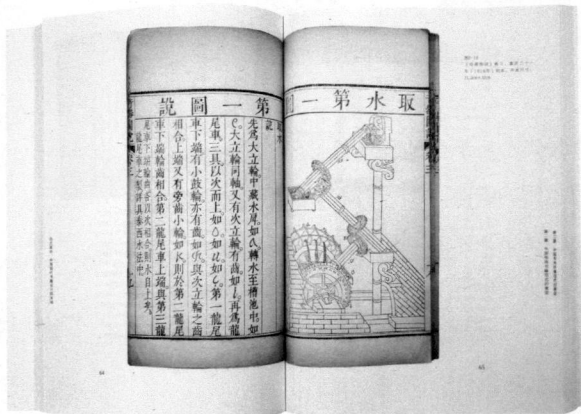

2.《奇器图说》卷三，1816 年版。

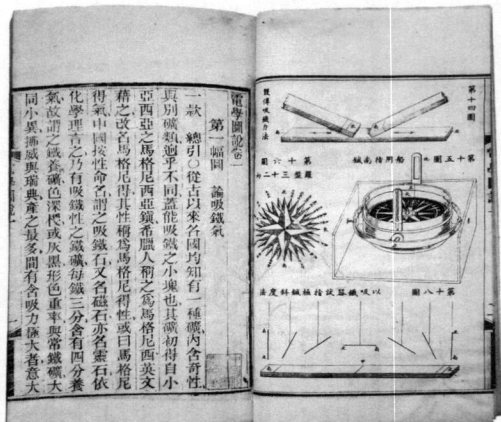

3.《奇器图说》卷三，1816 年版。

怎么写？这显然是个宽泛的问题，并不要求有唯一的答案，就已有的设计史研究成果来看，指出了几种设计史写作的路径。一种是历史学者对设计历史的梳理，往往采用编年的方式，把设计成果按时间线索进行罗列；其中自然包含对设计成果的价值判断，此时历史观就会影响历史书写的走向。第二种是设计理论学者的设计史书写，往往受自身理论体系或观念的左右，从理论需要出发拣选设计事实和设计成果，并进行解读。第三种则是设计师写作的设计史。每条路径各有所长，也各有隐伏的风险。历史学者的梳理，在线索上会比较明确，但可能陷于琐碎和枯燥；理论家的阐释，长于启发并易于形成整体的体系，但不免有六经注我的可能。设计师的设计史写作自然不会一定超越前两种，但相较而言，作者往往对研究对象（设计师或者设计成果）多一份"同情"，这是一大优势。

此处所谓"同情"不是怜悯的意思，而是感同身受的意思。专业史与一般历史或者社会史的不同之处即在于其专业性，对专业的理解是写作的基础。设计师的专业实践无疑是写史的重要基石，决定了其对于设计成果评价的可靠或中肯程度，这是其一；其二则是作者对研究对象所包含的设计技能的理解和解读可以更充分，或者对设计过程的还原程度更高。历史研究总是面对时间消磨之后的残留信息尽可能地还原其原貌，在这个过程中专业理解和专业经验的重要性是不言而喻的。该书在这方面有突出的表现，作者除了对大量的书籍进行实测调研（能如此研究就是设计师本色）之外，对细微处的关注尤为让人动容——如对鲁迅、钱君匋等人在标点版式上做出改进的评述（参见该书 156 页），以及对汉字印刷字体的感慨（参见该书 142 页）都是实践者的经验之谈。由于作者的设计师身份，涉及形式、审美方面的现象自然有特别的关注，对封面画向画封面的转变——从而引出装帧设计的这一部分论述相当精彩，采集了大量的素材，直观而有说服力。

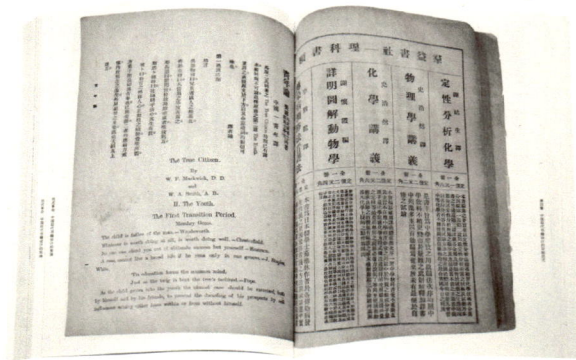

4.《青年杂志》第 1 卷第 1 号"青年论", 1925 年 9 月版。

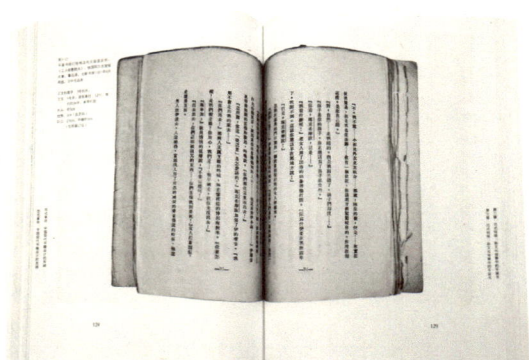

5.《工人绥惠略夫》, 1927 年版。

如果读者也是平面设计师的话, 想来阅读此书的过程中会有许多同感（这里有设计史为谁而写的问题, 暂且不表, 当然设计史的读者不会只限于设计师）。笔者虽非平面设计师, 但在读到"'拿来'与转化"（该书 174 页）一节时, 也是心有戚戚焉。"在中国现代平装书籍封面的通过'拿来'而现代化的过程中, 汉字的处境最为尴尬, 解决汉字字体的形态与西方现代图形视觉风格相协调的问题最为棘手。"类似的问题在其他设计领域同样存在, 而这正是中国设计走向现代化的过程中既绕不过去, 也不能简单化处理的地方。

该书的书籍设计由作者亲自担纲, 颇多可称道之处, 这是阅读时的另一重收获, 也可视为作者对自己设计思想的表达。封面脱胎于《新青年》的第二卷第一号, 隐喻的精神与"范式革命"相合, 格调清新而又与那个时代相联系, 构思巧妙。内文版式较为疏朗, 但富于灵活的变化, 阅读的感受甚为舒适。作者别具匠心的地方在于, 对于一些重要书籍的图片, 以跨页形式呈现, 宛如打开旧书, 且图像尺寸正是书籍原大。

全书读后, 第一章稍嫌累赘, 理论的引入完全可以融入历史研究的过程之中, 先树架子再填空的写作策略显然是对"理论化"误解的结果。但后面各章一路读来, 很是连贯, 惟对于范式革命的解读, 如能再扩展研究对象, 可能呈现的结果会更有力。这些都是旁观者的风凉话, 不足以影响该书的价值。作者带着问题做研究, 读者也不妨带着问题阅读。

《装饰》的译名

刊物而有译名是为了交流的方便，一方面反映了我国知识界渴望与国际接轨的一种美好愿望，另一方面也反映了文化上的相对弱势地位。从学术传播的角度看，如果有能力做出多种语言版本的杂志，还是有益处的，而一本杂志用两种或更多的语言来出版，是不多见的。刊物无外文名，并非毛病。只是在目前的环境里，中英对照的译名似成惯例，没有的话，好像是个缺憾。

自 2008 年 第 1 期 起,《 装 饰 》的 英 文 译 名 从 ART&DESIGN 改 为 ZHUANGSHI。这一变化被许多关心《装饰》的老师和读者所注意,向编辑部提出了疑问。由于笔者是作出这个改变译名决定的责任人,有必要向大家做个说明,未做说明而改动译名,反映了工作中的粗疏。

刊物而有译名是为了交流的方便,一方面反映了我国知识界渴望与国际接轨的一种美好愿望,另一方面也反映了文化上的相对弱势地位。从学术传播的角度看,如果有能力做出多种语言版本的杂志,还是有益处的,而一本杂志用两种或更多的语言来出版,是不多见的。刊物无外文名,并非毛病。只是在目前的环境里,中英对照的译名似成惯例,没有的话,好像是个缺憾。

从创刊号开始,《装饰》就有拼音的名字,但当时是为了响应汉字拼音化的号召,而不是为了中外交流,因为除了刊名之外再无其他拉丁文字。目前的《装饰》以

中英对照的方式编排目录，使得封面的拉丁文字就不可能是拼音，而是一种译名了。从历史的过程看，《装饰》的译名几经变化，有 DECORATION，后来变成 ART&DESIGN。变化说明了这些译名都不能让人觉得贴切。这次之所以决定改，是出于几个方面的考虑。

首先，译名既为译名，强调的是同一个意思在不同语言里的对应关系，并且好的译名其翻译过程应是可逆的。从前面的两个译名分析，DECORATION 可逆的关系不错，但显然其内涵的对应关系不好，英文中的 DECORATION 不能表达"装饰"作为一个刊物名所涵盖的内容，其被弃用可以理解。而后一个译名 ART&DESIGN，与刊物的内容对应性较好，但可逆性很差。从英文回译的话就是艺术与设计，而这是另一个刊物的中文名（其英文译名为 ART and DESIGN，十分相近，音同而形稍异）。这是引发我们决心改变译名的一个重要原因。

在翻译的方法中，如果遇到译后语种中难以找到对应词汇或无法简明表达的时候，往往采取音译的办法，商品名称、人名采用音译的较多，刊物名称中也不乏类似的例子。如意大利著名的设计杂志 DOMUS，来到中国出中文版之后采用的名称是多姆斯。音译有利于保护期刊的品牌形象，这是从商业角度出发看问题，而究其原意，DOMUS 这个词在意大利语中无确切含意，有 DOME（意大利古建筑中常用的穹顶）的元素在内，在推广中也可拆分为 DO-MUS，反映了西语的特殊性。

"装饰"而成为刊物的名称，显然也同一般意义上的点缀之意大不相同。在同《装饰》前主编何燕明先生交谈的时候，我们了解到，刊物的创办人张光宇先生之所以选用这个名字是有其深意的。在"装饰诸问题"一文中，张光宇先生引用了阿尔巴托夫的《美术通史》的文字之后，总结道："凡是完整的艺术是思想内容与表现形式高度结合的东西，而'装饰性'是包含在表现形式里也就是在一切艺术形象里。"接着在后文中他又谈到："一部绘画史从来没有划分出太严格的所谓装饰性的绘画与非装饰性的绘画。一部美术史也同样没有划分它。……不过在一切艺术中，可以分析出装饰性的强弱与明显或含蓄是可以的，但不能严格来判别装饰性与非装饰性是对立的。但有些人认为把装饰性绝对地划到工艺美术范围以内，而好像雕塑是不大需要研究装饰性的问题的，这是不对的。"在简略地比较了中国和西方艺术的宏观特征之后，张光宇总结道："中国的艺术传统，的确也真奇怪，正是装饰性很强，连我们的戏剧传统，也是装饰性十分强的图案剧，它的表演动作，服装设计，脸谱化妆以及唱词都是用的诗句，念白也是朗诵式的，真是无一不带着图案美，这种戏剧也只能划入装饰的体系了吧？"

通过这段文字，不难看出，张光宇先生已把"装饰"作为中国文化的一个重要特征，而不仅仅是工艺美术的一个表现成果。这一认识的深远意义，在当时恐怕不能为人所尽知，即在张光宇先生而言，也未进一步地展开论述。同样，在这篇文章的前几段中，他还表达了这样的想法："如果象牙筷子上雕花，骨雕的裁信封刀子以及骨雕牙签等，它们就是实用与装饰结合得最密切的工艺品。"这段话在今天的语境中是要为人所诟病的，因为经过西方现代主义思潮的洗礼，功能、理性成为设计的主流关键词，这种认识上的变化并不是本文讨论的重点，而我们从这段话出发也可以进行这样的思考，张先生所言的现象在今天绝迹了没有？我们的行为是否告别了这样的一个时代？如果审视周遭的环境，我们不得不说，我们的设计师们经常在不同的设计对象（新的题材）上重复这样的工作。价值观的冲突是中国当代设计师不可回避的一个现实问题。设计师经常抱怨其想法在社会环境中无法实现，那么我们认真地思考过没有，何以产生这样的冲突？

简单的分析认为造成冲突的原因在于是否受过专业教育，那么问题出来了，为什么我们的专业教育会形成审美认知上的冲突？不可回避的现实是，我们的专业教育是移植于西方的现代设计教育体系，这一体系天然地带有西方的审美标准或立场。在此，我们并不能否认这一体系的价值，或否定西方审美的标准。问题是，我们也无法摆脱中国传统所形成的审美标准或立场，尽管这一标准或立场并未得到显性的表现，甚至是我们所力图克服或压抑的经验。传统和现代在西方语境中的延续性，化身为中国当代语境中的冲突，而我们简单地以时间标尺来衡量这一切的话，会把问题误解为简单进化论者看待世界的结果。事实上，那些我们无法克服的审美倾向，不正是我们民族文化立场的一种显现方式吗？刚刚结束的2008 年北京奥运会是我们审视这一文化立场的良机，政府主导的奥运工程充分体现了主流的价值观，华丽的阵仗使中国元素成为风靡一时的流行词，从中我们是否可以感受到社会对于这一价值观的认同或回应？如果把这一届奥运会同之前的各届奥运会进行比较的话，我们会发现其中设计语境的差异究竟在哪里。

"装饰"一词普遍地被认为是形式层面的努力，但前辈们多次在文中强调切勿"为装饰而装饰"，这一句式实际上在别的学科门类中也反复出现，体现了一种中国人的思维方式。如果我们把某一形式理解为艺术的话，那么不言而喻的一个结果便是这一形式必然包含有超越于形式本身的内容，不然就堕入"形式主义"的泥潭而为评论者所不齿。庞薰琹先生在《装饰》1997 年第 5 期的"谈装饰艺术"一文中，开篇即解释道："什么叫装饰？装者，藏也，饰者，物既成而加以文采也。但这个概念已不适合于今天了。今天的装饰是整体设计中的一部分，它不是后加上的，更不是锦上添花，这一点要明确。"头上那段文言的解释是否就不适用于今天了呢？窃以为，不尽然也。装字的解释点出了功能需求，饰字的解释点出了审美需求，换而言之，也可论述为，内容与形式的结合。这个是设计的基本问题，千百年来，这一问题的本质并没有改变。当然，在文言的解释中，有大而化之的嫌疑，未能充分地论述两者之间的关系，只是指出了问题的两个基本方面，有让人分而视之的倾向，从而不能整体地看待这一问题，因此为庞先生所摈弃。

庞薰琹先生眼里的"装饰"实质上就是"设计"的代名词，在同一篇文章中他继续论述："器物装饰存在两个因素，一是纹样，一是装饰结构。现在教学中只注重纹样变化，而不注重结构创新。严格讲这就不能称为创作设计，这样不能产生新的品种，只能搞些新花式。新品种和新花式这不是一个概念。设计工作必须注意，究竟为何装饰某种器物？要研究装饰结构，要创造装饰结构，要创造新品种。"

综合张光宇先生和庞薰琹先生的言论，可以约略感受到"装饰"的全面内涵，包括其中的中国文化意味或立场。同时，"装饰"并不是一个在时间历程中被废弃的语词，而是具有鲜活生命力并得到广泛认同的概念。严格地讲，"装饰"同"设计"并不能等同，装饰意味着一种更为广泛并且源远流长的传统，人们对生活中的一切事物所具有的审美需求和审美冲动。"设计"且不论其词源，直观上就是一个脱胎于西方文化背景的引进品种，并且它意味着源于装饰需求的一种社会分工，同时由于现代主义运动的影响，设计总是带着精英主义的居高临下的姿态。这一姿态在西方也正在受到质疑或反思。

英国的大卫·布莱特写作了《装饰新思维——视觉艺术中的愉悦和意识形态》（Rethinking Decoration-Pleasure & Ideologyin the Visual Arts，中文版，2006），试图"一定程度上恢复装饰的理论尊严"。作者构建了一个庞大的工程来梳理西方有史以来的装饰经验，并探询其为何受到贬抑的原因，根源可以追溯至柏拉图。本文无意重复作者的论述及论证过程，只是想借此说明，这种对装饰的反思毋宁说是现代人对设计的反思。西方后现代以来的实践已经从行动上重新出发，开始界定设计与生活之间的关系。"形式追随功能"的口号，不断被人改写。

对《装饰》译名的探究，不期然地使笔者思考了这些问题。一方面，认识到了"装饰"这一名称很难找到英文的对等词汇，这种不对等是由中国文化的特性决定的；另一方面，也体会到了老一代创刊人选择这一词汇作为刊名的用心，如果不是以"装饰"为刊名，那么张仃先生如何能提出并画出"衣、食、住、行"四面大旗？

设计是一种社会分工或行为，装饰则隐含了价值观的标准。"装饰"的译名问题或许可以成为一个今天的人们思考中国设计前景的特殊出发点，当我们不再惶恐于一个合适或对等的英文译名时，也同时表明了我们思考这一问题的文化立场。文化融合、交流的大趋势和现实条件是不容回避的事实，但交流并不意味着主体性的丧失，相反，通过交流我们对自身的认识正在不断加深。以上的文字并不成熟，借此机会提出来以供商榷，并作为对刊物译名更改的一个解释。

本文原载《装饰》2009 年 12 期，总第 200 期

图书在版编目（CIP）数据

设计风眼／方晓风著． —— 北京：中国建筑工业出版
社，2019.12（2022.10重印）
ISBN 978-7-112-24598-7

Ⅰ．①设⋯ Ⅱ．①方⋯ Ⅲ．①设计-文集 Ⅳ.
① J06-53

中国版本图书馆 CIP 数据核字 (2020) 第 017411 号

责任编辑：戴　静　陈夕涛
责任校对：赵听雨
封面设计：向　帆
版式设计：徐玉梅

设计风眼

方晓风　著

*

中国建筑工业出版社出版、发行（北京海淀三里河路 9 号）
各地新华书店、建筑书店经销
北京盛通印刷股份有限公司印刷

*

开本：850 毫米 ×1168 毫米　1/16　印张：21¾　字数：471 千字
2022 年 3 月第一版　　2022 年 10 月第三次印刷
定价：**88.00** 元
ISBN 978-7-112-24598-7
　　　　（35176）